女人要懂
说话心理学

艺　熙◎编著

中国纺织出版社

内 容 提 要

谁都会说话，但不是谁都能把话说得好，女人要想把话说出效果，说得精彩，必须从心理学的角度入手，用“心”去说，才能打开他人心门，获得你想要的沟通效果。

本书帮助女性学习一些常用的心理学知识，从人际交往、求职面试、职场竞争、家庭婚姻等方面，为广大女性传授诸多口才方面的实用技巧，使她们在人际交往中高效地与人沟通，从而获得事业的成功，收获人生的幸福。

图书在版编目（CIP）数据

女人要懂说话心理学 / 艺熙编著. -- 北京 ：中国纺织出版社，2017.7（2018.7重印）
ISBN 978-7-5180-3237-2

Ⅰ.①女… Ⅱ.①艺… Ⅲ.①女性－心理交往－语言艺术—通俗读物 Ⅳ.①C912.13-49

中国版本图书馆CIP数据核字（2017）第019317号

责任编辑：闫 星 责任印制：储志伟

中国纺织出版社出版发行
地址：北京市朝阳区百子湾东里 A407 号楼 邮政编码：100124
销售电话：010—67004422 传真：010—87155801
http：//www.c-textilep.com
E-mail：faxing@c-textilep.com
中国纺织出版社天猫旗舰店
官方微博http：//weibo.com/2119887771
三河市宏盛印务有限公司印刷 各地新华书店经销
2017年7月第1版 2018年7月第3次印刷
开本：710×1000 1/16 印张：18
字数：222千字 定价：35.00元

序言

生活中，茶余饭后，人们可能都会谈及这样的话题：什么样的女人最受人欢迎？也许有人会说，容颜姣好、身材出众的女人最受欢迎；也有一些人会说，温柔贤惠、体贴周到的女人最受欢迎；可能还有人会说，安静典雅、腹有诗书的女人最受欢迎……这几点，我们都不否认。但一个女人要想获得成功，还必须拥有与这个社会接轨的“敲门砖”，也就是人们说的“口才”。通俗一点儿说，一个人受到的社会欢迎度，与其语言沟通能力有很大的关系。戴尔·卡耐基说：“一个人的成功约有15%取决于技术知识，85%取决于口才艺术。”而对于女人来说，口才好、会说话的女人必定能够通过语言将自己的知识、学识才能和智慧等展现在众人面前，从而使自己更容易受到周围人的喜爱。

现代社会，女人们也逐渐认识到口才对于生活和工作的重要性，但她们也产生了新的疑问：为什么我苦口婆心地说了很多，孩子好像一句话也没听进去呢？为什么和丈夫一说话就吵架呢？为什么向领导建议，却被驳回呢？

其实，这主要还是因为我们混淆了会说话和口才之间的区别，谁都会说话，但是未必谁都能把话说得好，我们要想让自己的话产生作用，最重要的不是耍嘴皮子，不是滔滔不绝、让对方哑口无言，而是直指人心地说话，这才是真正的口才。的确，有人说，这世界上最难摸清楚的就是人的心理，所以才有了“知人知面不知心”的说法。事实上，人们的众多行为都受到心理的支配。

事实上，人际交往，做人做事，都和人们的心理有着千丝万缕的联系，中国古代兵法云：“用兵之道，攻心为上，攻城为下；心战为上，兵战为下。”这一兵法尤其在现代社会社交生活中大有用武之地，言谈中，如果不懂心理学，即便你口若悬河、煞费周章，也可能南辕北辙、毫无效果；

相反，如果懂得心理学，可能只须付出一点点，便能洞悉对方内心世界，从而先入为主，占尽社交先机，达到交际目的。

因此，女人们，你在训练自己口才的同时，还要掌握一定的心理学知识，学会察言观色，了解对方的心理，以此来决定什么时候该说什么话，什么时候不该说什么话，或是该说多少话。

本书里就是从心理学的角度出发，从广大女性朋友的生活、工作等方面，指导女性朋友们如何通过说话来影响他人心理，以此来帮助女性朋友解决她们在日常的工作和生活中遇到的疑虑和困惑，使她们在人际交往和社会生活中更加圆融，更加和谐。

编著者

2017年2月

目录

第 1 章

舌绽莲花，话语生香映衬不凡气质

言语是思想的衣裳，谈吐是行动的翅膀，口才可以表现出一个女人的睿智和高雅，也可以暴露出一个女人的愚蠢和低俗。好的语言如同好的色彩，易让人感受到你的为人，有效发挥沟通的作用。缜密的思维，机智的应答，准确的表达，这一切无疑都来源于头脑中的广博知识。女人有内涵才能口吐莲花，妙语连珠，在充满激烈竞争的社会中脱颖而出。

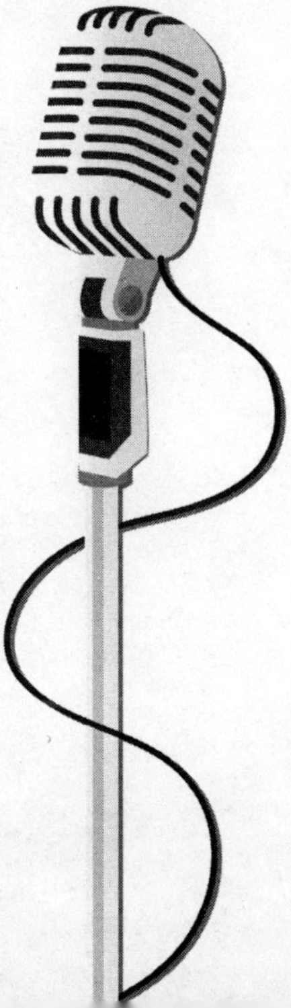

女人长得漂亮，不如说得漂亮

女人可以不漂亮，但是一定要会说话。说话恰当得体、妙语连珠，会为你的美丽加分，为你的魅力添彩；而说话粗俗浅陋、词不达意，则会使女人的自我形象受损。

亚里士多德曾经说过，漂亮比一封介绍信更具有推荐力，也更容易被人们所接受。事实上也的确如此。可以说，出色的美貌是女人的一种竞争力。但天生容貌出众的女人并不多，庆幸的是，与美貌相比，良好的口才更是女人脱颖而出的资本。

一般人认为只要哪个年轻女人天生丽质、长得漂亮，就有可能交上好运。其实，有些女人虽然外貌标致俊美，服饰更是新奇漂亮，但素养较差，语言浅陋，不仅当众说话毫无魅力可言，其外表的美也因此而丧失了光彩。而有些女人则是天生的社交高手，这不一定是因为她们拥有多么出众的外貌，而是因为她们无论在任何场合，都能妙语连珠，博得满堂彩，从而也为自己增添了人格魅力。

杨澜的转折点来自应聘《正大综艺》的主持人。在此之前，她只是北京外国语大学的一名普通大学生，并没有什么惊人之处。正大集团结束了与几个地方台的合作，转与中央电视台共同制作《正大综艺》。双方决定要挑选一位有大学经历的女大学生做主持人，杨澜也被推荐参加试镜。

说实话，杨澜并不被人看中，只是因为她的气质较佳，所以才能一路过关斩将杀入总决赛。据一位导演透露，虽然杨澜被视为最佳人选，但是被有的人认为还不够漂亮，所以是否用她尚不能确定。

最后确定人选的时候到了，他们要在杨澜与另外一位连杨澜也不得不承认“的确非常漂亮”的女孩子中间选择一人。杨澜的好胜心一下子被激起，她想：“即使你们今天不选我，我也要证明我的素质。”

这次考试两人的题目是：一、你将如何做这个节目的主持人？二、介绍一下你自己。

杨澜是这么开始的:“我认为主持人的首要标准不是容貌，而是要看他是否有强烈的与观众沟通的愿望。我希望做这个节目的主持人，因为我喜欢旅游，人与大自然相亲相近的快感是无与伦比的，我要把自己的这些感受讲给观众听。”

在介绍自己时，杨澜是这样说的:“父母给我取‘澜’为名，就是希望我有像大海一样的胸襟，自强、自立，我相信自己能做到一点……”

杨澜一口气讲了半个小时，没有一点文字参考，她的语言流畅，思维镇密，富有思想性，很快赢得了诸位领导的赏识。人们不再关注她是否长得漂亮，而是被她的表现深深吸引住了。据杨澜后来回忆说:“说完后，我感到屋子里非常安静。今天看来，用气功的说法，是我的气场把他们罩住了。”

当杨澜再次回到那个房间，中央电视台已经决定正式录用她了，这次面试改变了她的一生。

女人的形象固然重要，但同样不可忽视的是女人的口才。女人可以不漂亮，可以不聪明，但是一定要会说话。无论你天资多么聪颖，接受过多么高深的教育，长得多么漂亮，假如你无法得体恰当地表达自己的思想，你仍旧可能会一败涂地。而要想让别人喜欢你、承认你，必须培养自己的口才能力，只有这样才能打开你与他人之间沟通的大门，彼此的心灵才能碰撞产生共鸣。

谈话中沟通的效果，取决于语言的魅力，这种魅力也表达着谈话者的人格魅力。语言魅力不仅需要丰富的知识系统，还需要言辞表达的技巧。可以说，语言的魅力是知识、形体语言、言辞表达技巧有机的统一。通过语言的魅力能够“先入为主”，向对方传递一种感染力、吸引力，使对方感到你能够把握整个时间，这种“力”的作用促使对方的思维不自觉地和你的语言融汇在一起。

口才策略:

总而言之，在各种各样的人际交往当中，好口才将会使你广受欢迎，轻松获得好人缘，在社会中如鱼得水，达成共赢。因此，作为女人，如果你没有骄人的外貌，也不要为此耿耿于怀，你完全可以通过不断修炼、完善自己的口才，来为你的美丽加分，为你的魅力添彩。

说得出来是能力，说得很好是成就

说话，不仅是一种生理功能，更是一种能力。是否能说，是否会说，以及与言谈相关的知识能力的多寡，影响着一个女人的成败。

每个女人都会说话，但每个女人说话的效果却千差万别。为什么会这样呢？原因在于说话方法，说话能力的差异，也就是我们所说的话的水平的高低。说话，不仅是一种生理功能，更是一种能力。口才体现了“说得出的能力，做得到的成就”，一个女人不一定有好口才，但一个有口才的女人一定是个人才。

生活中常有生死荣辱系于一言之说。试看会说话的女人，纵然口若悬河，滔滔不绝，听者也不以为苦；纵然片言只语，一字千金，也能绕梁三日。语言是种神奇的东西，一句话说得好，可以说得人笑；一句话说得不好，可以说得人跳。一句话可以化友为敌，引发一场争论甚至导致一场战争；一句话也可能化敌为友，冰释前嫌。可见，在现代交际中，是否能说，是否会说，以及与言谈交际相关知识能力的多寡，实实在在地影响着一个女人的成功和失败。

在一场“香港小姐”决赛中，竞争进入了白热化阶段。现场主持最后问入围的杨小姐：“假如要你在下面两个人中选择一个作为你的终身伴侣，你会选谁？一个是肖邦，一个是希特勒。”

杨小姐想，回答肖邦，便会落入俗套；选择希特勒，难免挨人骂。沉吟片刻，她干脆地回答：“我会选择希特勒。”在主持人的追问下，她巧妙地解释说：“我希望自己能感化希特勒。如果我嫁给他，也许第二次世界大战就不会发生，也不会死那么多人了。”

这种“柳暗花明”式的回答，不但使自己摆脱了困境，而且暗示了自己不同凡响，是女中豪杰。果然，杨小姐妙语一出，台下掌声雷动。

女人成功的秘诀非常多，而口才是最重要的因素之一。事业的成功与失败，往往决定于某一次谈话。在富兰克林的自传中，有这样一段话，“说话和事业的发展有很大的关系，你出言不慎，将不可能获得别人的合作，别人的帮助”。这是千真万确的，所以，你想获得事业的成功，必须具有能够应付的口才。

在今天这样的文明信息时代，探讨学问、接洽事务，还有交际应酬、传递情感等都离不开口才。要想成为一个受欢迎的女人得会说话、有口才。谈吐是思想的衣裳，在粗劣或优美的措辞中，展现不同的品格，在不知不觉，有意无意间为别人描绘自己的轮廓和画像。

原中国对外贸易部部长，自称“小女子”的吴仪，真诚坦率，自信优雅，凭着过人的智慧和犀利的口才，她被誉为“魅力天成的铁娘子”。

1988年初，时任北京燕山石化公司党委书记的吴仪被提名为北京市副市长候选人。那是一次差额选举，要求候选人与选民公开见面，并进行竞选演说。吴仪匆匆赶到现场，来不及换掉身上的工作服就走上了讲台。随后，她一番干脆利落的真心表态话，迅速打动了无数的群众：“如果我当选，我将像鲁迅先生所说的那样，‘俯首甘为孺子牛’；如果选不上，我将回到哺育我成长20年的燕化土地上，由60年代的拓荒牛，成为80年代开拓奋进的牛，为北京市的建设，作出燕化人应有的贡献。”

这里，吴仪借引鲁迅名句来表达自己埋头苦干的决心。在民众面前，吴仪不耍“花腔”，不唱高调，敢说真心话，给人留下了深刻的印象。

成功的女人大多是聪明的说话者，毫不夸张地说，在成功的女人身上，至少有一半是用舌头去创造的。她们正是依靠出众的口才，因而被朋友尊敬，被社会认同，上得青睐，下得爱戴。她们共有的特质表现为：能就众人熟知的事物提出独到的观点；有广阔的视野，谈论的题材超越自身生活的范畴；充满热情，使人对他的话题兴趣盎然；有自己的说话风格……细细想来，成功女士的说话特质，我们何尝不能具有呢？只要肯下功夫练习，每个女人都可以成为口才大师、说话高手。

口才策略：

口才，其实是一个女人的知识、气质、性格乃至思想观念的综合方面的反映。一个女人必须不断地加强自身修养，同时拓展眼界和知识，才能进一步使口才成为事业腾飞的羽翼。

沟通能力决定女人在职场的位置

沟通能力，是一种能证明你自己的能力。良好的沟通使你的交流顺畅，也会为你的工作加分。沟通技巧的高低决定一个女人职业生涯最终能达到的境界。

要想在这个社会里生存，是需要沟通、交流的，人与人之间交流思想，沟通感情最直接、最方便的途径就是语言。通过出色的语言表达，既可以使相互熟识的人之间情更浓、爱更深；也可以使陌生的人产生好感，更可以使彼此仇恨的人化干戈为玉帛，友好相处。

沟通能力，是一种能证明和让对方发现你具有社会工作能力的能力。一个具有沟通能力的女人，可以将自己所拥有的专业知识及专业能力进行百分之百的发挥，并能迅速地给对方留下“我最棒”、“我能行”的印象。在现实生活之中，如果你常常因为说错话得罪人，或者是不知道自己该说些什么、该怎么说，那么你的沟通能力就必须有所加强才行。不论在日常生活或是工作场所中，良好的沟通都是人际关系的第一步，有了良好的沟通才有机会和他人建立起互动的关系。

在当代的中国，吴士宏无疑是极富传奇色彩和个性魅力的成功女士。吴士宏从一个未受过正规高等教育，没有任何背景的普通年轻女子，到IBM、微软两个巨型跨国公司的地区负责人，她的成功除了因为她拥有过人的胆识外，还跟她有过人的好口才密切相关。

吴士宏初入微软作简短致词：“各位，第一次见面，我不多讲，因为我以后会有很多机会讲和听大家讲。我本来准备的致词是谦虚的外交辞令，临时决定最好从开始就把真实的我交代给大家。我接受微软中国公司总经理的职位是为了一个理想，那就是想把微软中国做成中国微软。我和在座的大多数人一样，是土生土长的中国人，我更希望能有更多的本地员工更快地成长起来。”她接着谦虚地说道：“我前面十二年多的经验都是IBM的，我在微软的经验比在座任何一位都少。我会努力学习做一个真正的微软人，努力做一个合格的总经理。我需要大家的帮助，我不打算‘带自己人来’，想和大家一起做这番事业,拜托各位！”吴士宏的这番话言真意切,将自己的理想公布于众，令每一位在微软的中国人为之动容，报以一阵热烈的掌声。

沟通是实现我们的目标、满足我们的需要、实现我们的抱负的重要工具之一。如果不能很好地沟通会对自己有什么影响？对于一般职员来说，个人可能丧失职场竞争力，达不到想要达到的业绩或者目标。例如，在公司，如果你没有良好的沟通容易引起误解，上司会对你另眼相看。如果你平时和同事之间的沟通不好造成人际关系不好，你有可能失去晋升的机会。对于中高层的管理者来说，沟通不畅通会导致公司整体业绩的下滑。

沟通能力越来越成为职场成功应聘的首要要素，查看招聘信息，“良好的沟通能力”几乎出现在所有公司的招聘条件中。沟通能力从来没有像现在这样成为人们成功的必要条件。当文凭、履历相近时，沟通能力成了应聘者获取职位的一大法宝。更重要的是，商业社会的运转离不开有针对性的和高效率的沟通。大到修身、治国，小到求职、晋升、谋发展，哪一种离得了口才呢？一个企业员工的整体讲话水平，可以决定企业的发展速度。一个女人的讲话水平，可以决定她的生活层次。

口才策略：

良好的沟通不仅能保证女人的交流顺畅，也会为女人的工作表现加分。沟通在女人的一生中扮演着极其重要的角色，沟通素质的高低往往会决定一个女人成功与否。在生活与工作中注重沟通技巧的修炼，掌握沟通的方法将给女人的人生创造意想不到的新局面。在竞争激烈的职场，沟通技巧的高低往往决定了一个女人职业生涯最终能达到的境界。

聪明女人让第一句话扣人心扉

要想在短时间内达到心灵上的共鸣，说好第一句话至关重要。初次见面的第一句话是叩开对方心扉的敲门砖，也是使人一见如故的秘诀。

初次见面，给人的印象最为关键。有的人相处一辈子却形同路人，而有的人却一见如故。两个萍水相逢的人要想在短暂的时间内，达到心灵上的共鸣，说好第一句话至关重要。对于一个女人来说，说好第一句话的关键是给人亲热、友善、贴心的感觉，消除彼此间的陌生感。常见的方式有三种：

1. 以攀认式拉近彼此的距离

一般来说，对任何一个素不相识者，只要事前作一番认真的调查研究，你都可以找到或明或隐、或近或远的亲友关系。而当你在见面时及时拉上这层关系，就能一下缩短心理距离，使对方产生亲切感。

1984年5月，美国里根总统访问上海复旦大学。在一间大教室内，里根总统面对一百多位初次见面的复旦学生，他的开场白就紧紧抓住彼此之间还算“亲近”的关系：“其实，我和你们学校有着密切的关系。你们的谢希德校长同我的夫人南希，都是美国史密斯学院的校友呢。照此看来，我和各位自然也就都是朋友了！”此话一出，全场鼓掌。短短的两句话就使一百多位黑发黄肤的中国大学生把这位碧眼高鼻的洋总统当作十分亲近的朋友。接下去的交谈自然十分热烈，气氛极为融洽。

其实，任何两个人，只要彼此留意，就不难发现双方有着这样或那样的“亲”、“友”关系。譬如：“你是北京大学毕业生，我曾在北大进修过四年。说起来，我们还是校友呢！”“您来自皖南，我出生在皖北，两地相隔咫尺。今天得遇同乡，令人欣慰！”这种初次见面互相攀认式的谈话方式很容易让人在短时间内产生一见如故的印象。

2. 敬慕式的谈话给人贴心的感觉

对陌生人表示敬重、仰慕，这是热情有礼的表现。用这种方式必须注意：要掌握分寸，恰到好处，不能胡乱吹捧，说话的内容要因时因地而异。例如：“您的艺术品我曾经观摩过多遍，受益匪浅。想不到今天竟能在这里一睹艺术家的风采！”“桂林山水甲天下，我很高兴能在这里见到您——尊敬的山水画家！”

3. 问候式的谈话给人亲切的感觉

一句问候语往往包含了三种含义：我把尊重送给你、我把亲切感送给你、我十分珍惜我们之间的友谊。而当我们把这三样礼物，通过一句问候语送给对方的同时，也表现出自己的热情、风度以及涵养。

小柳的家在外地，她经常坐火车回家探亲。一坐就是十几个小时，她经常主动同周围的人打招呼，“您好，您也是回家探亲吧。”或者说：“您好，能不能把您的报纸借我看一下。”于是原本陌生的人聊了起来。小柳说，每次坐车她都能认识几个朋友，分手时互相留下电话，像老朋友一样亲切，长时间的旅途非常愉快。

把“您好”作为向对方问候致意的常用语。如果能因对象、时间、场合的不同而使用不同的问候语，效果则更好。对德高望重的长者，应说“您老人家好”，以示敬意；对年龄跟自己相仿者，称“老×（姓），您好”，显得亲切。节日期间，说“节日好”、“新年好”，给人以祝贺节日之感；早晨说“您早”、“早上好”则比“您好”更得体。

口才策略：

一个陌生人在你面前并不可怕，可怕的是你不能与他交谈。你只要主动、热情地通过话语同他们聊天，努力探寻与他们交谈的共同点，赢得对方的好感，就能拉近你们之间的距离。总而言之，初次见面的第一句话是叩开对方心扉的敲门砖，也是使人一见如故的秘诀。

适度的寒暄营造良好的交谈气氛

寒暄语的运用就像一把打开话匣子的钥匙，适当的寒暄可以缓和、营造交谈气氛，帮助你和他人顺利地谈话。

寒暄，也就是人们见面时打个招呼，以示礼貌和关心。寒暄是交谈的润滑剂，它能在两个陌生人的谈话之间架起一座友谊的桥梁。因此，寒暄是人际交往中必不可少的一部分。

若两人初次见面，对彼此都不太了解，往往易陷入无话可说的尴尬场面。此时，不妨以一些寒暄语作开头，比如：“天气似乎热了点”或者“最近忙些什么呢”等等。虽然这些寒暄语大部分并不重要，然而，正是这些话才使初次见面者免于尴尬的沉默。此外，女人在谈话时语气要轻松柔和，就像在家中茶余饭后的闲谈，语气缓和，充满感情，让对方彻底放松。在这种气氛下听者不可能不被你的态度所感染。

20世纪80年代，意大利著名女记者法拉奇打算到中国对邓小平进行一次专门采访。然而，在此之前中国与西方世界有着长达几十年的冷战，法拉奇非常担心对邓小平的专访能否成功。于是，她翻阅了许多有关邓小平的书籍，在看到一本传记时，她注意到邓小平的生日是1904年8月22日。于是，她脑海中有了些想法。

1980年的8月22日，邓小平接受了法拉奇的专访。

"邓小平先生，首先我谨代表我们意大利人民祝福您，祝您生日快乐！"法拉奇十分谦逊有礼地说道。

"我的生日？我的生日不是明天吗？"邓小平分辩道。或许是工作太繁忙了，邓小平已经忘记了自己的生日。法拉奇这么一说，邓小平自己也搞糊涂了。

"不错的，邓小平先生，今天确实是您的生日。我是从您的传记中知道的。"法拉奇信心十足地说。

"噢！既然你这样说，就算是吧！我从来也不知道什么时候是我的生日。就算明天是我的生日，我也已经76岁了。76啊，早就是衰退的年龄了！这也值得祝贺？"显然，法拉奇的问候已经让邓小平对她有了好感，所以邓小平不禁和她开了个小小的玩笑。

"邓小平先生，我父亲也是76岁了。如果我对他说那是一个衰退的年龄，他会给我一巴掌呢！"法拉奇也和邓小平开起了玩笑。

邓小平听后，哈哈大笑。"他做得也许对。不过，我相信你肯定不会对你父亲这样说的，对吧？"

采访气氛就这样十分融洽而轻松地形成了，接下来便是法拉奇此行的真正目的，她将谈话引入正题。"邓小平先生，我想请教您几个大家都十分关心的问题，不知您能否给我一个圆满的解答。"

"我尽自己所能吧，尽量不让你感到失望。我总不能让远道而来的客人空手而回吧！要知道我们中国可是个礼仪之邦。"

由于法拉奇在采访开始前营造了一个良好的气氛，所以她的问题都得到了满意的答复。法拉奇之所以能获得成功，是由于她明白：人与人之间的交谈其实是一种感情的交流。你要想让对方对你畅所欲言，必须首先形成一种兴奋的情绪，使对方的思维展开，这时人的心理才具有容纳性，才容易接受你的观点和劝导。当然这需要看准对方的兴奋点，善于发现、捕捉对方的兴奋点，见机行事。当然，还要对对方有一定的了解，对于他的一些最基本的东西要熟记于心，这样你才能占据主动。

口才策略：

在温馨的气氛营造成功之后，要及时引入正题，切不可过分寒暄，否则对方会认为你过分热情，可能是不怀好意而对你加以提防。那样就可能功亏一篑，而且，如果第一次失败了，那么第二次就相当困难了。适当的寒暄可以缓和、营造气氛，只要你认为可以了，就要停止。如若一味地寒暄，就会引起别人的反感，你的目的也就难以达到。

找准切入点，交谈自会圆满成功

要与人建立良好的关系，最快捷最深入的办法就是了解对方的兴趣爱好，然后有的放矢，讨论对方感兴趣的话题。

“物以类聚，人以群分”，每个女人的社交圈，实际上都是以自己为圆点，以年龄、爱好、经历、知识层次等为半径构成的无数同心圆。共同点越多，圆与圆之间交叉的面积越大，共同语言也越多，也越容易引起对方的共鸣。因此，在人际交往中，与他人谈话要找到合适的切入点。交际的切入对交际的结果起着至关重要的作用。切入得好，交际圆满成功；切入得不好，就不能取得预期的效果。那么，交际该怎么准确地切入呢？

1. 关心他最亲近的人

任何人总是关心着自己最亲近的人，如果一旦发现了别人也在关心着自己所关心的人，大都会产生一种无比亲近的感觉。交际就可以利用人们这种共同的心理倾向，从关心他最亲近的人切入，拉近交际的距离。

曾和日本前首相佐滕荣作实力相当的河野一郎，最会利用人们的这个微妙的心理。有一次河野一郎在作欧美旅行时，在纽约遇到了多年不见已显生疏的朋友米仓近先生。两人在道近况后，彼此留下了在国内的住址和电话，知道彼此都成了家。当晚，河野一郎回到旅馆的第一件事，便是打了个长途电话给米仓近太太："我是米仓近的老朋友，我叫河野一郎，我们在纽约碰面了，他一切都很好。"

米仓近太太没想到丈夫的这位朋友会对丈夫这么关心、体贴，感动得热泪盈眶。米仓近后来知道了，专程去向他表示感谢。

2. 在他心中建立"亲情"意识

有些交谈场合需要直截了当地切入正题。比如对方已经知道你的来意，或者彼此已经约定了这次交谈的内容，那就不必要说很多题外话，这样可以使对方精神集中地来谈你们之间要谈的事情。

但是，在很多场合，交谈进入正题前是需要进行一些准备工作的，如果突然地将交谈切入正题，很可能会遭到对方一口回绝。在这样一些场合，如果你不急于将交谈转入正题，而是说一些有关的题外话，然后再将对方引入正题的交谈，结果可能会完全不一样。

田中义一是日本很有名气的政治家，他非常善于利用人们的亲近心理，营造温馨的交际环境，来取得预期的交际效果。有一次，他到北海道进行政治游览，有位穿着考究看来很像当地知名人士的男子走出欢迎行列向他表示问候。田中义一急忙走上前去，紧紧握住那人的双手，十分热情地说道："啊，您辛苦了。令尊还好吗？"那个男子感动得一时说不出话来。田中义一的政治游览，也因此大获成功。事后，田中义一的随从对主人的亲密举动十分不解，忍不住问道："那人是谁？"田中义一的回答出人意料："我怎么知道，但谁都有父亲吧！"

田中义一交际的成功，无疑在于他选择了一个比较好的交际切入点，即在男子心目中迅速建立了亲情意识，使男子觉得他是一个值得信赖、和蔼可亲的人，从而在心理上对田中义一产生了认同感。

3. 选择话题因人而异

"一样的米养百样的人"，世界上有多少人就会有多少种性格与爱好。仔细观察那些人缘很好的人，你会发现他们有一个共同的特点：和不同的人谈论不同的话题，而且谈论的都是他人感兴趣的话题。罗斯福就是这样一个典型，不管对方的身份是什么，他总能和对方侃侃而谈，他的诀窍就是在开口和对方说话之前通过各种途径获取对方个人资料，最重要的是了解对方的兴趣所在。罗斯福总是这样总结他的经验：“只有谈论他所喜欢的事情，才能抓住他的心，让他先高兴起来，然后接近他就比较容易了。”

口才策略：

打动人心的最佳说话方式就是：跟他谈论他最感兴趣的话题。因为有兴趣就有感情，有了感情什么事也就都好办了。所以，要与人建立良好的关系，最快捷最深入的办法就是了解对方的性格特征、兴趣爱好，然后有的放矢，讨论对方感兴趣的话题。

话精而语妙，让人一听难忘

与人初次相逢，要想留下深刻的印象，你就要想方设法让你的谈话深入人心。要做到这点的关键是情热而语妙，措词得当，吐语自然。

一见如故，这是成功交际的理想境界。具有跟初交者一见如故能耐的女人，她就会朋友遍天下，做事就能左右逢源；反之，如果不善于跟陌生人交谈，她就会在交际中处处受阻，事业也就难以成功。当今时代，对于女人来说，交际面越来越广，跟初交者一见如故的交际才能越来越显出其重要性。要想让你的谈话深入人心，一般应从以下几个方面入手：

1. 用话语进行试探，找出共同点

说好第一句话，仅仅是良好的开端。要谈得有味，谈得投机，谈得其乐融融，双方就必须确立共同感兴趣的话题。这就要女人在讲话时仔细观察对方，从他的兴趣、爱好、个性特点入手。初次见面要做到这一点，就要洞幽烛微，由细微处见品性。

生活在同一时代，同一国土，只要善于寻找，何愁没有共同语言？一位小学教师和一名泥瓦匠，两者似乎没有相同之处。但是，如果这个泥瓦匠是一位小学生的家长，那么，两者可以就如何教育孩子各抒己见，交流看法……只要双方留意试探，就不难发现彼此有对某一问题的相同观点、某一方面共同的兴趣爱好、某一类大家共同关心的事情。

一次张小姐在拜访陌生人时，见其墙上挂有“制怒”二字，便知对方有克服易怒缺点的要求。便问道：“您平时很爱发脾气吗？”对方答：“我很容易冲动，但明知自己有这个毛病，却有时控制不了，为了提醒自己，就写下来挂到墙上，时刻告诫自己。”张小姐由此话题谈开，先是表示非常理解，继而谈出自己的看法，对方也就同一问题谈出感想，两个人谈得非常投缘，这样就缩短了与陌生人的距离，两人颇有“相见恨晚”之感。

由此可见，有些人在初识者面前感到拘谨难堪，只是因为没有发掘共同感兴趣的话题而已。

2. 抓住时机，适时切入

陌生人之间交谈，除了了解对方，让对方多开口，还要看准情势，不放过应当说话的机会，适时插入交谈，让对方充分了解自己。如陌生人能从你切入式的谈话中引起共鸣、获取教益，双方便会更亲近。

小白邂逅一位女士，当问及她多大年龄时，她介绍说：“二十八岁，研究生刚刚毕业。”小白随后问，那你一定是工作一段时间后又考研了。她高兴地说：“是的，我已经工作了三年又考研究生的。”接着她又谈起了她所学的专业和工作后的情况，这样双方都加深了了解，拉近了距离。

和陌生人谈话的开场白结束之后，特别要注意话题的选择。那些容易引起争论的问题，要尽量避免。为此，当你选择某种话题时，要特别留神对方的眼神和小动作，一旦发现对方有厌倦、冷淡的情绪时，应立即转移话题。

3. 好的告别语给人留下永久的记忆

能给对方留下深刻印象的告别语，会使对方感到意犹未尽，希冀下一次的交谈。如：

“祝您成功，恭候佳音！”——良好的祝愿会使对方受到鼓舞。

“今天有幸结识您，愿从此常来常往！”——热情洋溢的语言会使对方获得充分的肯定。

“如果什么时候路过这里，请到我的家作客，再见。”——邀请式的结束语使人感受到尊重，同时为以后的交往埋下了伏笔。

要做到上述三条的关键是：情要热，语要妙。情热，就是有满腔热情，直率真诚，不虚假，不做作，不炫耀自己；语妙，就是措词得当，出言有礼，吐语生辉，幽默自然。

口才策略：

如果你是一个口才极棒，说话深入人心、铿锵有力而又能让人难以忘怀的人，那么你就容易体会到别人对你的信赖，体会到内心的满足感和成就感。有了这样的魅力，你就有了阿里巴巴的“芝麻开门”，就有了打开财富宝藏的钥匙。

科学的方法加速口才的提升

口才并不是一种天赋的才能，它是靠刻苦训练得来的。不善讲话不要紧，只要加强学习，讲话能力可以通过日常训练提高。

生活中，很多女性并不是不会说话，而是总觉得自己说得不够好。生活中，当我们面对熟悉的人时“没话可说”；当面对陌生人时“说不出来”；当我们处于一个大场面时“不敢开口”，是否为自己的口拙感到很遗憾呢？专家分析，这是由于很多人缺乏开口讲话的信心，有不敢讲的心理作怪，只有克服心理障碍，通过专门的口才训练，才能提高在公众场合演讲的水平。下面介绍几种简单、易行、有效的口才训练方法。

1. 速读法

找来一篇演讲词或一篇文辞优美的文章。先拿来字典、词典把文章中不认识或弄不懂的字、词查出来，搞清楚，弄明白，然后开始朗读。一般开始朗读的时候速度较慢，逐次加快，一次比一次读得快，最后达到你所能达到的最快速度。

读的过程中不要有停顿，发音要准确，吐字要清晰，要尽量达到发声完整。

2. 复述法

选一段长短合适、有一定情节的文章，然后请朗诵较好的人进行朗读，最好能用录音机把它录下来，然后听一遍复述一遍，反复多次地进行。直到能完全把这个作品复述出来。复述的时候，你可把第一次复述的内容录下来，然后对比原文，看你能复述多少，重复进行，看多少遍自己才能把全部的内容复述下来。这种练习绝不单单在于背诵，而在于锻炼语言的连贯性。如果能面对众人复述就更好了，它还可以锻炼你的胆量，克服紧张心理。

在开始时，只要能把基本情节复述出来就可以，在记住原话的时候，可以用自己的话把意思复述出来；第二次复述时就要求不仅能复述情节，而且要求能复述一定的人物语言或描写语言；第三次复述时，就应基本准确地复述出人物的语言和基本的描写语言，逐步提高要求。

3. 背诵法

先选一篇自己喜欢的演讲词、散文或诗歌；然后，对选定的材料进行分析、理解，从中体会作者的思想感情，并激发自己的感情；再对所选的演讲词、散文、诗歌等进行一些艺术处理，比如找出重音、划分停顿等，这些都有利于准确表达内容；最后，在以上几步工作的基础上进行背诵。

在背诵的过程中，也可分步进行。首先，进行“背”的训练。也就是先将文章背下来。在这个阶段不要求声情并茂，只要能达到熟练记忆就行。然后，是在背熟文章的基础上进行大声朗诵。将你背熟的演讲词、散文、诗歌等大声地背诵出来，并随时注意发声的正确与否，而且要带有一定的感情。最后，是这个训练的最后一步，用饱满的情感，准确的语言、语调进行背诵。

4. 描述法

将一幅画或一个景物作为描述的对象。首先，要对描述的对象进行观察。比如，所要描述的对象是“夏天的小河边”，那么就要观察一下这个河的周围都有些什么，有树？有山？有凉亭？还有游人？这一切都需要你用自己的眼睛去观察，用你的心去体验。只有有了这种观察，你的描述才有基础。第二步，描述。描述时一定要抓住景物的特点，要有顺序地进行描述。要抓住特点进行描述。语言要清楚、明白，尽量生动些，活泼些，并要有一定的文采。

5. 讲故事法

首先要分析故事中的人物。其次要掌握故事的语言特点。故事的语言不同于其他文学形式的语言，其最大的特点是口语性强、个性化强。

之后要反复练讲。对材料作了以上的分析、加工以后，我们就可以开始练讲。通过反复练讲达到对内容的熟悉。最后能使自己的感情与故事中人物的感情相结合，做到惟妙惟肖地表现人物形象。

在讲故事时，应该注意的是：发音要准确、清楚，平舌音、翘舌音、四声都要清楚；最好能用普通话讲；不要照本宣科，讲故事是不允许手里拿着故事书照着念的，那样就成了念故事了。

口才策略：

以上几种训练方法，每个人可以根据自身的具体情况，有选择地使用一种方法，或将其中的几种方法综合起来运用，相信每一位立志成为口才高手的朋友，经过刻苦不懈的努力，一定能够使自己的口才水平达到新的高度。

女人自信地说出你的话

一个女人如果有恐惧心理而不敢说话，则会被人低估她的能力。不敢说话是人际交往中的一大心理障碍，一定要有勇气和胆量坚决克服。

女人害怕当众说话的主要原因，只是你不习惯于当众说话。“恐惧大都因为一种无知与不确定感产生”，罗宾逊教授在《思想的酝酿》一书中这样说道。对大多数人而言，当众说话是一个未知数，其结果不免令人满心焦虑和恐惧。你应该预料得到，由于你要面对很多人说话，因此，有一定程度的恐惧是很自然的。但是，你应该学会将自己的恐惧感限定在一定的范围之内，使之产生的负面影响最小，然后尽力征服它。你要有勇气和胆量走向讲台，不要因为别人的取笑而害怕和恐惧。

有人问英国戏剧大师萧伯纳：“为什么你讲话那么有吸引力？”萧伯纳答道：“试出来的，就像学滑冰一样，开始时，笨头笨脑，像个大傻瓜，后来试的次数多了，就熟练了。”对事业成就和个人的整体幸福而言，克服胆怯而成为说话高手，是相当重要的。那么说话者应该如何克服说话时的胆怯心理呢？以下几条仅供参考：

1. 从生理的角度进行调节

生理与心理是互动互制的。生理的调节也会对心理产生影响。当说话者产生紧张现象时，通过生理上的一些调节措施往往能取得良好效果，比如通过深呼吸、搓手、舒展四肢、走动等方式，都可以使紧张的心理消除、缓解。

2. 进行心理放松

说话表面上看是一种嘴上功夫，实际上与人的心理活动密切相关。因此一个人的心理活动常常是一个人说话水平发挥程度的决定因素。人们面对不同的说话对象和说话环境，心理常会出现微妙的变化。对方的地位、身份、关系常是影响这种变化的重要因素。

心理的紧张现象是心理夸张性感受所致，必须让心理感受重新归位。要达到这一要求，需要采用心理暗示的方式，对对方作客观、正确的认识，对自己作准确、公正的评估，这样就能保持清醒，树立信心。如当别人说话显示出我们所无法达到的优势时，我们可作这样的暗示：这是他的优势所在，我同样也有优势，一样是他比不上的。切勿对对方过高认定，更不要神化，要把他看作一个平常人。同时谈话者都是平等关系，不要人为地把双方的关系拉开。要正确地认识自我，摆正自己的位置，提高自信心。

3. 心态平稳，克服表现欲望

有时我们说话产生紧张现象，并不是轻视自己的缘故，而是极强的表现欲望造成的。说话之初就想着一鸣惊人，压倒他人，当发现别人口才出众、见解独到时，心理上产生了失落感、挫折感，情绪上就会一落千丈。要想培养朴实、自然的说话风格，切记把自己的意思圆满地表达出来就行了，期望值不要太高。只要心态平稳，紧张意识也就无从谈起。

4. 学会交往

紧张者最重要的是缺乏交往实践和成功的交往感受，需加强交往实践训练，广交朋友，在实践中消除紧张的弱点。也可用心模仿那些泰然自若、善于交际的人的举止风度。

要达到这一点，一定要抛弃成见，真诚待人，用善良之心待人，开诚布公地交流感觉，培养冷静待人接物的态度，在交往中纠正自己的歪曲判断。

口才策略：

在别人出色的表现面前，一旦产生了紧张现象，有的人就打了退堂鼓，想草草收场，以免尴尬，这样就会给以后的说话带来恶性循环。此时最重要的是增强说话的责任感，以力陈己见为职责，坚持下去绝不退却，紧张心理反而会被克服。

好口才要有足够的底蕴作为基础

好口才并不是天生的，好的口才是要有足够的底蕴作为基础的。女人在学习语言技巧的同时，还应该提高自身的学识修养。

许多女人和朋友在一起，或者与陌生人交谈，常常无话可说，于是就抱怨、哀叹自己天生没有一副好口才，或者埋怨自己太胆小。其实，这种想法是很片面的。好口才并不是天生的，也不是说胆子足够大就可以，好的口才是要有足够的底蕴作为基础的。写文章讲究“读书破万卷，下笔如有神”。说话其实和写文章是同一个道理，只有自己看的东西多了，才能够妙语连珠，说出有水平、有见解、有说服力的话。

谁见过一个目不识丁的女人能口吐莲花呢？好的口才是建立在深厚的学识基础之上的，如果脱离了这个根本，那么言谈就会成为“无源之水、无本之木”，淡而无味，哪里还能说服别人呢？因而，交谈最根本的条件是：既要有充实而有价值的内涵，又要善于表达，使人听得痛快，而且回味无穷。所以“有话可说”实在不是容易的事，要达到“言之有物”的境界，更要不断学习，力求充实自己。

缜密的思维，幽默机智的应答，准确的表达，这一切无疑都来源于头脑中的广博知识。女人有内涵才能口吐莲花，妙语连珠，倾倒众人。要想使自己的语言具有艺术魅力，光靠技巧是不够的，一味地追求技巧而忽略自身的素质培养只能是舍本逐末。因此，我们在学习语言技巧的同时，还应该全面提高自身的学识修养。具体来讲，应该从以下几个方面多下功夫：

1. 广泛地阅读

爱看报纸和新闻的似乎多是男性，而作为女性，其实也不能脱离那些好像跟自己没有关系的政治大事。你不能成为一个“一心只知穿着打扮，两耳不闻窗外事”的女人，除非你不说话，否则你一开口别人就能发现你的肤浅。

日常生活中，我们每天都离不开报纸、杂志和书。在读书看报时，备一支笔、一些卡片纸和一把剪刀，把所见到的好文章或让自己心动的话语画出来，或者剪下来，或摘抄在卡片上。每天坚持做，哪怕一天只记一二句，也是很有意义的。日积月累，在谈话的时候，会不经意地用上曾抄下来的语句，也许它们会随时随地从你的头脑里冒出来，让你尽情地谈吐。

2. 积累警句、谚语

在听别人的演讲或别人的谈话时，随时都可以听到表现人类智慧的警句、谚语。把这些话在心中重复一遍，记在本子上，久而久之，你谈话的题材、资料就越来越多，你的口才就越来越成熟了，你说起话来就可以条理清楚、出口成章了。

3. 关注生活，加强生活积累

很多女人在和别人谈话的时候，别人都不爱听，那是因为她缺乏生活的积累，说的都是一些不着边际的话。所以，要想有好口才，多加强生活积累显然也很重要。所谓“厚积薄发”是有一定道理的，因为言语是以生活为内容的。因此，对于身边的大小事情，都要经常关注，以吸取对自己有用的东西。对于所见所闻，都要加以思考、研究一番，尽量去了解其发生的过程、意义，从中悟出一些道理。这些都是学习和积累知识的机会。在日常生活中，要随时计划、安排、改进生活，随意性不能太强，否则会让机会白白溜走。

你若想做一个说话高手，就应静下心来努力地学习，拓展自己的视野。你若不想说话空洞无物，就应下决心武装自己的头脑，让自己说话的内容丰富起来。

4. 运用好谈话素材

对于谈话的题材和资料，一方面要认真地去吸收，另一方面要好好地去运用。懂得如何运用，一句普通的话也可以带给你惊人的效果。学习吸收的目的是为了很好地应用，不能应用的吸收是毫无意义的。

口才策略：

良好的口才需要以深厚的文化底蕴为基础。口才是口与才的有机组合，没有知识的伶牙俐齿，是“贫嘴”而非口才。广知才是口才的底蕴，构成了口才效应之源。要知道，字字珠玑的绣口，源于满腹经纶的锦心，口才雄辩者非广知者莫可为。

完美的声音让人如沐春风

说话不仅是一门学问，还是你赢得事业成功的资本。声音的魅力会给你带来好运气和财气，拥有完美的声音，就等于拥有了辉煌的前程。

生活中，女人的声音常常比思想更重要。一个音色柔美动听的女人，很容易被周围的人接受。女播音员的声音都很美，但她们的声音并不一定是天生的，大多数都是训练的结果。靳羽西是全球公认的最有气质的东方女性，她在刚开始当电视主持人的时候，曾经向语言专家请教说话的技巧。通过学习，她发现说话的声音越低越好听，也越吸引人。

女人失去声音的魅力，就如失去女人的特征。所以，每个女人都应该像训练形体一样去训练声音，这能增加女人的自信，赢得更多人的喜爱。那么，怎样才能使你的声音更完美呢？可以从以下几个方面着手。

1. 注意发音的准确性

人们所说出的每一句话、每一个词都是由一个个最基本的语音单位组成，然后加上适当的重音和语调。正确而恰当的发音，将有助于你准确地表达自己的思想。这也是提高你的言辞智商的一个重要方面。相反，不清晰的发音将有损于你的形象，有碍于你展示自己的思想和才能。

2. 找准自己的音色

每个人的音域范围可塑性很大，或高亢，或低沉，或单一，或浑厚。聊天时，你必须注意控制自己的音色，不要让自己的声音尖刻刺耳。有时，为了获得一种特殊的表达效果，人们会故意降低音调。但大多数情况下，应该在自身音调的上下限之间找到一种恰当的平衡。

3. 充满热情与活力

响亮而生机勃勃的声音给人以充满活力与生命力旺盛之感。当你向他人传递信息、劝说他人时，这一点有着重大的影响力。当你讲话时，你的情绪、表情同你聊天的内容一样，会带动和感染你的听众。

4. 注意自己说话的语调

语调能反映出一个人的内心世界、他的情感和态度。无论你谈论什么样的话题，都应保持说话的语调与所谈及的内容相协调，并能恰当地表明你对某一话题的态度。

选择什么样的语调，有时比选择什么样的词汇更重要。同样的句子，用不同的语调处理，可以表达不同的感情，收到不同的效果。比如当你被问到是否能完成一件比较困难的工作时，用中等速度适当提高音量回答“我可以试试”，与用慢速轻声回答“我大概可以试试”，给人的感觉就会大不一样。前者充满自信，而后者会让人感到缺乏信心。有研究说，使用上扬语调易给听者造成悬念，提高他的兴趣，但若持续时间过长会引起疲劳。而降调能表现说话人的果敢决断，但有时也会显示他的主观武断。

5. 聊天时不要使用鼻音

在日常生活中，我们经常听到“……哼……嗯……”的发音，这就是鼻音。如果你聊天时常常使用鼻音，肯定不会受到欢迎，因为你的声音让人听起来似在抱怨，毫无生气，十分消极。有些人将“哼、嗯”这种鼻音视为一种时髦的聊天方式，但如果你想让自己所说的话更具吸引力和说服力，如果你期望自己的语言更加富有魅力，那么从现在开始就别再使用鼻音。

6. 控制说话时的音量

声音太大了会让人反感，让人感觉是在装腔作势。但音量太小会使人听着费劲，误以为怯懦。一般要根据听者的远近，适当控制自己的音量，最好控制在对方听得见的限度内。试着发出各种音量大小不同的声音，并仔细听听，找到一种最为合适的、最易为人所接受的音量。

7. 注意聊天的语速

在语言交流中，语速的快慢将不同程度地影响你向他人传递的信息。语速太快如同音调过高一样，给人以紧张和焦虑之感。如果你聊天的语速太快，以至于某些词语含糊不清，他人就无法听懂你所说的内容。当然，如果语速太慢，又会令人逐渐丧失耐心，有焦躁沉闷之感。努力保持恰当的语速，不要太快也不要太慢，并在聊天时不断地调整。

口才策略：

“余音绕梁，三日不绝。”声音是语言的载体，声音动听，可以给人一种美的享受，使别人都爱听你所说的话，所以我们在谈话的时候，要注意使自己的声音富有感染力，这样才能够打动别人。

第 2 章

出口成章，锦心妙口尽显非凡魅力

女人说话有分寸、讲礼节，词语雅致是言语有教养的表现。在社交场合中，如果一位女性能够娴熟地使用这些语言艺术，那就会更加增添她的女性气质，使她的语言充满感染力。会说话的女人不会只顾自己说得痛快，更会顾虑听者的心理感受。什么话当说、什么话不当说，斟酌好其中的火候与分寸，更能真正体现口才的力量。

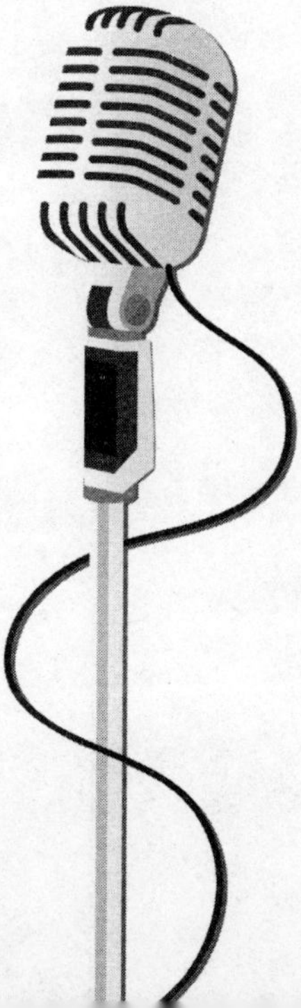

口才不只靠口去完成，还要靠风度

社交中受人欢迎、具有魅力的女人，一定是掌握口才技巧的人。口才是一种表达情意与人交际的才能，而口才的才，不是只靠口去完成的，还要靠风度。

展现良好的风度是女人获取良好的第一印象的要素。在与人初次见面时，你的一言一行往往更能留下深刻的印象。试想，一个衣着无可挑剔的人，开口却是出言不逊，显得粗鲁无礼，怎么还能指望别人对她有良好的第一印象呢？

一直以来，我们都要求女性在说话的时候一定要文雅，不能说粗话。一个妩媚的女人如果讲出粗话来，就像一件天鹅绒的晚礼服上被酒鬼吐上了呕吐物一样，让人有种想要呕吐的感觉。身为女性，一定要远离不文明礼貌的话语。一句粗话会让一个穿着端庄、容貌秀丽的女士形象顷刻之间大打折扣。

社交中受人欢迎、具有魅力的女人，一定是掌握社交口才技巧的女人。社交口才的基本技巧表现在适时、适量、适度三个方面。

1. 要适时

说在该说时，止在该止处，这才叫适时。可有的女人在社交场上该说时不说，她们见面时不及时问候；分手时不及时告别；失礼时不及时道歉；对请教不及时解答；对求助不及时答复……反之，有的女人该止时不止，她们在热闹喜庆的气氛中唠唠叨叨诉说自己的不幸；在别人悲伤忧愁时嘻嘻哈哈开玩笑；在主人心绪不安时仍滔滔不绝发表宏论；在长辈家里乐不可支地详谈“马路新闻”。

请设想一下，假如你在社交中遇见了上面这种人，你会对她产生什么样的印象呢？

2. 要适量

说话适量也是社交口才的基本技巧之一。适量既指说话的多少适当，也包括说话的音量适宜。应该指出的是，适量并不是都是少说为佳，更不是指那种语量没有变化的老和尚念经，适量与否应以是否达到了说话目的为衡量的标准。

社交口才的多少适量，并不排除为达到说话目的的必要重复，而是指根据对象、环境、时间的不同，该多说时不少说，该少说时不多说。有的人自我介绍啰啰唆唆，祝酒时说上半个钟头还不停，批评起来没完没了……这样既影响说话效果，又影响自己的社交形象。

适量的社交口才还包括声音大小适量。大庭广众之中说话音量宜大一点，私人拜访交谈音量宜适中，如果是密友、情人间交谈，小声则可以表现亲密无间、情意绵绵的特殊关系，给人一种亲切感。这些都是在社交场合与人交谈时应该掌握好的。

3. 要适度

1988 年美国总统竞选，民主党在选民中造成了布什是毫无独立主张的这一印象，他们甚至称“布什是里根的影子”。在交谈时，民主党人总爱用挖苦的口气问:“布什在哪里？”这个问题该如何回答才恰到好处呢？布什的竞选顾问、老资格政治公关专家艾尔斯，为布什设计了一个回答:“布什在家里，同夫人巴巴拉在一起，这有错吗？”

这一回答，体现了强烈的针对性和恰如其分的分寸感的结合，有很高的艺术性。试想，如果你在社交场上遭到别人挖苦时，就马上抓住对方弱点，给以迎头痛击，那将产生什么效果呢？也许你自认为是胜利者，可在别人眼里，你却是一个心胸狭窄不善言辞的人。而艾尔斯为布什设计的回答，却为布什的政治家风度增添了不少光彩。

口才策略：

语言是一种感情的交流，柔声细语，能体现爱心和亲情；粗声大气传达生硬和烦躁。女人说话前动动脑子，不能只顾自己说得痛快，不顾虑听者的心理感受。什么话当说、什么话不当说，斟酌好其中火候与分寸，更能真正体现口才的力量。

和别人沟通，不要和别人比赛

真正善于说话的女人都明白“放弃也是一种成功”的道理。即使一旦发怒，最好能尽量忍在心里，用理智来抑制感情，这样才能使大事化小，小事化无。

有的女人和人交谈时，时常把它看成是一种竞赛，一定要分出个高下。如果你常在他人的话里寻找漏洞，常为某些细节争论不休，或常纠正他人的错误，借以炫耀自己的知识渊博、伶牙俐齿。这样的你一定会让人留下深刻的印象，不过那是不好的印象。这些人往往忽略了沟通的技巧，因为她们把交谈当成了辩论，而不是信息、想法与感觉彼此交换的过程。

所以为了与他人有更好的沟通，这种竞赛式的谈话方式必须被舍弃，而要采用一种随性、不具侵略性的谈话方式。这样当你在表达意见时，别人就比较容易听进去，而不会产生排斥感。真正善于说话的女人都明白“放弃也是一种成功”的道理。有些事情假如你非要辩解清楚，不仅达不到目的，反而会让自己伤筋动骨。

一般地说，无谓的争论都是毫无价值的，只能徒增争论者的烦恼而已。其实，天底下只有一种能在争论中获胜的方式，那就是避免争论。要知道，在日常谈论的问题中，十有八九是没有绝对是非标准的，你的意见不一定都是对的，而别人的意见也不一定是错的，那么你为什么每次都要反驳别人呢？

有一位爱尔兰人名叫欧·哈里，他所受的教育不多，可是很爱抬杠。他当过汽车推销员，后来因为推销不成功而来求助于卡耐基。听了几个简单的问题以后，卡耐基就发现他老是跟顾客争辩。如果对方挑剔他的车，他立刻会涨红脸大声强辩。欧·哈里承认，他在口头上赢得了不少辩论，但并没能赢得顾客。他说：“我走出人家的办公室时总是对自己说，我总算整了那个混蛋一次。我的确整了人一次，可是我什么都没有能卖给他。”

欧·哈里后来成功纽约怀德汽车公司的明星推销员。他是怎么成功的？

他这样说："如果我现在走进顾客的办公室，而对方说，'什么？怀德卡车？不好！你要送我，我都不要，我要的是何赛的卡车。'我会说：'老兄，何赛的货色的确不错，买他们的卡车绝错不了。何赛的车是优良产品。'这样他就会无话可说了，没有抬杠的余地，他只有住嘴了。他总不能在我同意他的看法后，还说一上午的'何赛车子最好'之类的话吧。我们不再谈何赛，我就开始介绍怀德汽车的优点。"

"过去若是听到他那种话，我早就气得脸一阵红、一阵白了——我就会挑何赛的错，而我越挑剔何赛的车子不好，对方就越说它好。争辩越激烈，对方就越喜欢我竞争对手的产品。"

"现在回忆起来，真不知道过去是怎么干推销的！以往我花了不少时间在抬杠上，现在我守口如瓶了，果然有效。"

在现实生活中，令人生气发怒的事是经常发生的。一个头脑冷静的女人，应能理智地处理各种不愉快，忍气制怒，换换环境，跳出眼前的烦恼。以责人之心责己，以谅己之心谅人。遇事先想想自己是否也有欠妥的地方，从对方的角度看一看他是否也有些道理，这样就容易使自己静下来。当然，忍气制怒并不等于生闷气，而是通过忍来争取时间去冷静思考，从而得出尽可能与实际情况相符的结论。

一个人要有勇气承认自己的错误，也可以获得某种程度的满足感。这不只可以清除罪恶感和自我卫护的气氛，而且有助于解决这项错误所导致的问题。别人和你谈话时，他根本没有准备请你说教，大家说说笑笑就算了，所以，聪明的女人切不可随时摆出像要教导别人的样子。你的同事贡献你一个意见时，你若不能即时赞同，最低限度也要表示可以考虑，但不可马上反驳。

口才策略：

对于能成事的女人而言，她们通常的做法是：把眼光放在远处，从长远利益考虑问题，力戒因小失大。所以，我们应尽量以愉快的心情来处理碰到的各种问题。即使一旦发怒，最好能尽量忍在心里，不要爆发，用理智来抑制感情，这样才能使大事化小，小事化无。

话不在说得多，而在于能说到点子上

成大事者是那些谈话言简意赅的人。在不漏掉有用信息的前提下，越简洁越好。如果能常常有意地注意训练，那么必然能养成简捷的习惯。

一些大公司的门口，常写着这几个字："要简捷！所有的一切都要简捷！"这张布告提示我们：办事要简捷，长话短说是很必要的，因为喜欢赘言长谈的习惯已经不适用于今日了。

很多女人以为口才就是口若悬河，夸夸其谈，实际上，这是一种误解。特定场合下也许用得上这种方式，但在更多的时候，这并非表示我们很有口才，相反，却会证明我们说话缺乏诚意，不负责任。因为这种说话方式很容易让人以为我们是夸大其词，而这必定会受人怀疑和轻视。

据说，墨子的学生曾经问墨子："话是说得多好，还是说得少好？"墨子说："你看田里的青蛙，整天叫个不停，却没有人理会它；而公鸡每天只在天快要亮的时候，才叫一两下，人们都很注意它。可见，话不在说得多而在说得有用。"

人们一般最厌恶的就是谈话抓不住重点，旁敲侧击、不着边际，结果，说来说去也使人无法把握住他谈话的要点的人，这样的人常常会让人厌倦。所以，那种谈话不直接爽快而喜欢绕圈子的人，虽然在业务上会下苦工，但往往做不成什么大事。

如果我们希望别人注意我们，必须创造或者借用一些绝妙的好词好句。多读读一些语言大师所写的书，挑选一些妙联佳句，学习一些有趣的名人名言，睿智的故事，在适当的场合不经意地脱口而出，都可以让别人开怀大笑。

有一次，美国艾森豪威尔将军应社团之邀，担任演讲会的讲演者之一。在他前面已经有五位演讲者，滔滔不绝地发表了长篇大论。

轮到艾森豪威尔将军上台讲演时已将近半夜，不少听众无精打采，有的甚至昏昏欲睡。他环顾四周说："在我前面几位先生的演讲内容，合起来可成为一篇精彩的长篇小说，我实在没有能力增加一个字。可是每篇文章都应该加上标点符号，就让我来为这部长篇小说点上结束的句点吧！”

艾森豪威尔将军说完，就走回座位。结果，博得满堂喝彩。

言多众人忘，言少众人记。事后，听众记住了艾森豪威尔将军的“句点”，却忘记了那一部“长篇小说”。讲得多是一回事，讲得恰当、得体是又一回事。许多人都有喋喋不休的习惯。对此，只告诉他三个字，改掉它。否则后患无穷。

在不漏掉有用信息的前提下，说话越简洁越好。我们不要躲躲闪闪或拐弯抹角地说话，该说什么就说什么，这并不意味着我们品味低俗，而是说明我们有恰当的词汇可用，而没有进行不必要的掩饰。很多人都认为推销员是知得少说得多，他们自卖自夸，说得多了，反而会把顾客吓跑。通用电器公司的一位副总裁曾说过：“我们在会议上投票表决，推销员为什么会失去推销机会。结果75%的人认为是说得太多了。”

总之，我们在说话时要记住简明扼要、引人注目这几个字。在话未出口时。先在脑子里构思一个轮廓，然后再按次序有条不紊地说出来就行了。如果我们使用的是电话交流的方式，最好事先把要谈的事情逐一列出，写在一张纸上，然后再说：“我知道你很忙，有这么几件事需要和您讨论……”这样一来对方就很容易接受，从而愿意和你交谈。另外，谈事情要开门见山，语言表达简明扼要，这样也能提高办事的成功率。

口才策略：

做事爽直、谈话言简意赅的女人最易成就大事。如果能常常有意地注意训练，集中思想，处事有条不紊、谈吐简洁明了，那么必然会养成简捷的习惯。

女人口头表达时应注意的要点

国内外相当多的一些社会学家，都把人的讲话能力作为衡量一个人综合能力的条件之一。提高自己的口头表达能力，很快就成了重要的课题。

曾有一位心理学家说过：“在造就一个有教养的人的教育中，有一种训练是必不可少的，那就是优美而文雅的谈吐。”谈话的精粗、优劣很能反映出一个女人的文化修养和道德水平，并对他人产生不同的心理效应，引起他人的重视。

在当今纷繁复杂的社会生活中，你曾经因为谈话技巧的拙劣而失掉了朋友，或因为谈话不高明而失掉了一个顾客，或因为言语不当心而错过了一个好机会，或因为口不择言而惹来了一身麻烦……那么，让我们来研究一下谈话的技巧、心理的战略战术。口头表达时要注意以下几个要点：

1. 表达要流畅、清晰、准确

这是口头表达的基础。这一点，不是轻而易举就能够达到的。一些人，很有才华和见解，但一开口，却语塞言滞，真是说者费劲，听者着急；也有人讲起话来抑扬不明、顿挫无序。这些，都妨碍了思想的准确表达，使讲话效果大打折扣。

想要纠正语病，提高表达能力，只要下一番功夫，是可以办到的。

在第二次世界大战的时候，英国首相丘吉尔曾以雄辩的口才，劝服美国总统罗斯福提供援助。就是这样一位伟人，原来讲话时总是结结巴巴的，口齿不清。

他曾因口才不济，第一次在下院演讲，只讲了一半就败下阵来了。而他却毫不气馁，潜心研究演讲诀窍，锻炼自己的口头表达能力。功夫不负有心人，最后丘吉尔终于成为世界级的演说家和卓越的政治家。

2. 要言简意赅，切勿冗长繁杂

经常听到有这样一种说法：“天不怕，地不怕，就怕某某来讲话。”这反映了人们对“没完没了，空洞无物”的某些讲话者的厌烦。

有人认为，说话时，如果“分量”不重，就不易引起重视。因此，为了加重“分量”，讲出效果，反反复复，多次强调，不厌其烦。殊不知过犹不及，冗音赘语，淹没了重点和主题；逻辑混乱，往往使听者不得要领。特别是以下几种情况，讲话万万长不得：

（1）联欢、庆祝、娱乐、礼仪性活动的开场白，在场者的兴奋点不在于听人说教，绝不可不合时宜地发表长篇大论。

（2）露天集会，群众精力不易集中，滔滔不绝，只能适得其反。

临近午、晚，时间很紧，要理解别人的心情，尽力精炼压缩自己的谈话。

（3）座谈、对话、了解群众意见，更要讲短话，少讲多听，另外让别人有更多的表达意见的时间和机会。话在实而不在长，语言在精而不在多。

要努力提高讲话的提炼能力和概括能力，增强讲话的逻辑性、条理性和层次性，善于运用凝缩性很强的哲理、成语。在“时间就是效率”的今天，使自己的口语更简洁精练、详略得体，对取得更好的工作效果，是大有益处的。

3. 讲话应该要注意场合、情境和对象

讲话的目的是让人接受，一定要讲究因时、因地、因人制宜。

（1）人代会、党代会、劳模会等大型会议讲话，如果只见稿不见人，照本宣科，隔断了自己与他人情感的交流，就会大大影响讲话的效果。

（2）在与农民特别是文化程度较低的农民交谈的时候，要注意从他们身边的事谈起，力求通俗易懂，深入浅出，使人家听懂、听清、听进去。

（3）与知识分子座谈、研讨，所言要有一定的理论高度和深度，这样才能与对方形成同层次上的交流。

（4）和同志谈心更要注意对象的年龄、身份、职业、文化层次、性格及处境，讲究谈话的措词和方式，达到“一把钥匙开一把锁”的目的。

口才策略：

有些女人在讲话时表现得过急、过冲，容易给人咄咄逼人的感觉。因此，要特别注意摆正自己和工作对象的关系，要给人一种平等、谦逊之感。

巧妙地插入，谈话效果才会更佳

在社交场合与人谈话，如果能注意观察对方的情绪，在必要的时候找准时机，巧妙地插入对方的谈话，谈话效果会更佳。

现实生活中，好的插话能取到事半功倍的效果，不适当的插话则使事情更糟。例如：两位女孩子正在一个角落里悄悄地说着什么，一位男士不自觉地凑上去问道：“你们在说什么呢？”结果遭到两个女孩子的一句“讨厌”，男士只好悻悻地走开了。

生活中不乏上面的事例，那位男士之所以把事情弄僵了，是因为他们没有把握好插话的时机，结果遭到别人的抱怨或憎恨。

说话除了要注意场合和对象外，还要把握好时机，什么时候该说，什么时候不该说，什么时候可插话，什么时候不可插话，都不是随随便便的，说话如果不注意审时度势，常常会把快到口的大鱼赶跑。

时机对我们来说非常宝贵。女人如何来把握“决定性的瞬间”？其实这并没有一定的规则，要凭借女人丰富的交流经验或者敏锐的感觉来确定。我们来看下面一个实例：

冰箱老化了，制冷效果非常差。妻子多次提议买一个新的，均以丈夫不同意而告终。中午，丈夫对妻子说；“今天真热，你给我拿一支冰棒来。”

妻子打开冰箱抱怨道：“冰棒都化了。”

“什么破冰箱！”丈夫骂道。

“不如买一个新的吧。”

“那就买一个吧。”丈夫欣然同意了。

由于这位妻子捕捉住了说话的时机，所以她轻松达成了目的。

女人在反映情况或者说服人的时候，也要特别注意时机的选择，我们应该明确的一点是，在对方心情比较平缓、愉悦的时候进行交谈，获得成功的几率非常高；而当对方处于疲惫、不顺心或者正将注意力集中在其他事上时，则很难取得令你满意的结果。

聪明的女人善于接住他人的话茬儿，借题发挥，上承下转，巧妙应对，很好地触动他人的心弦，使一些悬而未决的问题终于得到解决。一个社交老手在交谈过程中应该如何插话，才能有助于达到最佳的交际效果呢？一般有以下几种方法：

1. 安慰式插话

当对方在同你谈某事，有时会因为担心你可能对此不感兴趣，显露出为难、犹豫的神情时，你可以伺机说一两句安慰的话。

“你能谈谈那件事吗？我十分想了解。”

“请你继续说。”

“我对此也是十分感兴趣的。”

此时你说的话是为了表明一个意思：我非常愿意听你的诉说，不管你说得怎样，说的是什么，我都喜欢听。用话语来消除对方的顾虑，坚定他说话的信心。

2. 疏导式插话

当对方由于心烦、愤怒等原因，在叙述中不能控制自己的感情时，你可用一两句话来疏导。

“你一定感到很气愤不平。”

“你心里一定很难受吧？”

当你说完这些话后，对方可能会发泄一番，感情好坏都不足为奇。因为，这些话的目的就是把对方心中郁结的一股异常情感“诱导”出来，对方发泄一番后，会感到轻松、解脱，从而能够从容地完成对问题的叙述。

需要特别注意的是，说这番话时不要陷入盲目安慰的误区。你不应对他人的话作出判断、评价，说一些诸如“你是对的”、“他不应该这样”之类的片面语。你的责任是顺应对方的情绪，为他疏通感情，而不应该“火上浇油”，使他的抑郁情绪进一步加强。

3. 推测式插话

当对方在叙述时迫切地想让你理解他的谈话内容时，你可以用一两句来推测对方话中的含义。

“你的想法是……”

“你想说的是这个意思吧……”

这样的综述，既能及时地验证你对对方谈话内容的理解程度，加深对其的印象，又能让对方感受到你的诚意，并能帮助你随时纠正理解中的偏差。

口才策略：

各种交谈中的插话技巧都有一个“共同点”，那就是不对对方的谈话内容发表客观判断、评论，不对对方的情感作出是与否的表示，始终处于一种中性的态度。这是一条重要界限，如果你试图超越这个界限，就有陷入沟通误区的危险，从而使一场谈话失去了方向和意义。

别过多地诉说自己的烦恼

有些人会不断地将自己的不幸与烦恼向别人倾诉，企图得到心理上的慰藉。然而，他们却忽略了：这样同时给自己和别人造成了负面影响。

在女人们的生活当中，会碰到很多不如意的事情。有些女人往往会被这些事情所困扰，以至于陷入不能自拔的境地。她们会不断地将自己的不幸与烦恼向别人倾诉，企图得到心理上的慰藉。然而，她们却从来没有想过：当向别人倾吐自己的烦恼的时候，也同时给自己和别人造成了负面影响。

飞燕个性柔弱，思想也很悲观，当她有心事时必定会立刻找人诉苦。她在大学时代曾经有过一段罗曼史，后来因为某种原因而结束，这件事一直放在她心底，打那之后每当她与人聊天时，就总会过度哀怨地向对方描绘自己的心酸。

有一次，飞燕去参加同事的生日晚会，同事介绍一位朋友与她认识。散会之后，同事的朋友抱怨："和你那个同事谈话真累！她一直在说大学时代如何认识某人、如何伤心地分手……我一句话也插不上，只好假装表示同情，耐心地等她说完。"

每个女人都会有失意的事，包括事业上的失意、感情上的失意、家庭上的失意。事实上，在这个世界上真正让人舒心的事很少，即使有舒心的事人们也很容易淡忘，萦绕于心头的很多事并不十分愉快。失意事本来就是一种痛苦，搁在心里不找人倾吐更痛苦。心理学家认为：把失意的事藏在心里还会造成心理的疾病，所以找人倾吐心声也是可取的。向别人倾诉苦衷的时候，你的确会感到轻松些，能够适当缓解压力。但过多地向人诉说自己的烦恼就会带来不良的后果！

有些烦恼、有些失意或是希望别人安慰的问题，你应该把这些话说给心理医生或是值得你信赖的家人或朋友听，千万不要逢人就开始倾吐自己心中的苦衷，这样不但无法激起对方的心理共鸣，而且会徒增对方的反感。

吐露失意的事，不管是主动吐露还是被动吐露，都会带来负面影响。

1. 吐露失意的事，无意中塑造了自己无能、软弱的形象

虽然每个人都会有失意事，但如果在你吐露失意事时，别人正在得意，那么别人会直觉地认为你是个无能或能力不足的人，要不然怎么会失意？嘴巴虽然不会说出来，但心里多少会这样想，而且失意事一讲，有时会因情绪失控而一发不可收拾，造成别人的尴尬，这才是最尴尬的一件事。如果你的失意情绪能够引起别人的安慰，温暖固然温暖，但你却会因此变成一个无助的人。

2. 吐露失意的事，别人会对你产生不良印象

很多人凭主观印象来评价别人，一般来说，自信、坚定的人，别人对他的印象就会比较好，如果他是个事业有成的人，那么更会获得尊敬。如果你的失意事让别人知道了，他们下意识地会对你产生不良印象。他们对你的态度也会很自然地转变，由尊敬、热情而变得不屑、冷淡。

你的失意事如果说得太多，让你的朋友们知道了，那么别人会为你贴上一个标签：失败者！当别人谈到你时，便会想到这些事。

3. 吐露失意时难免会说某人的坏话

说别人的坏话和抱怨的情况是同样的，也许时下心里感觉畅快了，但你的听众可能会无法忍受，而产生这样的想法，“不知道这人在私底下怎样讲我的”，因而失去对你的信任，甚至会对你产生厌恶之情。

口才策略：

在社交场合与人说话时，最好选择较为轻松愉快的话题，尽量不要提及个人过去不愉快的经历，以免让对方觉得沉闷、无聊，让人对你产生不良看法。

尊重他人，必须学会在交谈中避讳

避讳，不仅是语言艺术问题和处理人际关系的技巧问题，更是对待朋友和同志的态度问题。要想真心诚意地尊重他人，就必须学会在交谈中避讳。

在事业成功的过程中，女人一言一行都关系着每个人的成就荣辱，所以言行不可不慎。有的女人口齿伶俐，这固然是不少人所向往的。但如果口无遮拦，说错了话，说漏了嘴，也是很难补救的。所以应讲究“忌口”。在人际交往中，凡是弱点、缺点、污点，一切不如别人之处都有可能成为忌讳之物。因此，你千万不要去踏这个“雷区”。

一般来说，以下3种情况最容易触发忌讳心理，讲话者应该引以为戒。

1. 丑陋之点

人人都有爱美之心。不幸的丑陋者和残疾者大多有自卑感，不愿听到跟自己的短处有关的话题。谢顶者忌说“亮”，胖子忌说“肥”，矮子忌说“武大郎”，其貌不扬者忌说“丑八怪”，跛子忌说“举足轻重”，驼背忌说“忍辱负重”，等等。这种完全正常的心理应该得到充分理解。

2. 失意之处

人生在世，总希望自己能一帆风顺，有所作为，实现人生的价值。但是，月有阴晴圆缺，人难免有失意之处，或恋爱受挫，或久婚不育，或工作不顺利，或职称评不上，诸如此类的失意之处暂时忘却倒也轻松，但若有人有意无意提起，难免使人心灰意懒，沮丧不已。万事如意、踌躇满志之人则多以昔日的失意为忌讳，生怕传播出去，有失脸面。失意的人总是最敏感，所以我们说话时，不管是什么内容，都要注意别让他人产生自己被比下去的感觉。

3. 痛悔之事

人的一生免不了要犯这样或那样的错误，而一旦认识到错误便会痛悔之极，以后一想起自己曾犯过的错误就自感脸上无光。犯过品质错误(如曾有偷窃行为或生活作风问题)者更是讳莫如深。如果听到有人说起类似的错误，就会有芒刺在背、无地自容之感。

有极少数人以触别人的痛处、犯别人的忌讳为乐事，这是很不道德的表现。即使无意中的犯忌，也有可能影响朋友感情和同志关系。一个有修养的女人，说话时总是尽量避讳。避讳，作为一种修辞手法，是对同志和朋友的尊重，实际上也是对自己的尊重，不仅有利于人际关系的处理，而且有利于工作的开展。那么，该怎样避讳呢？

1. 慎言相避

跟人说话时先要了解对方的情况，着重掌握有无忌讳。对方的忌讳之物要视为禁区，十分谨慎地避开，以免触痛对方。在谢顶者面前不说“亮”，在久婚不育者面前别谈生儿育女事，在官运亨通者面前岂能描摹他昔日潦倒失意的窘态。慎言相避的关键是在得意时切忌自我吹嘘。自我吹嘘，很可能会无意中犯忌。

2. 婉词相代

有时无法避开交谈对象的忌讳之物，则不妨以婉词相代，尽量不使人过于难堪。例如，某大龄青年因择偶屡屡受挫而灰心丧气，而你有意为他牵线搭桥。“假如你还没有找到对象，我想为你介绍。”如此直言相告必定犯其忌讳，令人扫兴。“假如您对个人问题还没有考虑成熟，我愿意提供一位较合适的人选，您意下如何？”这样以婉词相代，给对方有“主动权在我手中”之感，自尊心得到充分尊重，有关介绍对象的交谈就能顺利进行。

3. 巧言相岔

说话再谨慎的人也难免有冒犯别人忌讳之时。如果突然发觉因自己失言而刺伤了别人的自尊心，该怎么办？这时，切忌慌乱之中作说明，因为越想说明，结果必定越说越不明，弄巧成拙。最明智的方法是用巧妙的语言岔开话题，使双方及时从困境中解脱出来。例如，张、李两位老同学周日闲谈，说起张的哥哥年近三十而仍孑然一身，张随口说：“他曾谈过几个，都因女方嫌他个子太矮而告吹。”说到这里，张猛然发觉自己失言，因为乙的个子更矮，而且也因此而苦恼。此时张急中生智，忙说：“其实，有资料表明，矮个比高个更精明，寿命也更长。就说我哥哥吧，他最近翻译出版了一部英国长篇小说，你是英语教师，正要请你指正呢！”如此岔题，天衣无缝，妙不可言。

口才策略：

世间没有十全十美的人，凡人皆有其长处，也难免有短处。在谈话当中，你要极力避免说别人的短处，否则不仅使别人的尊严受到损害，且足以表示你品德的缺点。宇宙之大，谈话的资料取之不尽，何必一定要把别人的短处当作话题呢？

该问的与不该问的要区别对待

在交际中，该问的，要明知故问。不该问的，即使你想问也不要问。要时刻记住，问话的目的是引起双方的兴趣，不是使任何一方感到没趣。

女人与别人交往时，总离不开“问”。有时候该问的，要明知故问，比如：“你的钻石戒指很贵吧！”“听说你最近又出了一本新书，一定很畅销吧！”这些可能都是你知道的，但你明知故问，对方会认为你很关心他，所以对你很有好感。他可能会接着你的话题，滔滔不绝地说下去，并且有可能说得心花怒放。

明知故问，就是明明知道也要问，这里的明知故问，会令对方高兴。比如，问对方最得意的事，问对方最想让大家知道的事，这样，你就可以赢得别人的好感，增进彼此之间的友谊。

但日常交际中，有些不该问的东西，即使你想问，也不要去问，诸如：“你今年多大啦？”“为什么还不结婚呀？”这些话题，有时对方不便作答，自然而然会对你的问话很反感，会因此而讨厌你，对你敬而远之。

每个人内心深处都有一种天然的、本能的维护自己内心秘密的情绪，遇到别人不得体的询问，就可能自然地发生逆反心理。如若再遇到那种事事在意，处处留神的“查户口专家”，被问者的厌烦之情会更加强烈。无事不问会使自己变得浅薄庸俗，试想，一个喋喋不休好探问别人私事的人，怎么可能获得真正的朋友。

女人与别人交谈时，不要无话不问，有些话题是不宜问的：

1. 别人的隐私不要问

在与别人交际时，为了避免引起别人的不快，一定要避免提问对方的隐私。

在你打算问对方某个问题的时候，最好先在脑中过一遍，看这个问题是否会涉及对方的个人隐私，如果涉及了，要尽可能地避免，这样对方不仅会乐意接受你，还会因你在应酬中得体的问话与轻松的交谈而对你产生好印象，为继续交往打下良好的基础。

具体地说，在日常交际中，应该避免问及下列这些方面的隐私话题：

女士的年龄；

工作情况及经济收入；

家庭内务及存款；

夫妻感情；身体情况；

不愿意公开的工作计划；

不愿意为人所知的隐秘。

2. 对方不知道的问题不宜问

如果你不能确定对方能否充分地回答你的问题，那么你还是不问为佳。如果你问一位医生“去年发生在本市的肝炎病例有多少”这个问题，对方很可能就答不上来，因为一般的医生谁也不会去费神地记这些数字。要是对方回答说“不清楚”，就不仅使答者失体面，问者自己也会感到没趣。

3. 有些问题不宜刨根问底

比方说，你问对方住在哪里，对方回答说“在北京城”或说“在香港”，那你就不宜问下去。如果对方高兴让你知道，他一定会主动地说出，而且还会说“欢迎光临”之类的话。否则，别人不想让你知道，你也就不必再问了。此外，在问其他类似问题时，也要注意掌握问话尺度，要适可而止。

口才策略：

同行相忌，这是一般人的心理，在激烈竞争的社会里，人们往往都不愿意把自己的营业情况或秘密告诉一个可能的竞争对手。即使你问到这方面的问题，也只能自讨没趣。

与欧美人士交谈时的注意事项

掌握与欧美人士交谈时应注意的事项，对于促进交往的顺利进行，是非常必要的。要尊重外国友人的隐私权，就要避免在与对方交谈时，涉及几个方面的问题。

随着开放形势的发展，女士们与外国人特别是欧美人士的交往越来越普遍，因此掌握一点与欧美人士交谈时应注意的有关事项，对于克服语言文化的障碍，促进交往的顺利进行，都是非常必要的。下面就具体来谈一谈。

一般而论，在国际交往中，下列七个方面的私人问题，均被海外人士视为个人隐私问题。

1. 收入支出

在国际社会里，人们普遍认为：任何一个人的实际收入，均与其个人能力和实际地位直接存在着因果关系。所以，个人收入的多寡，一向被外国人看作自己的脸面，十分忌讳他人直接或间接地打听。

2. 年龄大小

欧美人士对于年龄非常敏感，因而在与欧美人士的交往中，打听对方的年龄，说对方老态，都属很不礼貌的行为。在国外，人们普遍将自己的实际年龄当作“核心机密”，轻易不会告之于人。这主要是因为，外国人一般都希望自己永远年轻，而对于“老”字则讳莫如深。特别是外国妇女，最不希望外人了解自己的实际年龄。所以在国外，有这么一种说法：一位真正的绅士，应当永远“记住女士的生日，忘却女士的年龄”。

3. 恋爱婚姻

中国人的习惯，是将亲友、晚辈的恋爱、婚姻、家庭生活时时牵挂在心，但是绝大多数外国人却对此不以为然。他们认为，让任何一个人面对交往不深的朋友，去老老实实地交代自己“有没有恋人”、“两人是怎么结识的”、“跟恋人相处多久了”、“夫妻关系怎么样”等情况都不仅不会令人愉快，反而肯定会让人难堪。在一些国家里，跟异性谈论此类问题，极有可能被对方视为无聊之至，甚至还会因此被对方控告为“性骚扰”，从而吃上官司。

4. 身体健康

中国人在相遇后彼此打招呼时，大家经常会相互问候对方：“身体好吗？”要是确知交往对象身体曾经一度欠安，那么为了表示对对方的关心，与其见面时，人们往往还会热心而关切地询问对方：“病好了没有？”可是在国外，人们在闲聊时一般都是“讳疾忌医”的，非常反感其他人对自己的健康状况关注过多。因为在市场经济条件下，每个人的身体健康都被看作是他的重要的“资本”。

5. 家庭住址

在中国人的人际交往之中，大家对于自家的住址通常是不保密的。对于自己的家庭住址等，甚至还会主动地相告于人，并且往往乐于请人上门作客。而在国外，通行的做法却恰好与我国相反。外国人大都视自己的私人居所为私生活的领地，非常忌讳别人无端干扰其宁静。在一般情况下，除非知己和至交，他们一般都不大可能邀请外人前往其居所作客。为此，他们都不喜欢轻易地将个人住址、住宅电话号码等纯私人资讯“泄密”。在他们常有的名片上，此项内容也难得一见。

6. 个人经历

初次会面时，中国人之间往往喜欢打听一个交往对象“是哪里的人”、“哪一所学校毕业的”、“以前干过什么”。然而外国人却大都将这些内容看作是“商业秘密”，并且坚决主张“英雄莫问出处”，反对询问交往对象的既往经历，随随便便地擅自查对方的“户口”。外国人还认为，要是一个人动辄就对初次交往的对象“忆往昔峥嵘岁稠”，甚至“痛说革命家史”，并不见得是坦诚相见，相反却有可能是别有用心。

7. 所忙何事

在国内，熟人见面之际，免不了要相互询问一下对方：“忙什么”、“上哪里去”。但是，外国人对于这一类的问题皆属个人私事，“不足为人道哉”，绝对没有“曝光”的必要。向别人探听与此相关的问题的人，不是好奇心过盛，不懂得尊重别人，就是别有用心，或者具有天生的“窥视欲”。被问及这类问题时，外国人往往会“顾左右而言他”，甚至还会缄口不语。

口才策略：

上述七个方面的问题，皆属于个人隐私问题。要尊重外国友人的个人隐私权，首先就必须自觉地避免在与对方交谈时，主动涉及这七个方面的问题。

让谈话在意味深长中收尾

同人交谈，说好第一句话固然重要，但是你也不能忽视告别语的作用。好的结束语就像一曲“余音绕梁”的优美乐曲，让人回味无穷。

女人在与人交谈结束时，运用“再会”之类的告别语显得千篇一律，太俗太空。这一样来，努力设计能给对方留下深刻印象的告别语就很有必要。一般来说，通常有以下几种收尾方法：

1. 道谢式收尾

道谢式收尾，在交谈艺术中具有较强的礼节性，它的基本特征是用讲“客气话”作为交谈的结束语和告别话。道谢适用的场景和对象是最广泛的，无论是上下级、同事、亲朋还是熟人、邻舍以及初交者之间都是适宜的。例如：“刘先生，在您的悉心指导下，我明白了自己的责任，我一定按您的指教去做。谢谢您了，再见！”

2. 关照式收尾

这种收尾方式，是交谈双方说完了自己的思想、意见或流露了某些内心意向之后，觉得谈话中的有些话和问题带有保密性和重点性，当交谈即将结束时，就关照对方不要将其中的某些话张扬出去。例如：“刚才我讲的一些话，是一些不成熟的看法，我觉得不必让他人知道，请你不要传出去，以免引起麻烦……”

这种关照式收尾，有一种提起注意、防患于未然和强调重点的作用，能使交谈的对方增进了解并增强“使命感”、“责任感”。

3. 征询式收尾

交谈完毕，主谈者根据自己的交谈目的与交谈后的吻合情况向对方征求意见、说明、要求或建设性的忠告、劝诫等等，这就是征询式收尾。

例如：“李先生，随着我们接触的增多和了解的深入，你一定察觉出我有许多缺点，你觉得我最糟糕的‘毛病’是什么？希望你下次开诚布公地提出来。”

在交谈艺术中，征询式的收尾往往给人以谦逊大度、仔细周到和稳重老成的印象。运用征询式的收尾，对方听了便会产生一种心悦诚服、倍感亲切、心心相印的感觉，从而取得融洽关系、有利于事业进展的良好效果。

4. 归纳式收尾

归纳式收尾，通常在陌生人之间非形式性交谈中使用，或同志间、亲朋间工作性交谈中使用。例如："王浩，听了你的情况介绍后，我觉得问题的关键是第一点，我们是做他人思想工作的，如能统一人心，其他问题也就迎刃而解了……"

归纳式收尾，由于条理清晰，中心突出，这样对方交谈的目的和内容，双方的思想和意见就能清楚交流，收到言简意赅、明朗爽快的效果。

5. 祝愿式收尾

这种收尾方式的特点是，不仅具有较强的礼节性和情趣性，而且还具有极大的鼓动力。如果再加上适当的口语修辞，它的效果一定会非常显著。例如："再见吧，路上保重。祝你一帆风顺！"

6. 邀请式收尾

邀请式收尾的基本特征是运用社交手段向对方发出礼节性邀请或正式邀请。前者的效用体现了"客套式"所需的礼仪；后者则表现了友谊的生命力。

（1）"客套式"邀请："如果您下次途经上海，请到我们家来做客。再见！"

（2）正式邀请："今天我们就谈到这里吧，星期二晚上 6 点钟请你到我家吃顿便饭，那时我们再长谈吧。再见！"

以上这两种邀请式收尾语，在社交场合同人讲话是必不可少的。运用这种结束语，肯定会赢得别人最大的赞同。

口才策略：

与人交谈的结束语的表达方法多种多样，只要女人能够驾驭情境，正确审视对象，选择正确、得体的话语，交谈结束时，不仅会非常得体、有趣，而且还会余韵犹存，感人至深。

第3章

口齿伶俐，职场巧言女人脱颖而出

人生的道路漫长，但紧要处常常只有几步，求职面试无疑是其中紧要的一步。能否在激烈的人才角逐中脱颖而出，谋到顺心如意的工作，全看你能不能准确措辞、侃侃而谈，娴熟地推销自己。许多职场女性视上下级沟通为畏途，这只能使其前途越来越窄。学会用嘴巴建立一张牢固的关系网，一切将不再是难题。好口才让女人在职场中如鱼得水、频频晋升。

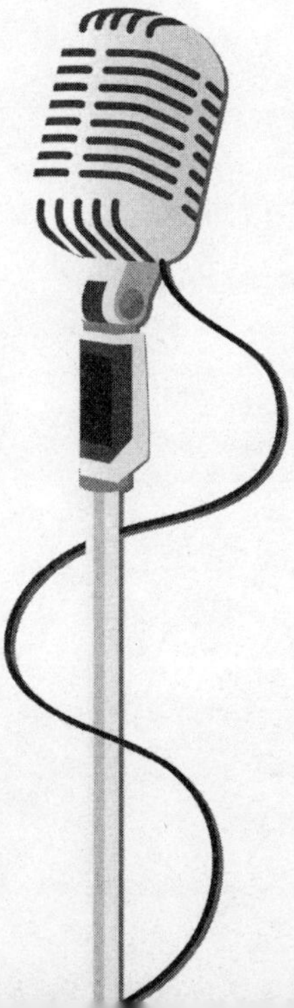

面试开头，口才决定成败

良好的开端是成功的一半。虽然面试时间很短，一般二十几分钟，不超过半个小时，但一个好的开头仍然不可忽视。

在人才竞争日益激烈的现代社会，通过面试是获得理想职位的重要一环。女人要让主考官在短暂的时间内认识和欣赏自己并非易事。而面试又是以谈话为主的，只有熟练地掌握求职面试的说话艺术，才能在求职竞争中过关斩将，获得成功。

好的开头，可以营造一种和谐的气氛，迅速与考官沟通思想，尽快进入正题。大多数有经验的考官宣称，他们在见到应聘者的5分钟内，就能知道对方是否适合聘任的工作。所以，如何设计好开头的5分钟至关重要。这是女人在面试前的具体准备中，需要精心设计的重要一环。求职者必须通过简洁、坦诚而富有个性的语言，充分展示自己的实力和素质。

1. 简明扼要

说话简明扼要，才能给人留下思路清晰、精明能干的印象。明华去某公司应聘，在面试时，老总问她对自己的认识，她这样回答："我相信我自己。"当老总问她对公司的印象时，她这样回答："我以前是听说贵公司能让人发挥才能，现在是感受到贵公司能让人发挥才能。"明华很顺利地成了这家公司的办公室人员。所以，面试时要尽量用最简短的语言，传达尽可能多的信息量，无论是自我介绍还是回答问题，都要做到言简意赅、举例精要、措辞简练，切忌絮絮叨叨，繁复冗长，或口若悬河，却答非所问，离题万里。

2. 真诚朴实

在求职应聘面试时，求职者总要想方设法把自己的能力和才干表现出来，让招聘者了解自己，然而，表达自己的能力和才干也是一门艺术，如果一味地平铺直叙，大讲特讲自己比他人如何如何好，恐怕会给人自吹自擂不谦虚的印象，所以，在说出自己的能力后应作些补充说明。例如当你说了“朋友们都说我是个很好的管理者”之后，还要再补充说明，以支持这句话，你可以举例证明，或者简略介绍一下你的管理方法。另外，如果有条件的话，即使不补充，也可以用事实来说明问题。

比如说，你说“我和其他工作人员关系很好”时，别说到这里停止了，还要举一些具体事例来加以陈述，如：“我总是和我的工作伙伴与属下有着相当融洽的关系，而且我也和从前每一位上司都成为了好朋友。”此时应注意几点：只讲正面性的事；用证据来支持你的陈述；陈述的内容要集中在工作所需的资历之上；简明清晰，叙述不要超过三分钟。

3. 突出个性

一个女人是否具有应变能力和创新精神，不仅决定了她自身未来的发展，还直接关系到用人单位的效益和利益。因此，富有创新精神的人才，是深受企事业单位欢迎的。面试中，个性鲜明的语言和行为，能够给人留下深刻的印象，获得用人单位的青睐。具有独创精神的语言和行动，能够帮助我们在强手如云的求职竞争中脱颖而出。

口才策略：

有时稍稍抬高自己也是必要的，只要说得合理就行。面谈者当然知道你不会“自道己短”，但别扯得太远，“吹嘘自己”时只要谈谈有关工作方面的内容即可，而且千万要记住要用具体例子来作支持。当然，介绍自己经历中的成绩时，要注意口气，既巧妙地表露出来，又不显示出自我吹嘘的痕迹，给人以自信、谦逊、不卑不亢的印象。

求职应答要注重讲话策略

想要在较短的时间内成功地推销自我，女人的讲话策略是一个关键因素。因此你应该花些心思学习面谈的应对技巧，方能受到主考官的青睐。

面试现场是一个看不见硝烟的战场。主考人员经常会出其不意地提出一些令女性求职者难以回答的问题，以考察应聘者的思维能力和应变能力。所以求职者应该掌握一些面试应变的谋略和技巧，机智灵活地从容应对。以下便是几种常用的应答技巧。

1. 随机应变——留足进退的余地

从一定意义上说，面试的过程是一个智力较量的过程。面试当中，对那些需要从几个方面来加以阐述，或者“圈套”式的问题，应试者要注意运用灵活的语言表达技巧，不要一开始就把话讲死。否则，很容易将自己置于尴尬境地或陷入“圈套”之中。

当考官提出“据说你对‘××’问题很有研究，不妨谈些你的看法”这样一些诱导式的问题时，你的应答须特别谨慎。因为考官提出问题的时候，已经把你界定在一个特定的背景下，实际上是为了对你作深入了解所设定的“圈套”。即使你真的对“××”问题很有研究，也切不可自以为是，否则你将面临难度更大的追踪性问题。你不妨这样回答：“谈不上很有研究，只是略知一二，可以共同探讨一下。”这表面上是对考官的谦恭，而实质在于给自己留下回旋的余地，以便随机应变。

2. 沉着理智——稳定自己的情绪

面试中，常有主考官向应聘者故意泼冷水的情况，比如说到“公司没有适合你的位置”“我们需要的是有工作经验的人”“请谈一下你的失败经历”等等，面对这种情况，我们应该沉着冷静，谈话中注意扬长避短，以求变被动为主动，最终巧妙地突破话题的限制。

吴士宏参加IBM的面试，主考官问：“你知道IBM是家怎样的公司吗？”“很抱歉，我不清楚。”吴士宏实话实说。主考官又问：“那你怎么知道你有资格来IBM工作？”“您没用过我，又怎能知道我没有资格？”吴士宏反问。这一出人意料的回答不仅没有惹怒主考官，反而激起了主考官的极大兴趣，于是提问继续进行。最后她被告知：下周一上班！

3. 滴水不漏——圆好自己的说辞

在面试中，有时考官所提的一些问题并不一定要求有什么标准答案，只是要求面试者能回答得滴水不漏、自圆其说而已。这就要求应试者答题之前要尽可能考虑得周到一些，以免使自己陷于被动。

有一位商场的采购经理参加一次面试，当考官提出“请你举一个实例说明你的工作规范和流程”时，她回答：“这有可能涉及我们的商业秘密。”考官说："那么好吧，请你把那些不属于商业秘密的内容告诉我。"这样一来，问题的难度更大了，她先得分清楚哪些是商业秘密，哪些不是，一旦说漏了嘴，则更显出其专业水平不够，不能自圆其说，很可能会被逼入"死角"。

应试者是很容易陷入不能"自圆其说"的尴尬境地的。面试在某种程度上就是一种斗智，你必须圆好自己的说辞，方能滴水不漏。

4. 不拘一格——"歪打"而"正着"

面试中，如果考官提出近似于游戏或笑话式的过于简单化的问题，你就应该多转一转脑子，想一想考官是否另有所指，是否在考察你的 IQ 或 EQ；如果是，那就得跳出常规思维的束缚，采用一种非常规思维或发散式思维的方式去应答问题，切不可机械地作就事论事的回答，以求收到"歪打正着"的奇效。

有一位学历并不高的女青年到一家大公司应聘管理人员的时候，上位考官突然提问："请问，一加一是多少？"女青年先是一愣，略一思索后，便出其不意地反问考官："请问，你是说的哪种场合下的一加一？如果是团队精神，那么一加一大于二；如果是单枪匹马，那么一加一小于二。所以，'一加一是多少'这就要看你想要多少了。"由于女青年采取了非常规性应对方式，在众多应试者中，她便脱颖而出了。

口才策略：

面试是走入职场必须经历的第一步，有个良好的开端，给将来的东家留个美好的第一印象是每一位求职者都希望达到的效果，所谓知己知彼，百战不殆，因此求职者面试前能够掌握一定的面试说话技巧当然是必要的。

识破语言陷阱，才不致让自己深陷

面试官也许会在面试中设置种种语言陷阱，以探测女人的智慧、应变能力和心理承受能力。女人只有识破这些语言陷阱，才不至于一头栽进去。

面试中，面试官也许会设计出各种各样不同的语言陷阱，但是只要女人看准了，兵来将挡，水来土掩就是了。

1. 用“激将法”遮蔽的语言陷阱

这是面试官用来淘汰大部分应聘者的惯用手法。采用这种手法的面试官，往往在提问之前就会用怀疑、尖锐、咄咄逼人的眼神逼视对方，先令对方心理防线步步溃退，然后冷不防用一个明显不友好的发问激怒对方。

如：“你经历太单纯，而我们需要的是社会经验丰富的人”，“你性格过于内向，这恐怕不适合我们的职业”，“我们需要名牌院校的毕业生，你并非毕业于名牌院校”，面对这种咄咄逼人的发问，作为应聘者，你首先要做到的是无论如何都不要被激怒，如果你被激怒了，那么你就已经输掉了。那么，面对这样的发问，如何接招呢？

如果对方说：“你经历太单纯，而我们需要的是社会经验丰富的人。”你可以微笑着回答：“我确信如我有缘加盟贵公司，我将会很快成为社会经验丰富的人，我希望自己有这样一段经历。”

如果对方说：“我们需要名牌院校的毕业生，你并非毕业于名牌院校。”你可以幽默地说：“听说比尔盖茨也未毕业于哈佛大学。”

应聘者若结结巴巴，无言以对，抑或怒形于色，据理力争，脸红脖子粗，那就掉进了对方所设的圈套。应聘者碰到此种情况，要头脑冷静，明白对方在“做戏”，不必与他较劲。

2. 挑战式的语言陷阱

这类提问的特点是从求职者最薄弱的地方入手。对于应届毕业生，面试官会设问：“你的相关工作经验比较欠缺，你怎么看？”对于女大学生，面试官也许会设问：“女性常常会对自己的能力缺乏自信，你怎么看？”

如果回答“不见得吧”“我看未必”或“完全不是这么回事”，那么也许你已经掉进陷阱了，因力对方希望听到的是你对这个问题的看法，而不是简单、生硬的反驳。

对于这样的问题，你可以用“这样的说法未必全对”“这样的说法有一定的道理，但我恐怕不能完全接受”为开场白，然后婉转地表达自己的不同意见。

碰到这样的问题，有的求职者常会不由自主地摆出防御姿态，甚至狠狠反击对方。这样做，只会误入过分自信的陷阱，招致“狂妄自大”的评价。而最好的回答方式应该是，既不掩饰回避，也不要太直截了当，可用明谈缺点实论优点的方式巧妙地绕过去。

3. 诱导式的语言陷阱

这类问题的特点是，面试官往往设定一个特定的背景条件，诱导对方作出错误的回答，因为也许任何一种回答都不能让对方满意。这时候，你的回答就需要用模糊语言来表示。如：“依你现在的水平，恐怕能找到比我们企业更好的公司吧？”如果你的答案是“YES”，那么说明你这个人也许脚踏两只船，“身在曹营心在汉”。如果你回答“NO”，又会说明你对自己缺少自信或者你的能力有问题。

对这类问题可以先用“不可一概而论”作为开头，然后回答：“或许我能找到比贵公司更好的企业，但别的企业或许在人才培养方面不如贵公司重视，机会也不如贵公司多；或许我能找到更好的企业，但我想，珍惜已有的最为重要。”这样的回答，其实你是把一个“模糊”的答案抛还给了面试官。

4. “引君入瓮”式的语言陷阱

比如，你要从一家公司跳槽去另一家公司。面试官问你：“你们的老板是不是很难相处啊，要不然，你为什么跳槽？”也许他的猜测正是你要跳槽的原因，即使这样，你也切记不要被这种同情的语气所迷惑，更不要顺着杆子往上爬。如果你愤怒地抨击你的老板或者义愤填膺地控诉你所在的公司，那么你一定完了，因为这样不但暴露了你的不宽容，还暴露了你的狭隘。

口才策略：

面试极像一次相亲。应试者希望找到一个能够了解自己优点的用人单位，用人单位则希望能找到优秀的职员。当陌生的双方相见后，都想在短短一席话中努力表现出自己的优点，说出聪明话或立即呈现出良好的一面，以便给对方留下好印象。面试，其实是一场心理考试和智力游戏。想要在这场游戏中取胜，大家一定要深入了解一下上文提到的几种语言陷阱。

恰当得体的问答助你获得成功

求职面试中，恰当得体的语言无疑会帮助你获得成功，反之，不得体的语言会削弱你的竞争力。所以，在求职时要注意一些忌语。

语言是女性求职者在求职面试中与招聘人员沟通情况、交流思想的工具，更是求职者敞开心扉，展示自己知识、智慧、能力和气质的一个主要渠道。恰当得体的语言无疑会增强你的竞争力，帮助你获得成功，反之，不得体的语言会损害你的形象，削弱你的竞争力，甚至导致求职面试的失败。那么，在求职面试中要注意哪些影响自己成功的忌语呢？

杨小姐是上海某名校的研究生。在一次面试中，面试官首先让她作简单的自我介绍。“我是 ×× 大学 ×× 系的研究生。”杨小姐的开场白没有像通常人那样介绍自己的名字，而是用学历打头。接下去，面试官让她谈谈自己应聘营销这份工作的优势。“我是研究生。”杨小姐再次强调了她的学历优势。

很多研究生都很自以为是，觉得学历高就很了不起，杨小姐就是个典型例子。她认为自己的研究生学历是她求职的最大优势。事实上，在许多职位上，研究生的表现并不一定优于本科生，并且这样极易招致主考官的反感。具体来说，在求职面试时有一些禁忌要特别注意：

1. 忌缺乏自信

最明显的就是问“你们要几个”。对用人单位来讲，招一个是招，招十个也是招，问题不在于招几个，而是你有没有这 1/100 或 1/2 或独一无二的实力和竞争力。

“你们要不要女的？”这样询问的女性，首先给自己打了“折扣”，是一种缺乏自信心的表现。面对已露怯意的女性，用人单位正好“顺水推舟”，予以回绝。你若是来一番非同凡响的介绍，反倒会让对方认真考虑。

“外地人要不要？”一些外地人出于坦诚，或急于得到“兑现”，一见招聘人员就说这么一句，弄得人家无话可说。因为一般情况下，用人单位不得不要外地人，也不是所有的外地人都要，这要看你的实际情况能否与对方的需求接上口。

2. 忌急问待遇

“你们的待遇怎么样？”“你们管吃住吗？电话费、车费报不报销？”有些应聘者一见面就急着问这些，不但让对方反感，而且会让对方产生“工作还没干就先提条件，何况我还没说要你呢”这样不好的想法。谈论报酬待遇是你的权利，这无可厚非，关键要看准时机。一般在对方已有初步聘用意向时，再委婉地提出来。

3. 忌不合逻辑

面试的考官问：“请你告诉我你的一次失败的经历。”答曰：“我想不起我曾经失败过。”如果这样说，在逻辑上讲不通。又如考官问：“你有何优缺点？”答曰：“我可以胜任一切工作。”这也不符合实际。

4. 忌报有熟人

面试中急于套近乎，不顾场合地说“我认识你们单位的某某”，“我和某某是同学，关系很不错”等等。这种话主考官听了会反感。如果你说的那个人是他的顶头上司，主考官会觉得你在以势压人；如果主考官与你所说的那个人关系不怎么好，甚至有矛盾，那么你这样引出的结果很可能就是自我遭殃。

5. 忌超出范围

例如面试快要结束时，主考官问求职者：“请问你有什么问题要问我吗？”这位求职者欠了欠身子问道：“请问你们公司的规模有多大？中外方的比例各是多少？你们未来 5 年的发展规划如何？”诸如此类的问题。这是求职者没有把自己的位置摆正，提出的问题已经超出了求职者应当提问的范围，使主考官产生了厌烦。主考官甚至会想：哪有这么多的问题？你是来求职呢？还是来调查情况的呢？

6. 忌不当反问

例如主考官问：“关于工资，你的期望值是多少？”应聘者反问：“你们打算出多少？”这样的反问就很不礼貌，好像是在谈判，很容易引起主考官的不快和敌视。

口才策略：

语言是一门艺术，锦上添花的语言可能助你大展宏图，而不加禁忌的语言可能埋葬你的大好前程，所以不要轻易就脱口而出，最好花上几秒钟从脑子里过一下，灵活地换种方式来说，让你的话更能让人接受。

与上司交流要摆正心态，更要学会技巧

与上司交流要学会技巧。不可过于情绪化，要始终坚持“对事不对人”，了解他的真实想法，顺应他的思路，冷静、客观地提出要求。

许多女人工作能力很强，工作业绩也很突出。但在其他方面，特别是在一些小问题上却使上司感到不安，结果就失去上司的信赖，这种情况在现实中相当多。原因在于，她因工作驾轻就熟，而往往忽略了上司的立场，其中最重要的就是没有及时沟通交流。与上司交流是一门学问，要摆正心态，更要学会技巧。

跟上级说话，要尊重，要慎重，但不能一味附和。在保持独立人格的前提下，女人应采取不卑不亢的态度。在必要的场合，你也不必害怕表示自己的不同观点，只要你从工作出发，摆事实，讲道理，领导一般是予以考虑的。

还应该了解上级的个性。上级固然是领导，但他首先是一个人。作为一个人，他有他的性格、爱好，也有他的语言习惯等。如有些领导性格爽快、干脆，有些领导则沉默寡言、事事多加思考，你必须了解清楚，不要认为这是“迎合”，这正是运用心理学的一种学问。

此外，女人与上级谈话还要选择有利时机。上级一天到晚要考虑的问题很多。所以，假若是个人琐事，就不要在他埋头处理大事时去打扰他。你应该根据自己的问题重要与否，去选择适当时机反映。

在职场，如果你跟上司交谈时率性而为，只顾着阐述自己的观点，而不管上司的感受，很容易就把上司得罪了。与上司交谈时，以下几点需要注意：

1. 不要随便打断上司的讲话

无论在正式的场合，还是非正式场合，随便打断上司的讲话，都会被好面子的上司认为你不尊重他。初入职场的新人，往往容易犯这个错误。当上司讲错话时，就挺身而出，打断上司的讲话，指出上司的错误，并洋洋自得地给予纠正。或者自己有更先进的观点和更好的创意，就迫不及待地打断上司，阐述自己的观点。小心眼的上司被你这一搅和，心中自然大为不悦，过后给你小鞋穿，也就在情理之中了。

2. 别跟上司唱反调

与上司交谈时，尤其在正式的场合谈论工作上的问题时，不要贸然提出与上司不同的意见，因为这容易被上司看成公然挑战他的权威；更不要坚持己见，据理力争。唱反调已经引起上司的不悦了，再非要分出个谁是谁非，那无异于火上浇油、雪上加霜。

小江是一家公司市场部的统计，喜欢在公众场合炫耀自己的学识。一次，市场部总监召开营销人员会议，部署下一步的营销工作，小江列席参加会议。总监宣读完一份销售方案后，让大家发表意见，小江第一个站出来唱反调。她引经据典，说得头头是道，让大家一下子看到了方案的不可执行性。总监阐述完制订方案的指导思想后，小江又跟总监争论起来。最后，方案自然以总监拟定的为准。

没过几天，总监找小江谈话，让她到一个业绩差的办事处工作。小江这时才暗暗叫苦，她知道这只不过是老板的借口罢了，下一步她恐怕要被裁掉了。

3. 把握好说话的分寸

与上司交谈，无论聊天还是谈论工作，都要把握好分寸，不可无所顾忌，想到哪里说到哪里，这样才会给上司留下好的印象。对于上司忌讳和感到不悦的，比如上司的隐私、疮疤或一切能让他感到有失脸面的事，千万不要说。特别是你在跟上司聊天开玩笑的时候，更要注意。

向上司进言，也要慎重。如果你还没得到上司的信任，即使你的意见是正确的，上司也未必会采纳。相同的意见，由上司信任的人提出，上司就认为是正确的，并欣然接受。所以，在得到上司信任之前，最好不要随意向上司进言，因为你说了也白说，还可能引起上司的反感。

口才策略：

有时候，完全保持沉默并不是最佳的选择。这时你可以说一些不痛不痒的“官方语言”，让上司觉得很舒服，自然不会被上司抓住把柄。

换种说法，忠言也可不逆耳

劝谏进言确是一门学问。在仕途上，把自己的意见、建议巧妙地表达出来，既可使自己的想法付诸实施，又可以得到领导的赏识。

面对来自上司的压力，人们总有一些话如鲠在喉，不吐不快。此时此刻，女人该怎么做？良言即便“金玉”，也不可无所顾忌，不管领导的职位的高低，不管他嘴上讲自己如何喜欢他人批评，如果你的语言尖刻，都会惹得他不高兴。那你为什么不把良药裹上糖衣，让忠言变得顺耳呢？这样既达到了进言目的，又不招致怨愤。

1. 将“意见”转化为“建议”

在适当的时候向你的上司提几点“建议”，它不仅包括了你所要提出的意见，而且指出了解决问题的方案。建议合理、得当可能使你的工作变得顺利，所以该提问的时候要委婉地提出，有一条非常重要：把作决定的事交给上级去做。

当威尔逊做总统时，在他的顾问班子中间，唯有霍士最得其信任。别人的意见，他常常很少采用，或是根本不采用，而霍士却屡屡进言并得以被采纳，后来霍士做了副总统。霍士自述说：“我认识总统之后，发现了一个让他接受我的建议的最好办法，我先把计划偶然地透露给他，使他自己感兴趣。这是我在一次偶然的机会中发现的。我有一次去谒见总统，向他提出一个政治方案，可是他对此表示反对。但是几天之后，在一次筵席上，我很吃惊地听到他将我的建议当作他自己的意见发表了。”

霍士不但使威尔逊自信这种思想是自己的，后来他还牺牲了自己许多伟大的计划，让给威尔逊来获得民众的拥戴。

那么，霍士是怎样把计划移植到威尔逊心中的呢？他常常走进总统办公室，以一种请教的口吻提出建议："总统先生，不知道这个想法是否……您觉得这样做还有什么不妥吗……我们是不是这样……"就这样，霍士把自己的思想不露痕迹地灌入威尔逊的大脑，使他从自己的角度考虑这些计划，主动去加以完善并付诸实施。

从以上的事例，我们可以得到很好的启发：将"意见"转化为"建议"，的确不失为向上司提意见的上等策略。首先，它站在上司的立场上，最终是为了维护上司的权威，出发点是善意良性的；其次，这种策略是一种温和的方式，能够充分照顾上司的自尊，易于被上司接受，效率较高。提建议时要注意以下几个问题，它们直接影响你建议的效果。

2. 限用一分钟发表

如果你向上司提意见的话，你认为多少时间比较合适？上司一般来说都对长的意见感到不耐烦。如果你能在一分钟内说完你的意见，他就会觉得很愉快，而且如果觉得"有理"，也比较容易接受。反之，倘若他不赞同你的意见，你也不会浪费他太多的时间，他会为此感谢你。如果想再具体界定一下的话，那么最好将你的语速保持在每分钟300个字的标准，比这个标准低就显得过于缓慢。

3. 否定也是意见的附属品

向上司提意见，当意见被"我不赞成"或"这不合适"等驳回时，就应该在你的意见的内容上、方式方法上下功夫。

首先在内容上，既然是提意见，就必须言之有据。不仅要把自己的意见表达出来，还要以大量的数据材料为依据，否则一旦让上司问到了，就容易造成信口开河的负面影响。其次，意见的内容没问题了，还要注意提意见的方式方法。

口才策略：

向上司提意见本非坏事，但如果过于"热心"，会使自己"冲"过头，上司必定会认准你是个麻烦制造者，不会接受你的意见。此时，你切记不要过于自作主张而忽视了上司周遭的人际环境以及时间安排。

用恰当的人情话润滑同事关系

在同事之间要建立良好融洽的人际关系，必须经常相互沟通。而要做到相互沟通，得体恰当的语言是非常重要的。

许多争吵，甚至会发生在平素关系非常密切的同事之间，很大一部分原因就是某方或双方说话不讲艺术，使对方误解，以致造成同事间的隔阂。那么女人与同事之间怎样交谈比较恰当呢?

1. 要注意对方的年龄

（1）对年长的同事：最好谦虚些、服从些。与他谈话，即使自己认为不正确也要注意聆听，而后再提出自己的意见。在与年长的同事谈话时，不必提起他的年龄，只去称赞其干的事情就好，你的话肯定会温暖他的心，使他重新感到自己还年轻，还很健康。

（2）对于年龄相仿的同事：态度可以稍微随便些，但也应该注意分寸，不可出言不逊，伤人自尊。在与自己年龄相仿的异性同事说话时，尤其注意，不宜乱开玩笑，态度暧昧，以免引起一些不必要的猜疑。

（3）对于年纪比你小的同事：应该保持慎重、深沉的态度。年纪较小的同事，有些人可能知识经验不及你，所以与他们谈话时，注意不要对其随声附和，降低自己的身份。但也不要同他们进行辩论，不要执意坚持自己的意见。千万不要夸夸其谈，卖弄经验。否则一旦被他们发觉，就会降低对你的信任与尊重。

2. 要注意对方的语言习惯

我国地域广阔，方言习俗各异。不同的地方，语言习惯不同，自己认为很合适的语言，在其他不与你同乡的同事听来，可能很刺耳，甚至认为你是在侮辱他。

在与同事交往的过程中，必须留心对方的忌讳话。一不留心，脱口而出，最易伤同事间的感情。即使对方知道你不懂得他的忌讳，情有可原，但至少你还是冒犯了他，在双方的友谊上是不会有增进的，因此应该特别留心。

3. 要考虑对方与自己的亲疏关系

倘若彼此关系浅薄，交情不深，你与之深谈，则显得你没有修养；你说的话是关于对方的，反倒是忠言逆耳，显得你冒昧。因此在一个公司内，要同身边的同事搞好关系，谈话则必须注意对象的亲疏关系。对关系不深的同事，大可聊聊闲天，海阔天空吹一吹，而对于个人的私事还是不谈为好。如果是交情匪浅的同事，则可以不断地交流思想，促膝谈心，互相关心对方的生活与私事，替对方出出主意，排忧解难。这样，还可以增进彼此间的团结与友谊，更有利于工作。

4. 要注意对方的性格特征

你与同事交谈，首先要明白他的个性。对方喜欢委婉的话，你说话应该讲求一点方式方法；对方喜欢直来直去，你大可不必与之绕来绕去，摆迷魂阵；对方喜欢钻研学问，你应该说比较有水平的话；对方如果喜欢推心置腹，你就应该多说些诚恳质朴的话。这确实是搞好同事关系的良策。

5. 要注意对方的心境

与同事谈话，对方心境不同，应该有针对性地选择不同的话题。遇到同事得意时，应该同他谈得意的事；遇到同事正在失意，应该适时抚慰，同他谈你自己的失意事。如果同失意的人大谈得意之事，不但显得你不知趣，而且让对方感到你是在挖苦他，他与你的感情只会变坏。

口才策略：

同得意之人谈你的失意，他说不定会怪你扫他的兴，你刚开口，他就设了防，使你无法久谈。所以，最恰当的方法还是：无论你得意还是失意，都不要忘形。不必对人轻言，遇到知己的同事再作倾诉。对方心情不同，你也要给予不同的交谈，相信定能密切同事间的关系。

三种语言技巧加深同事情谊

在与同事的交流中，有的女人虽然态度谦恭，但说话随意、不考虑对方的反应，因此常常在不经意间以言语冒犯人。言语冒犯有轻有重。轻者，惹人不高兴；重者，则可能伤及人的面子、自尊，让人产生报复你的心理。

同事之间的交流、沟通、合作离不开语言媒介，而这种语言显然又不同于家居、生活中与丈夫儿女，兄弟姐妹间所使用的语言，最起码后者带有更大的随意性和偶然性，而前者大体来看却总能归于这样三类：

1. 和势语言：用于同事间不存在利益冲突的谈话情况

无论女人在公司、单位处于如何的位置，都应当和你的同事团结一致。内讧只能使每一个人的利益都受到一些损失。因此，善于说一些和势语言便愈发显得重要。

不管在与哪一位同事谈话时，都应该记住这样一句话：人人都非同寻常！即使再烦、再累、再情绪不佳，也要把对方作为一个重要人物来看待。凡有可能要对对方讲几句恭维话时，哪怕仅仅是一句简短的评价，也很有意义。诸如：这个发型最适合你、你的孩子可真争气等，讲话时一定要两眼面对对方、全神贯注，千万不要因任何别的事情而走神，否则的话，很容易让对方认为你是在小看他，说了还不如不说。

假如有一天，一位平时与你关系并不很密切的同事对你说：我最近日子不好过，丈夫下岗了，还有两个正在上学的小孩，并提出请你帮忙，而这个忙又是你认为不便帮或者帮不了的，千万不可立即生硬地推托或拒绝，而应首先富有同情心地悉心倾听对方的想法，然后和对方一起分析和思考问题，让她知道，你的确明白了他的处境，然后再明白地作出适当的解释，让她知道你为什么不能满足她的要求。

你可以通过一番巧妙的语言，使同事心头一松，豁然开朗，不但冲淡了被你拒绝的尴尬和不快，同时你也为自己以最好的方式解了围，从此这位同事不仅不会错怪你，还会更加信任、欣赏你。

2. 攻势语言：用于想通过谈话达到一定目的谈话情况

在日常的工作当中，同事们的为人行事之道，对某人某事的看法与评判，总会有所不同，而这些程度不同的差异都会发展成为同事间的争执与论辩，极有可能引起一些不愉快的争执。想要转变成一种愉快、平和的积极的争辩，很显然，便离不开巧妙的攻势语言。

万一你不得不与同事进行言论交锋，那么注意运用这样一些攻势语言的方法和技巧是极为必要的：

（1）要讲晓之以理、动之以情的话语：居高临下的不屑眼神，嘲讽甚至侮辱的词句，这种讲话方式不管你有多大的道理，也争不回哪怕是一点点的心悦诚服。相反还会引起许多在场的其他同事的反感。

（2）要抑扬有节，千万不能急于求成：对方滔滔不绝或多有冲撞冒犯之时，尽管任其发泄，自己在旁心平气和，处之泰然，尽量以柔和礼貌的语言来表达自己的意见。所谓的不打不相识，同事与同事间经常是在这种貌似攻势的激烈争执中，达到心灵的沟流和思想观念的交流，反倒会越吵越了解对方，越争越痛快，比起以前的和平共处阶段还要互相尊重和信任。

3. 守势语言：用于对方想通过谈话取利于己方的谈话情况

每个人在工作中免不了时常遭到一些同事的挑剔与非议。而当你听到同事的那些令你委屈不已、愤愤不平的言论时，回敬之最明智的办法就是用好守势语言。由于在这个时候谁是谁非不是三言两语就可以说清楚的，要有耐心，不要逞一时口舌之快，伤了与同事的和气。

口才策略：

就同事之间而言，说话的方式也很重要。相对于领导和下属而言，同事之间有的只是平等的合作。如果你打算请求同事配合你的工作，你没有权利要求别人这么做，所以就应该特别注意说话的方式。一个会和同事说话的人，深受大家欢迎，也能为自己的工作开创良好的局面。

九句箴言让女人职场不败

俗话说得好：会干的不如会说的。虽然能力加勤奋很重要，但会说话，却能让你工作起来更轻松，并且可能帮助你加薪、升职。

卓越的说话技巧，能够帮女人处理好许多事，譬如讨好重要人物、避免麻烦事落到自己身上、处理棘手的事务等等，不仅能让女人的工作生涯加倍轻松，更能让你名利双收。牢记以下九个句型，并在适当时刻派上用场，加薪与升职必然离你不远。

1. 应答上司交代的工作：我立即去办。

冷静、迅速地作出这样的回应，会让上司直观地感觉你是一个工作讲效率、处理问题果断，并且服从领导的好下属。如果你犹豫不决，只会让上司不快，会给上司留下优柔寡断的印象，下次重要的机会可能就轮不到你了。

2. 传递坏消息时：我们似乎碰到一些情况……

一笔业务出现麻烦，或市场出现危机，如果你立刻冲到上司的办公室报告这个坏消息，就算不关你的事，也会让上司怀疑你对待危机的能力，弄不好还会惹来上司的责骂，成为出气筒。

正确的方式是你可以从容不迫地说：我们似乎碰到一些情况……千万不要乱了阵脚，要让上司觉得事情并没有到不可收拾的地步，并且感到你会与他并肩作战，解决问题。

3. 体现团队精神：×× 的主意真不错！

小马的创意或设计得到了上司的欣赏，虽然你心里为自己不成功的设计而难过，甚至有些妒忌，你还是要在上司的听力范围内夸夸小马：小马的主意真不错。在明争暗斗的职场，善于欣赏别人，会让上司认为你本性善良，并富有团队精神，从而给你更多的信任。

4. 如果你不知道某件事：让我再认真地想一想，2 点前答复您好吗？

上司问了你某个与业务有关的问题，你不知道如何作答，千万不要说“不知道”。而“让我再认真地想一想，2 点前答复您好吗”这种回答，不仅能暂时让你解围，也会让上司认为你不轻率行事，而是个三思而后行的人。当然，要记得按时给出答复。

5. 请同事帮忙：这个策划没有你真不行啊！

有个策划，你一个人搞不定，得找个比较内行的人帮忙，怎么开口呢？你可以诚恳地说：这个策划没有你真不行啊！同事为了不负自己内行的形象，通常是不会拒绝的。当然，事后要记得感谢人家。

6. 减轻工作量：我知道这件事很重要，我们不妨按重要性排出先后排序。

首先，强调你了解这项工作的重要性，然后请求上司指示，将这项工作与其他工作一起排出先后顺序，不露痕迹地让上司知道你的工作量其实很大，如果不是非你不可，有些事就可交给其他人或延期处理。

7. 承认过失：是我一时疏忽，不过幸好……

犯错误在所难免，所以勇于承认自己的过失很重要，推卸责任只会使你错上加错。不过，承认过失也有诀窍，就是不要把所有的错误都自己扛，这句话可以转移别人的注意力，淡化你的过失。

8. 打破冷场的话题：我很想知道您对这件事的看法……

当你与上司相处时，有时不得不找点话题，以打破冷场。不过，这正是你赢得上司青睐的好机会，最恰当的话题就是谈一些与公司有关、上司很关心又熟悉的话题。当上司滔滔不绝地发表看法时，也会对你这样一个谦虚的听众欣赏有加。

9. 面对批评：谢谢你告诉我，我会仔细考虑你的建议的。

自己苦心的成果却遭人修正或批评，的确是一件令人苦恼的事。你不需要将不满的情绪写在脸上，但是应该让批评你工作成果的人知道，你已接收到他传递的信息。不卑不亢的表现令你看起来更有自信、更值得人敬重，让人知道你并非一个刚愎自用或是经不起挫折的人。

口才策略：

能不能说好话，从小处看，影响到我们与同事、领导的关系和工作氛围；从大处看，直接关系到我们的职场命运。针对职场说话，我们需要学会一些心理策略，通过说话来操纵对方的心理，让同事和领导喜欢我们，这是我们在工作中无往不利的砝码！

办公室闲谈别触犯“雷区”

办公室是闲话的滋生地。女人如果想在职场中立于不败之地，首先要说话谨慎。一些不宜在办公室说的话，平时要谨防失言。

办公室里，大家表面上同心同德、和和气气，内心里却可能各自打各自的小算盘。利害关系导致同事之间既可能同舟共济，也可能各怀心事。因此，这种关系表现出来便是和平与斗争共存。女人要处理好与同事的关系，一定要回避以下话题。

1. 薪水是需要回避的话题

有的人打探别人时喜欢先说“我这月工资……奖金……你呢？”如果她没你钱多，她就会心理不平衡，表面上可能是一脸羡慕，私底下往往不服。

首先不做这样的人。其次如果你碰上有这样的同事，最好早作打算，当她把话题往工资上引时，你要尽早打断她，说公司有纪律不谈薪水；如果不幸她语速很快，没等你拦住就把话都说了，也不要紧，用外交辞令冷处理：“对不起，我不想谈这个问题。”有来无回一次，就不会有下次了。

2. 不谈公司里的人和事

有些类似“公司福利不好”、“公司老让加班，不给加班费”等话题，在同事之间，这种话说也白说，因为谁都不是老板。传来传去，反而被人添油加醋，让你连解释的机会都没有。

没有不透风的墙，今天你和某同事说“小张能力不行，办不成事”，过不了两天话就传小张耳朵里了，你还不知情，就把人得罪了。是人就多少有点报复心，不定哪天你被人收拾了，哭都不知道为什么。

或者你跟一个要好的同事说说怎么整治老板、如何偷懒之类的小伎俩，万一哪天他晋升了，而且是你的顶头上司，你说你是不是有点尴尬？保不准你走运，成为他的主管，想一想从前说过的话，多少也会有点不自在。早知如此，何必当初？

3. 家庭财产之类的私人秘密不必张扬

不是你不坦率，坦率是要分人和分事的，从来就没有不分原则的坦率，什么该说什么不该说，心里必须有谱。就算你刚刚新买了别墅或利用假期去欧洲玩了一趟，也没必要拿到办公室来炫耀，有些快乐，分享的圈子越小越好。被人妒忌的滋味并不好，因为容易招人算计。

无论露富还是哭穷，在办公室里都显得做作，与其讨人嫌，不如知趣一点，不该说的话不说。

4. 在办公室不谈私人生活

无论失恋还是热恋，别把情绪带到工作中来，更别把故事带进来。办公室里聊天，有人说起来只图痛快，不看对象，事后往往懊悔不迭。可惜说出口的话泼出去的水，再也收不回来了。

把同事当知己的害处很多，比如你曾告诉她男友跟别人好了，她这时候就有说头："连老公都不能搞定的人，公司的事情怎么放心交给她。"职场上风云变幻，环境险恶，你不害人，同时也不得不防人，把自己的私域圈起来当成办公室话题的禁区，轻易不让公域场上的人涉足，其实是非常明智的一招，是竞争压力下的自我保护。

5. 野心可以有但不可露

在办公室里大谈人生理想显然滑稽，打工就安心打工，雄心壮志回去和家人、朋友说。在公司里，要是你没事整天念叨"我要当老板，自己置办产业"，很容易被老板当成敌人，或被同事看作异己。如果你说"在公司我的水平至少够副总"或者"35 岁时我必须干到部门经理"，那你很容易把自己放在同事的对立面上。

因为野心人人都有，但是位子有限。你公开自己的进取心，就等于公开向公司里的同僚挑战。做人要低姿态一点，这是自我保护的好方法。你的价值体现在做多少事上，而不在大话上。

口才策略：

办公室里是闲话的滋生地，工作间歇，大家很愿意找些话题来放松一会儿，为了不让闲聊入侵私域，最好有意围绕新闻、热点、影视作品谈天，避开个人问题，放得开而且无害。

第4章

侃侃而谈，演讲辩论演绎口才艺术

演讲和辩论与我们的生活息息相关，每个女人都要面临演讲、辩论等当众说话的情况。一个善于说话的女人，能在演讲台上从容自若，侃侃而谈，以翩翩的口才艺术征服观众的心；能在双方唇枪舌剑、各执一词的情况下掌握主动，让对手甘拜下风。因此，锻炼自己演讲、辩论的口才能力，对女人的事业发展有着重要作用。

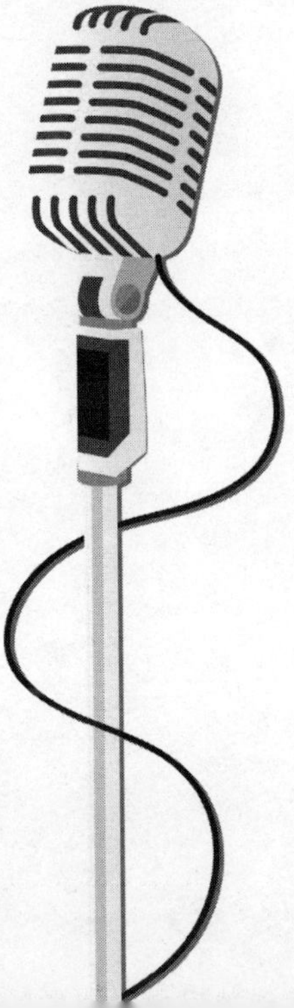

用匠心独运的开场白抓牢听众的心

作演讲开场白不易把握，要想三言两语抓住听众的心，并非易事。因此，只有善于运用匠心独运的开场白，才能在瞬间集中听众的注意力，演讲才能成功。

讲话的开头，是吸引听众的最佳时机。如果你一开始就没有抓住听众的兴趣，接下来的时间你将非常尴尬，也许再用3分钟的时间也无法弥补听众对你的信心，因为人们的兴奋点不会持续很久。口才出色的女人总是在开篇便一鸣惊人，她们会立即抓住听众的心。具体来说，下面几种技巧值得借鉴：

1. 奇论妙语，石破天惊

听众一般对平庸普通的论调不屑一顾，倘若演讲者用别人意想不到的话语引出话题，造成“此言一出，举座皆惊”的艺术效果，就能达到吸引听众的目的。

多年以前，伟大的建筑学家弗朗克·赖特在匹兹堡曾作过一个演讲。他的开场白非常奇特，“这是我所见过的最为丑陋的城市”。此言一出，顿时令在场的每一位匹兹堡市民大吃一惊——他们从头到尾都认认真真地听赖特道出个中缘由。据说，当时所作的一项社会调查显示，匹兹堡市是全美最有吸引力的城市之一。赖特深知，如果循规蹈矩地向他人一样开场，“女士们、先生们，下午好，今天我很高兴站在这里”，或者仅仅为了幽默而以一个不相干的玩笑开场，都不会引起听众的注意。他这种不拘一格的开场，甚至一开始就将自己置于所有听众的对立面，但的确收到了立竿见影的效果。

2. 即景生题，巧妙过渡

一上台就开始正正经经地演讲，会给人生硬突兀的感觉，令听众难以接受。不妨以眼前的人、事、景为话题，引申开去，把听众不知不觉地引入演讲之中。

1863年，美国葛底斯堡国家烈士公墓竣工。落成典礼那天，国务卿埃弗雷特站在主席台上，只见人群、麦田、牧场、果园、连绵的丘陵和高远的山峰历历在目，他心潮起伏，感慨万千，立即改变了原先想好的开头，从此情此景谈起："站在明净的长天之下，从这片经过人们终年耕耘而今已安静憩息的辽阔田野放眼望去，那雄伟的阿勒格尼山隐隐约约地耸立在我们的前方，兄弟们的坟墓就在我们脚下，我真不敢用我这微不足道的声音打破上帝和大自然所安排的这意味无穷的平静。但是我必须完成你们交给我的责任，我祈求你们，祈求你们的宽容和同情……"

这段开场白语言优美，节奏舒缓，感情深沉，人、景、物、情是那么完美而又自然地融合在一起。据记载，当埃弗雷特刚刚讲完这段话时，不少听众已泪水盈眶。但即景生题不是故意绕圈子，不能离题万里、漫无边际地东拉西扯。演讲者必须心中有数，还应注意点染的内容必须与主题互相辉映，浑然一体。

3. 讲述故事，顺水推舟

用形象性的语言讲述一个故事作为开场白会引起听众的莫大兴趣。选择故事要遵循这样几个原则：要短小，不然成了故事会；要有意味，促人深思；要与演讲内容有关。

1962年，82岁高龄的麦克阿瑟回到母校——西点军校。一草一木，令他眷恋不已，浮想联翩，仿佛又回到了青春时光。在授勋仪式上，他即席发表演讲，是这样开的头："今天早上，我走出旅馆的时候，看门人问道，'将军，你上哪儿去？'一听说我到西点时，他说，'那是个好地方，您从前去过吗？'"这个故事情节极为简单，叙述也朴实无华，但饱含的感情却是深沉的、丰富的。既说明了西点军校在人们心中非同寻常的地位，从而唤起听众强烈的自豪感，也表达了麦克阿瑟深深的眷恋之情。接着，麦克阿瑟不露痕迹地过渡到"责任——荣誉——国家"这个主题上来，水到渠成，自然妥帖。

口才策略：

一段成功的开场白往往熔铸了讲话者的个人智慧、学识修养，它能够像磁铁一样吸引对方的注意力，营造良好的沟通气氛。一般来说，开场白要短小精悍，最好能讲出新意、讲出艺术、讲出风趣，只有这样才能吸引对方的“耳朵”。另外，如果配上恰当的声调和富有魅力的举止，就更能加深对方对你的好印象。

以简练精确的语言引起共鸣

演讲的语言不仅要阐明演讲者的见解和主张，同时还要在听众的心中引起共鸣。这就要抓住演讲语言的主要特点来进行。

随着社会的不断发展，演讲与论辩已经成为当今时代比较热门的话题。许多成功女士正是依靠她的如簧巧舌，抒发豪言壮语，成功地说服别人才赢得良好口碑的。由此可见，演讲的语言不仅要阐明演讲者的见解和主张，同时还要在听众的心中引起共鸣，只有这样才能达到演讲的目的。那么，演讲语言一般要具备哪些特点呢？一般而言，它须具备以下几个特点：

1. 严密准确

遣词造句要能够确切地表情达意，如实地反映客观事物的真实面貌。演讲要有科学性，离开了准确的语言，科学性就是一句空话。所以，对演讲语言的第一个要点就是准确地阐述事物，表情达意。这一点在各种类型的演讲中都有深刻的体现。当演讲者面对成百上千的观众时，倘若讲出的话毫无科学性，词不达意，相信讲不到一半，听众就跑得差不多了。

2. 平易通俗

语言要平顺、通俗、易懂。演讲是讲给一定对象听的，听众听不明白，必然影响信息的传递和思想的交流，演讲也就失去了原有的意义和价值。即使是专业性很强的学术演讲也是如此。如果尽是些晦涩、难懂的语言，无论谁都是不喜欢听的，而且通俗、易懂的语言也并不损害学术演讲的严肃性。当然，平易绝非浅薄庸俗，而要浅中见深，平中见奇，用浅显易懂的语言，表达深刻的道理。

3. 简洁精练

就是要简洁明了，言简意赅，用最短的时间说明最重要的道理，用最少的语言表达最多的信息。抓住关键的要点，最重要的就是说出你要谈论的主题，也就是开章明义，其余的客套话尽量少说或不说，这样你的听众才不会感到心烦意乱。

在公共场合演讲，有的人长篇大论，滔滔不绝，用语言的触角抓住了每一位听众，自然令人钦佩；有的人把自己的意思浓缩成一句话，犹如一粒沉甸甸的石子，在听众平静的心湖里激起层层波浪，同样值得称道。

美国前总统尼克松是位杰出的演讲家，他从政28年，作过无数次成功的演讲，成功的秘诀之一就是每次演讲都作充分的准备，认真写演讲稿。1954年，为了欢迎英国首相丘吉尔，他花费了一个多小时的时间准备了一份只讲一分钟的欢迎词。

演讲者面对公众发表演讲，其目的在于发表自己的意见，陈述自己的观点和主张，所以演讲者必须有“自我”思想的闪光，以影响和感染他人。很显然，个人的语言风格的形成是长期积累、锻炼的结果，尤其重要的是，说自己的话，少说一些套话。

4. 善用修辞

演讲中运用各种修辞方法，目的在于使语言表达得准确、鲜明、生动、活泼，避免因语言平淡无奇、晦涩沉闷而使听众感到索然无味、昏昏欲睡。

清代梁启超曾写过一篇《少年中国说》的文章。在文章中，他大量运用了排比，充分说明了只有重视青少年的发展，教育才是强国之道：

“少年智则国智，少年富则国富，少年强则国强，少年独立则国独立，少年胜于欧洲则国胜于欧洲，少年雄于地球则国雄于地球。”

寥寥数言却寄托着巨大的爱国之情，在那个被人欺凌的年代里，民富国强是每一位中国人梦寐以求的理想。这几句话既是国人们的热切期盼，也是他们坚定的信念——中国一定要雄于地球。几句排比用在这里恰到好处。

口才策略：

在讲话的过程中，简洁精练的语言常常能比繁杂冗长的话题更吸引人。它体现出说话人分析问题的快捷和深刻，是其认识能力和思维能力高超的表现；它能使听者在较短的时间内获得较多的有用信息，有助于博得对方的好感；它是说话人果敢、决断的性格表现。

演讲注满诚意，会产生强大的吸引力

女人要把自己的真诚注入演讲之中，将自己的心意传递给对方。只有当听者感受到你的诚意时，彼此之间才能够充分地沟通和共鸣。

滔滔不绝、一泻千里的演讲虽然流畅优美，但是如果缺少诚意，那就失去了吸引力，如同一束没有生命力的绢花，很美丽但不鲜活动人，缺少魅力。因此，女人首先应想到的是如何把你的真诚注入演讲之中，如何将自己的心意传递给对方。只有当听者感受到你的诚意时，他才会打开心门，接收你讲的内容，彼此之间才能够充分地沟通和共鸣。

真诚，是通往人们心灵的桥梁。要想使你的演讲和表达产生共鸣，需要来自你内心深处的声音，先要感动自己然后感动别人，不为演讲而演讲，应以倾诉内在心灵，以心灵的沟通为主要，即可动人以情，并产生强烈的共鸣。不要去追求华丽的辞藻和假装的深沉。朴实无华的语言会显得格外亲切，也具备强大的感染力。

刘兰芳是我国著名的评书表演艺术家，拥有许多听众，她说的《岳飞传》一时间在全国万人空巷，反响巨大。她为什么说得那么好呢？这与她在书中贯注的满腔激情分不开。许多说书的艺术家对岳飞风波亭受刑一段过程避而不讲。但是，刘兰芳却从这段“进入角色”，以此打动听众，在演说过程中，她大胆突破，对岳飞受刑进行了满含深情的渲染，充分展示了人物的高风亮节。当她说到岳飞不顾切肤之痛，在生命垂危之时依然忧国忧民时，听众深为岳飞的英雄气概所感动，止不住热泪盈眶。

正是因为刘兰芳投入了感情，声情并茂，所以每次播讲时，都牵动着千千万万听众的心。一位听众在写给刘兰芳的信中说：“你讲的奸臣得势，忠良受害，真是太感人了。我想听又不敢听，但最后还是含着眼泪听完了。”这样的艺术效果是十分显著的。因为唯有真情，才能换得真情。

如果说眼睛是心灵的窗户，语言则是心灵的阳光。好的言谈，如同布谷报春，又似战鼓催征。优美的说话技巧使迷惘者得以清醒，沉沦者为之振作，徘徊者更加坚定，观望者毅然奋起，先进者更策马飞奔。许多人在说话时，褒贬适度，发人深省，妙语生花，使人们如亲临赛场，情感与之同步激荡。

只有被感情支配的人最能使人相信他的情感是真实的，因为人们都具有同样的天然倾向，唯有最真实的生气或忧愁的人，才能激起人们的愤怒或忧郁。在话语交际过程中，要使对方感受到情感的真实，说话人的话语一定要受到发自内心的充沛情感的支配。

印度尼西亚前总统苏加诺是个外交老手，有一次他访问中国，在广州的青年为他举行的欢迎会上，他说了这样的一番话："今天，我和大家见面，感到非常幸福，你们青年人，是民族的希望，未来的建设者和主人翁。"

"青年人是多么幸福啊！印度有很多神话，其中有一篇说到一棵神树，这棵树叫'愿望之树'，谁要是站到神树的下面，说出他自己的愿望，那么，他的愿望就能够立即实现。假如，现在我能够站到这棵神树下，来了一个神仙问我说，'喂，苏加诺，你想要什么？你有什么要求？'那我就要告诉他，'我希望恢复我的青春。'"

苏加诺针对青年听众，热情歌颂他们拥有的宝贵青春。这些诚挚的肺腑之言，一方面激起了听众的自豪感，另一方面使听众认为这个演讲者和蔼可亲、值得信任，拉近了感情增进了友谊。

用诚恳的态度，热情洋溢的话语来直接赞美对方，不仅能表现自己的涵养、友善，迅速博得对方好感，而且能使对方感到自我价值被人赞同、认可，认为自己内心深处有与这个陌生人相通的地方，从而产生共鸣，渴望与其拉近关系，深入交往。

口才策略：

说话是以语言点燃人的心灵火花的高超艺术。当然，这种高超的语言技艺和功底，不是一朝一夕就能具备的，它需要积累，需要勤奋。功到自然成，只要肯钻研肯投入，就一定能成为一个会说话的女人。

掌握好演讲的语速，是获得成功的法宝

要想演讲获得成功，就必须充分利用各种语言技巧，掌握好演讲的语速和语调，是演讲获得成功的一大法宝。

我们不是播音员，不需要那么专业的语音技巧，但是，也应该做得更好一些才是。如果你经常在同事或下属面前讲话，说话的声音就显得很重要了。

1. 演讲的语速

语速的变化，应当是自然的，顺畅的。只有语速适宜，快慢有致，才能有效地传达情意，让听众感到优美悦耳。正像人走路有快有慢一样，人的说话声音也有个速度问题，有时快一点，有时慢一点，快慢相间，变化有致，给人以一种变化的美感。假若一个人说话，其语速就像机器的机械运动一样，总是一个速度，一个节奏，那不仅不利于表情达意，而且还令听众感到枯燥呆板，索然无味。

梁启超自谓“笔锋常带情感”，其实在他的言谈讲演中所带的情感不知还要强多少倍。清华学校有一次邀请梁启超作演讲，题目是《中国韵文里表现的情感》。他讲演到了高潮处，便成为表演了，手之舞之，足之蹈之，有时掩面，有时顿足，有时狂笑，有时叹息。当他讲到最喜爱的《桃花扇》中“高皇帝，在九天，不管……”那一段时，他悲从心中来，竟痛哭流涕而不能自已。当他掏巾拭泪时，台下听众也大多是泣下沾巾了。

演讲中当然也存在语速问题。凭借语速变化这种技巧，你可以让听众的喜怒随着你的好恶而变化，即使是平铺直叙的枯燥沉闷的内容，经过你的处理，也会变得异常吸引人。那么，演讲中的语速应如何把握呢?

（1）语速适中：当表达一般的内容时，语速要适中，既不要太快，也不要太慢；

（2）语速加快：当要表达热烈、兴奋、愤怒、紧急、呼吁等思想感情时，语速应尽量要快；

（3）陡然加快：当内容达到精彩的高潮时，或为制造结尾“戛然而止”的效果而蓄势时，语速有一个陡然加快的过程。但要注意，加快语速并不意味着一口气说完，如果句子较长，喘不过气来，反而会影响效果，得不偿失；

（4）减慢语速：当内容涉及极为严肃的事情，想要给人一种深深警醒、撞击心灵的作用时；当表达怀念、悲伤、失落、失望的思想感情，特别需要唤起听众注意时；演讲者在自己的讲述中欲作特别强调时；有关数字或统计、人名或地名的交代之处；故设疑问引人思考之时，都需要减慢语速，给听众一定的思考时间。

语速变化还要考虑到语言自身的特点。如句式冗长、词汇生僻时，语速不宜过快；而如果是整齐、富有韵律色彩的语句，说得快些，才听得顺耳，听得出节奏感。

2. 演讲中的停顿

停顿就是指一句话、一段话中，演讲者有意换气或进行长短不等的时间间隔。这种停顿，既是人的生理上的需要，同时，也是表达思想感情的需要，因为它可以把某种相对独立的意思同另一种意思分开。从听众的角度讲，听话时也是非常需要停顿的，因为从耳到心，总要有个传递的时间，总要在头脑中“转一转”才能心领神会。假如说话时没有停顿，像“连珠炮”一样，无论对演讲者还是对听者来说，都难以忍受。

一般来说，停顿有三种：自然停顿，即词语或句子间的自然间隔；文法停顿，即讲稿中出现停顿符号；修辞停顿，即出于某种修辞效果的需要而作的停顿。

口才策略：

停顿是演讲中一种非常有效的表达艺术。演讲中恰当地运用停顿艺术，不但不会使演讲散乱，反而能使整个演讲起伏跌宕，让听众得到一种美的享受。

出色的职场演说，让女人深获好评

演说首先要做到有的放矢，简明扼要，突出重点。这是提高说话水平的基本要求，也是说好话的前提。

当今的工作环境使女人们越来越多地面临着在同事面前开口说话的情况。作报告、部署会议、发号施令、对人作介绍等都需要说话。在这些场面中，女人一定要做一名出色的演说者，从而获得别人的好评。

在自己的办公室或在小型会议室里，围在桌边对自己的几个下属讲话是一回事，在讲台后面面对着公众演讲又是一回事。公开的演讲是一种令很多人心情紧张的活动。演讲的成功取决于深入的准备工作。事实上，确实有一些能迅速吸引人们注意、“引起轰动效应”的演说技巧。下面就是如何进行会议演说的一些技巧：

1. 把握中心

说话不是照本宣科，难免带有水分，有时会插一些题外话，有时会发现已讲过的某个问题有点遗漏需要临时补充，这样就容易杂乱。作为一个高明的说话者，你应时刻把主题牢记在心，不管怎样加插，不管转了多少个话题，都不偏离说话的中心。

2. 言之有序

说话不能靠材料堆积吸引人，而要靠内在的逻辑力量吸引人，这样才有深度。与写作相比，说话是口耳相传的语言活动，没有过多的时间让听众思考，所以逻辑关系要更为清晰、严密。话语的结构要求明了，善于提出问题、分析问题、解决问题。观点和材料的排列，要便于理解、记忆和思考，所以要较多地采用由近及远、由浅入深、由已知到未知的顺序安排。当然，时间顺序最好按过去、现在、未来进行安排，这样容易被听者记住。

3. 连贯一致

开场白非常重要，它直接影响到所讲内容的展开，不能一开口就“噌”地冒出一句让人摸不着边际的话；多层意思之间过渡要灵活自然；结尾要进行归纳，简明扼要地突出主题，加深听话者的印象。

4. 要言不烦

凡是与主题无关的废话，言之无物的空话，装腔作势的假话，听众都极为厌烦。马克·吐温曾经说过，有一次他去听一位牧师传教，开始很有好感，准备捐献出身上所有的钱。过了一小时，他听得很厌烦，就决定留下整钱，只捐些零钱。又过了半小时，他决定分文不给。等到牧师说完了，他不仅不给钱，还从捐款的盘子中拿出两元钱作为浪费自己时间的补偿。这是对说话冗长者的绝妙讽刺。所以说话过程中，应当注意在句式变化的同时，多用短句少用长句。

长句能够表达缜密的思想，委婉的感情，能够造成一定的说话气势。

但是其结构比较复杂，句子长，如果停顿等处理不好，不但说话者会觉得吃力，就是听话者听起来也不易理解。而短句的表达效果简洁、明快、活泼、有力。由于活泼明快，因而可以干脆地叙述事情；由于简洁有力，因而可以表达紧张、激动的情绪，坚定的意志和肯定的语气。因此在运用上，易说易听的短句更适合于在交谈、辩论、演讲等重要场合的说话中使用。

可见，谈话中抓住问题的关键是最重要的，说多了会令人有一种厌烦之感，有时候这种厌烦就会转变为灾祸。

口才策略：

一场好的演说，它的特点包括：可靠的信息、可靠的数据、合理的结构和平淡而又很真实的语言。精辟的结论和建议，与大家经历有关的例子，方向清楚，目的明确；并且还给大家机会，讨论刚谈到的问题。这样才能使大家得到更有价值的东西。

掌握反击的技巧，由被动转化为主动

在论辩赛中，被动是赛场上常见的劣势，也往往是败北的征兆。要想在论辩中变被动为主动，就要熟练掌握反击的技巧。

论辩场面无论大小，都是社会生活的一部分、人际交往的一种方式。论辩双方都会竭尽才智，一展辩才，如果女人能掌握其中的技巧与方法，取胜当不在话下。

人们常常把论辩称作唇枪舌剑。是“枪”就有锐，是“剑”就有锋，否则就不能击败对方，置对方于“死地”。也就是说，论辩必须具有攻击性。下面介绍几种增强论辩攻击性的方法。

1. 易位反驳

在论辩过程中，对于他人的错误论点，如果直接从正面反驳不易说服的话，我们就可以换一个角度、一个方位来说明问题，反驳他人的论点，也就是引导他人换一个角度或方位来观察问题、思考问题，从而使他较容易地接受己方的论点，此种方法，就叫易位反驳法。

有一对夫妻谈论婆媳关系的问题，妻子的观点说："造成婆媳关系不好的原因都是因为婆婆不会做人。"她的丈夫反对她的观点，妻子就和丈夫辩起来，说："你娘和我吵了几次，哪一次不是她的不对？"丈夫一听，感到如此争辩，只会让对方越争越不服气，于是，他干脆让妻子说完，也不答辩。过了一会儿，他以冷静的口气讲述了一件事。

他说："前几天，我路过你弟弟家，你娘哭着向我诉说，你弟媳妇又和她大吵了一场，说是为了钱的事。"妻子一听就气得大骂起她的弟媳来："那个小东西，贪得无厌，整天就只知道要钱。"丈夫说："是不是你娘也有不会做人的地方？"妻子肯定地回答："什么不会做人？我娘对她好着呢，是她自己一点都不知道感恩。"丈夫这时问妻子："那么按你这么说，婆媳关系不好的原因，并不都是因为婆婆不会做人啦！"

妻子这时被反驳得哑口无言。这位妻子的前言后语自相矛盾，就是因为前面是站在儿媳的位置思考问题，后面是站在婆婆的位置思考问题，其丈夫就是让她换了个位置来反驳自己。

2. 顺水推舟

在我们论辩的过程中，如果明明知道论敌的辩词有错误，那么可以先巧妙地顺应对方辩词，然后对对方辩词的内涵进行分析，顺势反驳，推导出对方辩词与事实之间的差异之处，这就是顺水推舟的技巧。

一个人喝了许多酒后耍酒疯，被扭送到法庭。那人预感到法官要惩罚他酗酒，就说："首先我想向法官提几个问题。""你问吧！"

"我如果吃了沙枣，这不好吗？""没有什么不好。"法官回答。

"如果我再喝些水，这有罪吗？""没有罪。"

"然后我躺在阳光下晒一会儿，这是不是犯法？""当然不是。"法官说。

"那为什么枣加上些水放在阳光下酿成的酒，您就说有罪，并声明禁止呢？"那个人质问法官。

法官想了想，没有回答他的质问，而是反问道："先生，现在我向你提几个问题。如果我向你泼一点水，这会使你得病吗？""不会！"那人回答。

"如果我往你头上倒点黏土，你会残废吗？""当然不会！"

"那么我把黏土掺些水做成砖头，再放在太阳下晒晒，然后用这种砖头猛力击你的头，这有什么后果？”

“砖头会打破我的头，甚至我可能死去！”那人回答。“那很好，”法官说，“你提到的这种酒也是这样。如果用水和黏土做出的砖头会砸破头，那么用水和枣酿成酒，喝了会酗酒闹事，破坏法律。”

法官顺水推舟，转败为胜。

3. 以短托长

在论辩进行当中，论辩的一方虽然处于劣势，但只要充分地发挥自己的长处，攻击对方的短处，从而化劣势为优势，变被动为主动，就可以取得以弱取胜的论辩效果。

1984年时，里根参加美国总统竞选，当时他已经73岁了，有一个人问里根：“年龄是否会成为竞选中的一个问题呢？”其实他的意思就是说，里根的年龄已经大了，在总统竞选中，这是一个不利于他的问题。年龄大的确是事实，也是他无法回避的，而里根就是用幽默的话语来回答：“不！我不打算因为政治目的，而利用我的对手年轻和没有经验这一点。”

里根的这一回答，委婉而又含蓄地把年龄大与经验多联系在了一起，暗示了年龄大有利于从政，消除了年龄大的问题给他带来的不利局面。

口才策略：

辩论是锻炼口才的工具，在用语上，需要选择正当而健康的语言方式，可以咄咄逼人，但是一定要杜绝人身攻击和侮辱性的话语以及肤浅的言论，用自己的风度来换取现场的气氛，守住自己的阵地。

找准有利的突破口是反驳成功的前提

反驳是一种技术，也是一种艺术，而如何选择最有利的突破口是反驳成功的前提。选好最有利的突破口，反驳就等于成功了一半。

反驳是辩论的重要组成部分，在这个思想交锋的过程中充满了技巧性和艺术性。在日常生活中，女人们常会遇到这种情况：明知对方所讲的话不对，往往驳不到点子上，甚至给对方留下反击的把柄。但是，如果女人们善于寻找反驳的最有利的突破口，那就能一箭中的，轻易地驳倒对方。

所谓选择反驳的突破口，即在反驳过程中，针对对方理论中论题、论据或论证方式上的错误，运用反驳的艺术，达到取胜的目的。反驳的突破口选择得越准确，就越能在辩论活动中迅速地取得重大突破，驳倒对手将不再是一件难事。

1. 反唇相讥

通常用在对敌论辩中，或者外来的攻击忍无可忍之时，再不以牙还牙、以眼还眼，就会丧失人格的情况下。这时的攻击锋芒不但不可钝化而且应该锐化。越是锐化，越是淋漓尽致，越有现场效果。而现场效果最强的方法则是反戈一击法。在反戈一击时，要善于抓住对方的一句话、一个比喻、一个结论，然后把它倒过来去针对对方，把他本不想说的荒谬的话、不愿接受的结论用演绎的逻辑硬塞给他，叫他推辞不得，叫苦不迭，无可奈何。

德国大诗人海涅是犹太人，常遭到无理攻击。

一次晚会上，一个旅行家对他说：

“我发现了一个小岛，岛上竟然没有犹太人和驴子！”

海涅镇静地说：“看来，只有你和我一起去那个岛上，才能弥补这个缺陷!”

反戈一击的战术以后发制人为特点，就像《圣经》所说，把上帝的还给上帝，把凯撒的还给凯撒。

2. 以矛攻盾

即借用对方所说的话或者承认对方的话来反击对方，这样就可以起到以敌制敌的效果。借言反驳通常情况下有两种，一是可以借用对方原来所讲过的话来进行反驳；二是可以借用对方语言的句式，“将话答话”。

在一次国际会议期间，一位西方外交官挑衅地对我国外交代表说：“如果你们不向美国保证不用武力解决台湾问题，那么显然就是没有和平解决的诚意。”面对这种挑衅性的无稽之谈，我方代表回答道：“台湾问题是中国的内政，采取什么方式解决是中国人民自己的事，无须向他国作什么保证。”说到这儿他话锋一转，反问道：“请问，难道你们竞选总统也须向我们作什么保证吗？”这针锋相对的反诘，使对方无言以对。

这位西方外交官所提出的理由本来就是一条强加于中国人头上的不合理的、荒谬的理由。面对这种强权霸道的作风，中国外交代表反诘而问，使他们无言以对，搬起石头砸了自己的脚。

3. 假言归谬

也就是先假设对方观点是合理的，然后将对方看似合理的论点加以引申，再推出对方观点不合理的地方。

王蒙在纽约进行学术交流时，有人向他提问："据说中国每公开出版一本新书，都要通过政府的审批，是真的吗？"王蒙回答："就是政府想那样做，也是不可能的。全国每一个月要出版一千多部小说，每本书都要经过全部审批一遍的话，那么中国政府可以说就成了读者俱乐部了。"

4. 巧用幽默

在论辩当中要巧妙灵活地运用幽默技巧进行反击，这样就可以使对方茫然失措并且尴尬难对，同时也能够使第三者产生同情和好感，有利于自己在论辩当中获胜。

有个美国诗人请中国的一位作家解个难题："把一只六斤重的鸡装进一个只能装三斤水的瓶子里，您用什么办法把它拿出来？"此问旨在使中国人难堪。这位作家笑了笑说："您怎么放进去的，我就怎么拿出来。您显然是凭嘴一说就放进去的，那么我就用语言这个工具把鸡拿出来。"此答妙在以歪解歪，幽默风趣，不费吹灰之力便使美国人心服口服。

口才策略：

在很多的辩论中，对方提出的事实是经过严谨缜密的思考的，一时找不到内在的矛盾和漏洞。这时，我们就应避其锋芒，从侧面反问进攻。但是这个反问必须直接攻向对方的观点，而不能有偏差，否则就会影响反驳的力度。

第 5 章

才辩无双，巧舌如簧谈判旗开得胜

口才是谈判艺术中最重要的武器。谈判中难免意见相左，甚至有的时候会出现对立的情况。拥有好口才的女人可以在乱麻中理清头绪，巧解绳结；可以将言语化作春风，拨开重雾，化险为夷。只要给她说话的机会，她就能在谈判的竞技场自由驰骋轻而易举地得到胜利的成果。会谈判的女人可以无往而不胜，不会谈判的女人难免有黯淡人生。

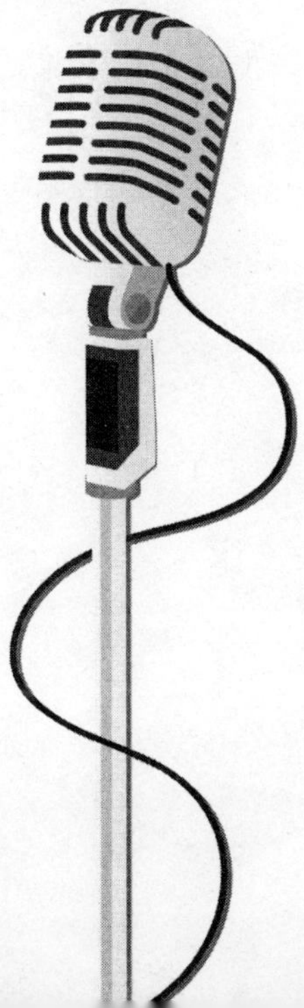

初入职场要掌握谈薪酬的技巧

酬劳是很重要的，在面试时一定要与用人单位商谈。对初入职场的女士来说，掌握与用人单位讨论薪酬的技巧非常重要。

在准备向老板提出加薪的要求时，很多人心里像揣个兔子，忐忑不安。美国有一本畅销书，书名叫《女人不提问题》，它揭示了女性常有的毛病。大部分女性都害怕和上司谈论薪水的问题，而男人则把这种谈判当作一个刺激的游戏。所以，20%的女性一生中从未尝试去谈判薪水，即使那些自认为是工作上的谈判好手、能够狠狠地向供货商杀价的人，也不愿和老板谈工资问题，虽然能在嘴上表示一下抗议，最后还是被动地接受。

大学刚毕业的小彤参加某单位求职面试，当主考人员问及“你的期望工资是多少”时她一时不知所措，在毫无准备的情况下羞答答地报了一个数字，结果因报价太低被人怀疑其能力低下，失去了工作机会……对于求职者来说，酬劳是很重要的，它在一定程度上决定着你的社会价值和你的生活水准，因而在面试时一定要与用人单位商谈。

男人的做法与女性相反。他们不仅与老板谈判第一份工资，也谈加薪、更换岗位、争取奖金等问题。这样，随着时间的流逝，男女之间的差距就越拉越大，虽然男人和女人以同样的能力开始工作，等到临近退休时，双方的工资差距却达到几倍之多。

讨论薪酬与商品买卖过程中赤裸裸的讨价还价是完全不同的两码事。尽管面试双方都不讳言薪酬问题，但一个人的薪酬与其能力、作用、表现、贡献等息息相关，在用人单位尚未了解你的上述情况时，如果直奔主题，好像找这工作就是冲着几两银子而来，给人的第一印象会大打折扣。就是有机会进入商讨阶段，如果开价过高，也难以被用人单位接受；开价过低，吃亏的是自己；而“打闷包”吧，又心有不甘。那么，初入职场的女生，应该怎样与用人单位讨论薪酬呢？

1. 不先开口

不要轻易地把你对薪水的要求讲出来。倘若你在还未摸清薪水的可能变动幅度之前就突兀地把自己推销出去，这简直是在冒险，因为薪水问题通常都是可以进一步洽商的。

2. 避实就虚

假如面试时老板问你目前拿多少钱，这个问题你千万要谨慎回答。你最好回答：过去的工资并不重要，关键是我的工作能力。如果你目前薪水太少，那么，直接回答不会给你带来什么好处。过去的工资并不重要，关键是要展示你的工作能力以及你能为公司作的贡献。

3. 控制比例

当老板终于开始和你谈具体工资数目时，你该怎么开口呢？让老板先说个数。每个雇主在心里对薪水的上下限度都有个数，他们经常会在那个限度内自由调整。在你提出任何薪水要求之前，请务必搞清它的大致价位。假如它低于你的心理价位，你就定一个比你现在的薪水高至少10%~20%的价。倘若你现在这个位置拿的钱太少了，那么适当再抬高一些。不要用具体的数字，这样很容易造成僵局。不妨让对方提出工资的幅度，这样双方就可以继续顺利讨论下去了。

口才策略：

如果你必须得先开价，勿将底线定得太低，给出一个大致和你心里想的相同的范围。但要记住：雇主往往会盯住你的底线，所以你不能把底线定得太低。给出的余地大一点，洽谈自然也就更灵活了。

商务谈判要打有准备的仗

无论是哪种形式的谈判，获得成功都需要进行精心的准备。你可以运用一些技巧和谋略来使这些准备精益求精，并用个人风格为这些技能增添风采。

人生是谈判的艺术——女人整天都在谈判，不仅是为工作，还要与你遇到的各式人物进行谈判，如与你的老板、雇员、卖主、顾客，甚至与没有修好你家电冰箱的维修工。谈判开始之前，你应该对谈判的方方面面了如指掌，明确下次谈判最重要的细节。谈判前的准备工作是必不可少的：

1. 知己知彼

（1）谈判中的论点问题：当开始直接对话的时候，一定要确保自己对谈判议题比对手有更多的了解。这其中解决价格难题又至为关键。在谈判对手眼中，价值总是至上的。为此你必须对此作充分的调研，并确保调研后，你能对该劳务或产品所持的基本价格做出定论。

（2）谈判对手问题：尽可能多地了解对手，了解其谈判以外的个人要求。你可以先从外围开始接触一个机构。研究这个机构的情况，并把你最初的接触点定得尽可能更高一些。如让老板的老板亲自写个便函，请别人给你一次见面的机会。接待你的人并不知道你是以何种关系得到这个便函的，但他对你的态度肯定会客气一些。

多问几个“为什么”。我们在谈判中经常可以遇见这种情况，有的人一上谈判桌，便滔滔不绝，只顾发表自己的主张，从来不想询问对方有什么要求、建议。事实上，真正促使谈判成功的不是靠一方的高谈阔论，而是双方的合作，在谈判桌上多问几个“为什么”无疑成为了解对手的最佳途径。了解到对手的最低要求是什么，或最大希望是什么（最大极限），你就能掌握谈判主动权。

比如，你作为进口洗衣机的一方与出口洗衣机的一方就价格问题谈判，对方报价甚高，你可以问他：“为什么有这么高的报价？”对方自然会向你谈出支持他报价的依据，比如洗衣机性能良好、是最新产品、是双缸洗衣机，等等，而你早已运用了调查法对同类产品进行过一番周密的了解，所以你可逐项反驳，从而迫使对方作出让步。

2. 收寻“隐讳事机”

当准备谈判的时候，要对这样一件事情保持警觉，即并不是每一件事情都表里如一。也许某位买主除了买东西外，还想和你的公司建立一种关系；也许他是想了解一下你的生意运作情况，以便他进入这一领域；也许他是想教训一下另一位供货商，不一而足。在谈判领域，这些隐藏的动机被称为“隐讳事机”。

隐讳事机很难被侦察出来，所以在谈判过程中，你一定要留心隐讳事机存在的可能性，你不可能在会谈进展的初期或者通过直接询问的方式发现这些。作为不断完善准备工作的一部分，你应该尽最大可能去收集有关这些动机的信息。知道别人的动机越多，为自己创造成功的可能性就越大。

3. 载录相关信息

谈判开始前，先在脑中列张清单，最好是写下来。研究表明，写下记录，即使立即抛弃不用，你也能更好地回忆起相关的内容。同时记录信息也是一种便捷的做法。如果对方恼羞成怒，信口雌黄，你也不必拍案而起，说句“让我们查查记录”或“哎呀，根据我们的记录反映……但你说……”如此，既可用作缓兵之计，且会比直接说“你说过……”要少了许多直接的对立感，也有助于避免争端。

口才策略：

不管在何种事情上，良好的开端永远是成功的一半。凡事预则立，不预则废，这句中国老祖宗传下来的古话在谈判学中同样成立：正式针对某些事情展开谈判以前，你准备得越充分，你成功的可能性便越大。

说好谈判语言，就会收到良好的效果

谈判语言既要清晰明了地表达自己的观点，又要认真倾听对方的观点，然后找出突破口，争取说服对方、达成一致。

策动谈判的动力是需要和利益，谈判双方通过谈判说服对方理解、接受己方的观点，最终使双方在需要和利益方面得到协调和适应。所以这是关系到个人和集体利益的重要活动，作为一名女性谈判者，你在语言表述上的准确性就显得至关重要了。要想说好谈判语言，就要做到以下几点：

1. 谈判语言要有准确性

谈判双方必须准确地把己方的立场、观点、要求传达给对方，帮助对方明了自己的态度。如果谈判者传递的信息不准确，那么对方就不能正确理解你的态度，势必使谈判朝着不利的方向转化，谈判者的需要便不能得到满足。如果谈判者向对方传递了错误的信息，而对方又将错就错地达成了协议，那么，就会招致巨大的利益损失。

2. 谈判语言要有针对性

谈判无所不在，谈判对象也各有不同，要取得谈判的成功，谈判者就必须要针对不同的谈判对象，采取不同的谈话对策，因人而语。谈判对象由于性别、年龄、文化程度、职业、性格、兴趣等方面的不同，接受语言的能力和习惯使用的谈话方式也不完全相同。

男性运用语言理性成分较多，喜欢理性思辨的表达方式，而女性则偏重情感的抒发；性格直爽的人说话喜欢直截了当，对他们旁敲侧击很难发生效用；而性格内向又比较敏感的人，谈话时喜欢琢磨弦外之音，甚至无中生有地品出些话里没有的意思来。如果在谈判中无视这种个人差异，想怎么说就怎么说，势必难以取得良好的效果，进而影响谈判的顺利进行。

谈判者在谈判中还要考虑各种差异对语言应用的影响。跨国谈判更要注意语言的针对性，不同的文化背景决定了对语言的不同的理解。所以，在谈判时必须考虑对方的接受能力。

3. 谈判语言要有灵活性

谈判过程中常常是风云变幻，复杂无常，尽管谈判双方在事先都尽了最大努力进行了充分的准备，制定了一整套对策，但是，因为谈判对手说的话谁也不能事先知道，所以任何一方都不可能事先设计好谈话中的每句话，具体的言语应对仍须谈判者临场组织，随机应变。

谈判者除了要仔细倾听对方的话，从话中分析反馈情况，还要察言观色，从对方的眼神、姿态、动作、表情来揣测对方对自己的话的感受。然后，根据考察的结果，谈判者要及时、灵活地对自己的语言进行调整，转移或继续话题，重新设定说话内容、说话方式，甚至终止谈判，以保证语言更好地为实现谈判目的服务。如果谈判中发生了意料之外的变化，切不可拘泥于既定的对策。不妨从实际出发，在谈判目的的规定性许可的范围内有所变通，以适应对方的反应。

4. 谈判语言要注意说话的方式

谈判说话过程中的一些细节问题，如停顿、强调、速度等往往容易被人们忽视。而这些方面都会在不同程度上影响说话的效果。

一般来讲，如果说话者要强调谈话的某一重点时，停顿是非常有效的。试验表明，说话时应当每隔30秒钟停顿一次。一是加深对方的印象，二是给对方机会对提出的问题作出回答或加以评论。当然，适当的重复，也可以加深对方的印象。有时，还可以运用加强语气、提高说话声音等方式以示强调，或显示说话的信心和决心。这样做要比使用一长串的形容词效果更好。此外，清晰、准确的发音，圆润动听的嗓音，也有助于讲话的效果。

口才策略：

谈判的目的是就某些问题达成协调一致，因此谈判的语言必须清晰表达自己的观点和想法，又要能说服对方，或者找出对方说法中的突破口，使之接受自己的意见和观点，最终达成一致。好的谈判语言，既能让自己掌控主动地位，又能让谈判氛围更轻松活跃，所以说，女性一定要懂得把握好语言，展示出自己作为职业女性的理性风采。

掌握问话的技巧，谈判就容易成功

谈判技巧对谈判的成功至关重要。商务谈判中如何问话是件难事，但如果掌握了技巧和分寸，难事也就变得容易了。

可以说只要有人与人的交往就会有谈判发生。女人的谈判技巧对谈判的成功至关重要。有人说谈判的基础是实力。实力固然重要，但是有实力谈判不一定肯定成功；没有实力，谈判不一定肯定失败。这便是谈判技巧的作用。问话的技巧有以下三个方面：

1. 提高问话的质量

提问的人首先应明确自己问的是什么，如果你要对方明确地回答你，那么你的问话也要具体明确。例如：“你们的运费是怎样计算的？是按每吨重量计算，还是按交易次数估算的？”提问一般只是一句话，因此，用语一定要准确、简练，以免使人含混不清，产生不必要的误解。

问话的措词也很重要，因为发问容易使对方陷入窘境，引起对方的焦虑与担心。因此，在措词上一定要慎重，不能有刺伤对方、为难对方的表现。即使你是谈判中的决策人物、核心人物，也不要显示自己的特殊地位，表现出咄咄逼人的气势，否则，问话就会产生相反的效果了。

要更好地发挥问话的作用，问话之前的思考、准备是十分必要的。思考的内容包括：我要问什么，对方会有什么反应，能否达到我的目的等等。必要时也可先把提出问题的理由解释一下，这样就可避免许多意外的麻烦和干扰，从而达到问话的目的。

2. 选择合理的问话方式

问话的方式很重要，提问的角度不同，引起对方的反应也不同，得到的回答也就不同。在谈判过程中，对方可能会因为你的问话而感到压力和烦躁不安。这主要是由于提问者的问题不明确，或者给对方以压迫感、威胁感。这就是问话的策略性没有掌握好。例如：“你们的报价这么高，我们能接受吗？”这句话似乎有挑战的意思，它似乎告诉对方，如果你们不降价，那么我们就没什么可谈的了。但如果这样问：“你们的开价远超出我们的估计，有商量的余地吗？”很显然，后一种问话方式达到的效果要比前一种问话好，它使尖锐对立的气氛缓和了。

同时，在提问时，要注意不要夹杂着含混的暗示。避免使提出的问题本身将你陷入不利的境地。例如：当你提出议案，对方还没有接受时，如果用“那你们还要求什么呢”这种问话的方式，实际上是为对方讲条件，必然会使己方陷入被动，是绝对要避免的。

3. 合理掌握问话的时机

在谈判中，合理掌握问话的时机也很重要。如果需要以客观的陈述性的讲话作开头，而你采用提问式的讲话，就不合适。就谈判讲，双方一接触，主持人就宣布说：“大家已经认识了，交易内容也都清楚，有什么问题吗？”显然，这是不合适的。因为这时需要双方代表各自阐述自己的立场、观点，提出具体条件，过早地问话会使人摸不着头脑，也使人感到为难。

把握提问的时机还表现为，交谈中出现某一问题时，应该待对方充分表达之后再提问。过早或过晚地提问都会打断对方的思路，而显得不礼貌，影响对方回答问题的兴趣。

掌握问话的时机，还可以控制谈话的引导方向。如果你想从被打岔的话题中回到原来的话题上，那么，你就可以运用发问的方式。如果你希望别人能注意到你提的话题，也可以运用发问，并借连续提问，把对方引导到你希望的结论上。

口才策略：

对方坦率耿直，提问就要简洁；对方爱挑剔、善抬杠，提问就要周密；对方羞涩，提问就要含蓄；对方急躁，提问就要委婉；对方严肃，提问要认真；对方活泼，提问就要诙谐。

了解对方的情况，懂得答复的范围

在谈判中，对待对方的发问，一切有经验的女性谈判者，应当善于根据对方的情况和谈判的目的，懂得答复的范围程度。

在谈判中，对对方提出的每个问题都必须站在谈判全局的利益高度上认真思考、冷静斟酌、谨慎从容地应付。一般说来，谈判中答复的技巧有如下一些：

1. 有备而答

对于对方提的每一问都必须想一想："他为什么问这个问题？"愈是在对方催逼自己作答的情况下，愈要沉着冷静、深思熟虑。你应意识到，答复前作充分的思考不仅是谈判的需要，也是你的权利。尤其是碰到对手提出一些旁敲侧击、模棱两可的问题时，更需要冷静三思，辨其意旨，权衡利弊，明智作答。切不可掉以轻心，信口而答，以免上当。

2. 投石问路

在谈判中如果我方“和盘托出”地答复，常常会使自己陷入被动的不利局面。据此，我方可以只作局部的答复，留有余地，以使对方摸不到我方的底牌。比如对方连珠炮似的提出：假如我们增加50%的订货量，在价格上能否优惠？“假如我们与贵公司签订三年的合同，价格上能有多少折让？”“假如我们减少保证金，你方有何考虑？”这里每一个提问都是一颗探路的“石子”，它不但会使我们穷于应付而无法主动出击，而且会让对方探测到我方的虚实。因此，我方不应有问必答，而应有选择性地局部作答，对其他问题则可采取装聋作哑、听而不闻、不着边际等方式搪塞过去。

3. 含糊应答

当遇到一些比较棘手的问题、一时难以作确切回答，而如果拒不回答又会影响到谈判的合作气氛时，可以运用含糊其辞的应答法，即借助一些宽泛模糊的语言，看似已作答，其实已留有余地，具有某种弹性，即使在意外情况下也无懈可击。

含糊应答通常是以大略的猜测、估计、暗示等来代替明确的特指。例如卖方问：“请问，您对我们这次交易能否获得成功怎么看，是充满了信心吗？”买方这时出于策略的需要，答道：“我想贵方应当是已经充分理解了我们在产品质量、价格上的立场，按正常的情况，我们应当是有信心的。”买方的答复似乎在最后亮出了“有信心”三个字，表明了自己的决心与诚意；但其实只包含了一个暗示性的假言判断，即：假如你方在价格、质量上按我方要求，我们就可以成交；假如你方的产品不符合要求，那就不可能成交。

4. 拖延回答

在谈判中如果对方所提的问题动机不明，或我方觉得“从实招来”于我方不利，而对方又频频催问，我方不便表示拒答，则可以施行“缓兵之计”，拖延回答。比如可以说：“很抱歉，因为没估计到贵方会提到这个问题，我们所带资料不全，待我们回去找到资料即可答复你们。”当然，实施这种拖延策略后要酌情作出两种选择：一是先延后答，即对待应答之题，我们在作好准备后感到好答时，不妨作恰当的回答；二是延而不答，即对待经过考虑觉得没必要回答的，则来个“不了了之”，因为这类提问的用意双方心照不宣，延而不答并不是无礼的表现。

5. 反客为主

当对方提出试探性的问题，试图摸索我方的底细时，我方为了不露底牌，想抑制对方的发问，甚至为了反过头探明对方的虚实，找出和扫除成交的障碍，可以在接过问题后通过抓住关键的问题向对方反问，以反客为主，掌握主动。例如一个买主审阅了卖方一个报价单后说：“我看了你们的报价，在研究成交细节前，你能否更完整地解释一下，价格上涨了50%，是用什么方法计算出来的？”这是一个很难应付的试探，答不好，可能为买方压价提供了许多的攻击点，而这正是买方提问的动机所在。因此，卖方可以回答说：“物价上涨与成本提高的关系是不言而喻的。当然，如果你对这个提价的幅度感到不满意的话。我很乐意就你觉得不妥的某些具体问题予以澄清，请问什么方面使你觉得不妥？”

口才策略：

俗话说，“人上一百，形形色色”。什么性格和脾气的人都有，不同性格特征的人的行为特征不同，说话方式也不同。了解了对方的个性，谈判起来也会因人而异，因而取得好的谈判结果。

以静制动，无声胜有声

谈判时，如果想要用言语震慑别人，说得越多，就越不能掌控大局。许多擅长心理战的高手经常会利用“沉默”来打击对手，利用它来达到目的。

说起谈判，总让人感到一股双方对决的杀戮之气，令人不寒而栗。其实你想太多了，谈判真正的本质，就是一种解决问题的思考模式，所以谈判是说服，更是协调冲突。而谈不定，工作就一定搞不定。如果女人想要用言语震慑别人，说得越多，就越显得平庸，越不能掌控大局。想要借助言语驱使别人做你希望的事通常是行不通的，当你学会闭上嘴巴，更有机会拥有权力。许多擅长心理战的高手经常会利用“沉默”来打击对手，利用它来达到目的。

沉默不语也是谈判中的一种武器。如果对方提出不合理的要求，或者你对他所说的东西感到厌烦，最好是坐在那里，一言不发。我们有时会看到这样的现象：一位谈判者在与别人谈话时，当他感到乏味时，会拿起桌上的报纸或其他什么，随便翻阅起米，这是暗示对方，报纸虽然很乏味，也比你的话有意思。这种做法，无疑是让对方终止谈话。谈判中，恰到好处的沉默也是一种艺术，所谓“此时无声胜有声”。

台湾有一个经营印刷业的老板，他要出售一批旧机器，底价是250万元。有一个买主在谈判的时候，针对这台机器的各种问题讲了很多缺点，这让印刷业的老板十分恼火，但他一言不发，听对方继续滔滔不绝。到了最后，买主突然蹦出一句：“嘿，老兄，我看你这个机器我最多能够给你350万元，再多我们可真是不要了。”于是，这个老板比计划多赚了整整100万元。

沉默并不是简单地不说话，而是一种成竹在胸、沉着冷静的姿态，尤其在神态上更是要表现出一种优势在握的感觉，从而逼迫对方沉不住气，先亮底牌。沉默是一种无声的武器。恰当地运用沉默，往往令对方招架不住，自乱阵脚，从而露出庐山真面目。

当你作为公司领导，你的下属向你提出涨工资要求时，你保持沉默，他吃不准你是什么态度，因而一再地陈述他的理由。你再一次地运用沉默，也许这时他会自己降低要求，征询你的意见，等待你的反应。

对于一些明显不值得回答或不便回答的问题，如果不回答对方也无法指责的话，完全可以不予理会。当然，不要只是简单地沉默不语，可以“顾左右而言他”或辅以某些相应的“体态语言”：如微笑的中断、皱眉头、做出以手按眉毛下部等表示体况不佳的暗示、双手在胸前交叉而两脚重叠、目光旁视等动作向对方发出所提问题无法回答的信息。

在一次谈判中，卖方对买方提问：“你能在本月底以前决定成交吗？”买主沉默。卖方又问：“本月底以前，你如果订一大笔货的话，我可以保证向你提供一定的优惠，有兴趣吗？”买方若有所思，但仍缄默不语。卖方沉不住气了，说：“我们公司计划在近期内大幅度地涨价，如果你过了这个月底不成交，就恕我爱莫能助了。”这样，买者一言未答，一举未动，获得了宝贵的信息，一项谈判就成功了。它或许比你原来想象的价格还要低。这就是高明的谈判者利用沉默来获得优惠的价格，取得最大限度的利润的方式。

拒答式的沉默还会给对方造成一种压力，压出对方本来不想透露的情报。当然，沉默不能滥用，如果双方在谈判时都采用沉默来对抗，那这场“没有硝烟的战争”就不知要拖延到什么时候了。

口才策略：

那些老谋深算、富有谈判经验的人会一下子窥探出你沉默的用意，从而不露声色，令你失望。因而，卡耐基告诫我们，只有对那些急于求成或谈判经验稍逊的人运用此法，方能全面获胜，真正体现出沉默的价值。

以缓求达，拖不起就得认输

“争分夺秒”有它的优点，“拖延时间”也有它的用处。两个法宝兼备，是谈判人员应有的谈判艺术。

商务谈判中的拖延战术，形式多样，目的也不尽相同。由于它具有以静制动、少留破绽的特点，因此成为谈判中常用的一种战术手段。拖延战术按目的分，大致可分以下四种：

1. 清除障碍

这是较常见的一种目的。当双方“谈不拢”造成僵局时，有必要把洽谈节奏放慢，看看到底阻碍在什么地方，以便想办法解决。当然，有的谈判中的阻碍是“隐性”的，往往隐蔽在种种堂而皇之的借口之下，不易被人一下子看破，这就更需要我们先拖一拖、缓一缓，从容处理这种局面。

美国ITT公司著名谈判专家D. 柯尔比曾讲过这样一个案例：柯尔比与S公司的谈判已接近尾声。然而此时对方的态度却突然强硬起来，对已谈好的协议横加挑剔，提出种种不合理的要求。柯尔比感到非常困惑，因为对方代表并非那种蛮不讲理的人，而协议对双方肯定是都有利的，在这种情况下，S公司为什么还要阻挠签约呢？柯尔比理智地建议谈判延期，之后从各方面收集信息，终于知道了关键所在：对方认为ITT占的便宜比己方多多了！价格虽能接受，但心理上不公平的感觉却很难接受，导致了协议的搁浅。结果重开谈判，柯尔比一番比价算价，令对方知道双方利润大致相同，一个小时后就签了合同。

在实际洽谈中，这种隐性阻碍还有很多，对付它们，拖延战术是颇为有效的。不过，必须指出的是，这种“拖”绝不是消极被动的，而是要通过“拖”得的时间收集情报，分析问题，打开局面。消极等待，结果只能是失败。

2. 消磨意志

人的意志就好似一块钢板，在一定的重压下，最初可能还会保持原状，但一段时间以后，就会慢慢弯曲下来。拖延战术就是对谈判者意志施压的一种最常用的办法。突然的中止，没有答复（或是含糊不清的答复）往往比破口大骂、暴跳如雷更令人不能忍受。

此外，拖延战术作为一种基本手段，在具体实施中是可以有许多变化的，例如一些日本公司就常采取这个办法：以一个职权较低的谈判者为先锋，在细节问题上和对方反复纠缠，或许可以让一两次步，但每一次让步都要让对方付出巨大精力。到最后双方把协议已勾画出了大体轮廓，但总有一两个关键点谈不拢，这个过程往往要拖到对方精疲力竭为止。这时本公司的权威人物出场，说一些“再拖下去太不值得，我们再让一点，就这么成交吧！”此时对方身心均已透支，这个方案只要在其可接受范围内，往往就会一口答应。

3. 赢得好感

谈判是一种论争，是一个双方都想让对方按自己意图行事的过程，有很强的对抗性。但大家既然坐到了一起，想为共同关心的事达成一个协议，说服合作还是基础的东西。因此凡是优秀的谈判者，无不重视赢得对方的好感和信任。

有这样一位谈判“专家”，双方刚落座不久，寒暄已毕，席尚未温，此人就好客了："今天先休息休息，不谈了吧，我们这儿的风景名胜很多的哩。"

当谈判相持不下，势成僵局时，此君忽然又好客了："不谈了，不谈了，今天的卡拉OK我请。"

于是莺歌燕舞之际，觥筹交错之间，心情舒畅，感情融洽了，僵局打破了，一些场外交易也达成了。

口才策略：

平心而论，场外沟通作为拖延战术的一种特殊形式，有着相当重要的作用。心理学家认为，人类的思维模式总是随着身份的不同、环境的不同而不断改变，谈判桌上的心理肯定和夜光杯前的心理不一样，作为对手要针锋相对，作为朋友促膝倾谈则肯定另是一番心情。当双方把这种融洽的关系带回到谈判场中，自然会消去很多误解，免去很多曲折。

随机应变，抓住对方的弱点给予反击

女人在谈判中要能随机应变，抓住对方的弱点给予打击。在唇枪舌剑中，对手总有说漏嘴的时候，这正是穷追猛打的好机会。

谈判中，对方的有些弱点是事先已经被我方掌握的，而有些弱点则是在对招之中对方暴露出来的，我方要随时发现把柄。出色的谈判家常常着意寻找对手的有关弱点，狠狠一抬，譬如釜底抽薪，使对方的锐气顷刻消释，束手就范。所谓有关的弱点，是指对手论点上的错误、论据上的缺失、论证上的偏颇或其本身性格、行为、感情上的各种局限。

在唇枪舌剑中，对手总有说漏嘴的时候，这正是穷追猛打的好机会。这种办法用以对付傲气十足的对手较易奏效。有时候谈判中的一方，不太敢用退出来要挟对方，生怕谈崩了弄得鸡飞蛋打。所以，会谈判的女人都会不择手段地掌握对手的真正意图，摸清了底牌，便掌握了谈判的主动权。这时再以什么方式取胜，已是技术问题了。以退要挟达到进的目的，便是常用的一种。

巴拿马运河最早不是由美国开凿。19世纪末，一家法国公司跟哥伦比亚签订了合同，打算在哥伦比亚的巴拿马省境内开一条连通大西洋和太平洋的运河。主持运河工程的总工程师就是因开凿苏伊士运河而闻名世界的法国人雷赛布，他自以为这一工程不在话下，然而巴拿马环境与苏伊士有很大的不同，工程进度很慢，资金开始短缺，于是公司陷入了窘境。

美国早在1880年就想开一条连贯两大洋的运河。由于法国先下手与哥伦比亚签订了条约，美国十分懊悔。在这种形势下，法国公司的代理人布里略访问美国，向美国政府兜售巴拿马运河公司，要价一亿美元。美国早已对运河公司垂涎三尺，知道法国拟出售公司更是欣喜若狂。然而，美国却故作姿态，罗斯福指使美国海峡运河委员会提出报告，证明在尼加拉瓜开运河省钱。报告指出，在尼加拉瓜开运河的全部费用不到2亿美元。在巴拿马运河的直接费用虽然只有1亿多美元，但另外要付出一笔收买法国公司的费用，这样，开巴拿马运河的全部支出将达2亿5千多万美元。

布里略看到这个报告后大吃一惊。如果美国不开巴拿马运河，法国不是一分钱也收不回了吗？于是他马上游说，表明法国公司愿意削价，只要4000万美元就行了。通过这一方法，美国就少花了6000万美元。

罗斯福又用同一计策来压哥伦比亚政府。他指使国会通过一个法案，规定美国如果能在适当时期内同哥伦比亚政府达成协议，将选择巴拿马开运河，否则，美国将选择尼加拉瓜。

这样一来，哥伦比亚也坐不住了，驻华盛顿大使马上找美国国务卿海约翰协商，签订了一项卖国条约，同意以100万美元的代价长期租给美国一条两岸各宽3公里的运河区，美国每年另外付租金10万元。

“欲进先退”，罗斯福成功地运用了这种谋略，最后，美国只用了很少的代价，就攫取了巴拿马运河的开凿和使用权。

从以上的例子可以看出，对对方意图的了解至关重要。需求常常是双向的，你有求于对方，对方也有求于你。洞悉了这一点后，就应该利用对手这种弱势，在谈判中采取以退为进的方略，要挟对手，迫使对手就范，作出妥协和让步。所以，在谈判中如果你的对手要挟你，切莫上当，或者你知道了对方怕你撤出谈判时，你也可以装着马上就停止谈判的样子，让对方接受对你有利的条件。这其实也是谈判双方信息、信心和意志力的综合较量。

口才策略：

在许多情况下，对方的底牌很难摸清楚，可以用分析和推断来把把对方的脉。如果对手实在是打持久战，那么冒点风险以退出恐吓对方，也值得一试。也许他比你更不愿意谈判破裂，真是如此，你即使表示退出也仍然有回旋的余地。

第6章

贴心说话，婚恋密语爱情铿锵绽放

在传情示爱中所需要的口才，需要比平时更加精致细腻。微妙的心声用妥帖的语言表达出来，才能接通双方的情思之弦，产生爱慕之意，激发爱恋的火花，点燃爱情的熊熊火焰。恋爱之舟驶向婚姻彼岸的过程不是一帆风顺的，好口才的女人，更能发挥自己的语言魅力，俘获自己的爱情。

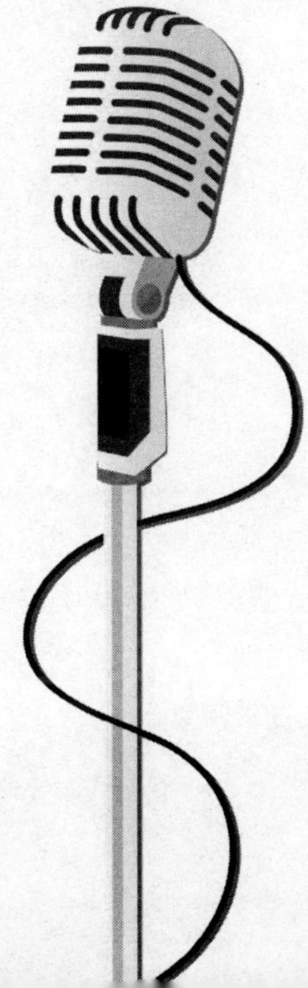

初见对方父母时的说话技巧

恋爱中的女人即将步入婚姻的殿堂时，一定要过男方父母的“审查”这一关。这就要求女人掌握一些语言技巧。

掌握了见男方父母时的语言技巧，才能博得对方父母的喜爱，为将来的婚姻创造和谐的家庭氛围。在拜见未来的公婆时的语言在这里作一些介绍，以供大家参考。

1. 注意自己的形象

你一定要以落落大方的形象出现在准公婆的面前，千万不要浓妆艳抹。一般来说，老年人的思想都较为保守，过于时髦的打扮他们接受起来很困难，因此穿着一定要大方、得体。

双方见面以后，自然是由男方将你介绍给他的父母，这时一定要选择合适的称谓。如果男方父母的年龄比自己父母的年龄大，称为之为伯父、伯母，反之称为叔叔、婶婶。女方到男方家做客，作为主人的男方父母招待你是很正常的事情，此时要多使用礼貌用语，比如，准婆婆给你倒水，要说“谢谢伯母”。在谈话的过程中要使用尊称“您”，这样会让他们感到你尊敬老人懂礼貌。

2. 行为要稳重，语言要得体

有些女青年在初见男方父母时总是显得很紧张，其实这大可不必。如果你表现得慌慌张张、手足无措，那他们怎么可能看得上你呢？你必须表现出一个成熟女人应有的稳重，说出的话不仅要有礼貌，而且要有水平，不说失礼的话，不做失礼的动作。另外，说话一定要大方、和气，给人一种通情达理的感觉。

3. 对事物要有自己的见解

一般来说，准公婆在初次见面时都会考查一下儿媳的见识，看看你是不是有主见。比如：他会问你一些当时社会上的热门话题，这时你千万不能随声附和，要有自己的见解。但要注意的是，陈述自己的观点要把握时间，切记不要长篇大论，口若悬河，那样会给人以不懂礼貌、没有修养的感觉。另外不要与准公婆发生争论，即便你们的观点是完全不同或针锋相对的，你也不要与他辩论，要想办法把问题化解。比如，你可以说："您说的也有道理，我以前没有想到这一层……"

4. 谈话语调要柔和

在现实生活中，没有哪个老人希望自己的儿子找一个"厉害"的媳妇。一则怕儿子在婚后的生活中受欺负，成了"妻管严"；二是怕媳妇太厉害以后难以相处。因此，准儿媳在第一次见准公婆时一定要表现得谦逊有礼，过高的音调和过分的语言都会让准公婆感到很不舒服，因而千万不能给准公婆留下这样的印象。

5. 巧妙夸赞准公婆

人都是喜欢听别人夸奖的，如何夸奖未来的公婆呢？这需要男方的配合，男方一定要将自己的父母一生中引以为傲的事情告诉女方，也好让女方有的放矢，让准公婆开心。

楠楠到男友刚子家做客，彬彬有礼的楠楠让刚子的父母十分满意。中午，刚子的母亲张罗了一桌好菜，留楠楠吃饭。席间，楠楠对刚子的母亲说："伯母，您的手艺可真不错，伯父真是好福气。伯母，我要拜您为师，好好学两手。"刚子的母亲乐得合不拢嘴，连声说："行，行……"

口才策略：

楠楠的这一句话，既夸赞了刚子的母亲厨艺精湛，又夸刚子的父亲有福气，同时又表现出自己的谦虚。刚子的父母听了夸赞心中自然高兴，而且楠楠主动提出要学做饭，这更令刚子的父母高兴，这样的儿媳谁不喜欢呢？

谈情说爱要学会找话题

如果女人不善言辞，不会交谈，就很难在社会这个广阔的舞台上演好自己的角色。而恋爱中的第一次交谈，更需要女人配以艺术的感染力。

谈恋爱，最关键的是谈，只有通过谈才能把彼此丰富的思想、复杂的情怀、微妙的心声用妥帖的语言表达出来，从而接通双方的情思之弦，激发初恋的火花，点燃爱情的熊熊火焰。然而，初次见面时，必然会面临一个共同的苦恼问题：一番明知故问（这些情况介绍人事先已经介绍过了）之后，不知接下来该谈些什么更好。

这时，女孩要落落大方，主动交谈。可以谈天气、谈周围环境、谈所见所闻，然后言归正传，谈年龄、谈工作、谈性格、谈爱好等。对于是非性的话题，可以谈清楚一些，有利于双方的了解，以免将来产生误会。对于心灵深处的流露、情感方面的表白，可含蓄、委婉、曲折些，这毕竟是“第一次交谈”，留点悬念或许下次交谈时易于“畅谈”。得注意的一点是，交谈的双方，都必须注意以适宜对方理解、接受为基础，不然你的“高谈”对方一知半解，可能会造成误解。不妨从以下几个方面试试看。

1. 围绕事业追求，寻找话题的“闪光点”

事业是一个人安身立命的根本。任何一个对事业勤奋努力，对人生追求不怠的青年人，一旦与人谈起工作、人生方面的话题，都会神采飞扬起来。因此紧紧抓住他在这方面的一些“闪光点”去挖掘话题，你们一定会谈得热火朝天。

阿馨是一个事业心强的女孩，一天，同事为她介绍了一名警察。初次见面，介绍人例行公事似的说了几句话后就走了。剩下他们俩谁也不说话，陷入了尴尬的境地。阿馨一见这场面有些不妙，急中生智，似漫不经心地说：“你们当警察的工作艰辛不说，而且时刻都面临着生命危险，家庭、亲人也跟着受连累，常人的确难以接受。”警察一听，急了，立即接过素馨的话头，从事业与抱负、人生与追求、奉献与索取等方面阐述了自己所从事的职业的伟大和骄傲。两个多小时的约会在彼此的谈笑风生中不知不觉过去了。

阿馨在初次约会的“危难时刻”，紧紧抓住对方爱本职工作这一闪光点寻找话题，好像显得“不经意”，实则是刻意向他抛出“家庭与事业孰重要”的命题，来考察他对事业与人生的追求，不仅有效地解决了初次见面无话可说的难题，而且达到了增进彼此了解、沟通思想的目的。

2. 围绕兴趣爱好，寻找话题的“共鸣点”

每个人都有自己的兴趣爱好，即使一个再沉默寡言的人，只要与人谈起他的兴趣爱好，他也会口若悬河。然而，初次见面，你还不知道他的兴趣爱好是什么，这怎么办？不要紧，不妨先谈谈你自己的兴趣爱好，来个抛砖引玉，然后在彼此的兴趣爱好里寻求共鸣点，以此增加了解和深化感情。

3. 围绕环境氛围，寻找话题的“着眼点”

环境氛围是一个动感变化、随意性较强而又具有丰富内涵的话题。它不是逢场作戏般的风花雪月、无病呻吟，而是通过抓取这种话题折射出一个人的思想观念、品德智慧、为人处世等方面的水平和品位。可以这样说，一个善于观察事物、分析问题、处理矛盾的人，只要把寻找话题的着眼点放在环境氛围上，话题就会取之不尽用之不竭。

口才策略：

社会生活包罗万象，你在生活中总有一些最深切的体会、最想说的话、最厌恶或最喜欢的人和事、最关心或最希望得到的什么，那么，你与朋友的谈话出现“卡壳”时，就随便地拣其中一个你最兴奋的“点”去谈吧。

捕捉爱的灵犀，找到恰当的求爱方式

悄悄地爱上了心上人之后，应该怎样表达？这是不少女人常常碰到的难题。其实，表达爱情的方式有很多，只要你善于细心观察，总会找到恰如其分的方法的。

两性相恋，两情相爱，语言交谈是表达感情的重要方式，它直接反映着爱情的格调、品位，关系到爱的生存和死亡。由于每个人的性格气质、修养、身份、经历的不同，因而就有不同的交谈特点，或诙谐幽默，或直白平实；或坦诚坦率，或含蓄委婉。不少青年女性常常困惑的是，悄悄地爱上了心上人之后，却又苦于不知道究竟该用何种语言表达。

这时的女人既羞于向人求教，更怕遭到拒绝，只好保持缄默，自己苦恼。其实，向你爱慕的人表达爱情的方式是多种多样的，只要女人能善于细心观察，及时捕捉爱的灵犀，总会找到恰如其分的时机和方法的。这里介绍几种方法供参考。

1. 直抒胸臆

有些人表达爱情十分简明、直率、不虚伪造作，大胆而毫无保留地向讨还他新买回而自己尚未看的一本书，菲深情地对宇说：“我借别人的书，总是很快就会读完，而唯有你借给我的这本书，怎么也读不完，可能要读一辈子，你是愿意伴我读完呢？还是让我割舍不读呢？”结果可想而知。

一句赞美之言，可以改变两人世界

婚姻中男人需要赞美，尤其需要自己另一半的赞美。因为赞美能给他们更高的价值认同感。所以，女人不要吝啬赞美，它可能会关系到你的婚姻稳定与否。

很多女人总是渴望着自己的老公比某某人的更有钱，更事业有成，却不知道如何去帮助自己的丈夫发展他们的事业，甚至连一句鼓励和赞扬的话都没有。这样的女人可能永远都活在抱怨和不满足中，永难达到自己的目标。其实，要让自己的男人不断进步，并不是去逼他、去抱怨，而应去激励和鼓舞他。但妻子到底应该怎样去鼓励丈夫，帮丈夫实现自己的理想，使他成为他理想中的样子呢？其实很简单，只要针对丈夫的特点给他支持，针对他的优点给予恰到好处的赞赏，就能帮助他施展出自己独特的个人才华，以足够的信心去追逐成功和梦想。

你希望男人能做好饭菜，就夸他厨艺高超；你希望男人多干家务，那你就夸他勤快能干。真诚的赞美和激励，值得所有的妻子们去尝试。妻子说出一句恰到好处的赞美之言，可以改变男人对自己的整个看法，使他的心态变得更好，并使他对生命产生全新的看法，由此而产生出无比巨大的力量。漂亮的女人可以赢得男人一时的喜爱，而懂得赞美男人的女人，却能在男人的眼睛里保持长久的魅力。

心理学家经过研究发现，男人的神经要比女人更敏感，更注意直觉，同时语言的接受和反应也比女人敏锐得多。因此，赞美的话对男人来说，往往能够产生特殊的影响。男人对自己得到的奖励往往特别开心，尤其对自己事业、人缘、能力、帅气、风度的夸赞，更令他们高兴。赞美男人，不仅迎合了他内心的需要，同时也可以显示出你身为女人较为体贴的一分独特、有趣的语言游戏，那就是“斗嘴”。恋人间斗嘴一般并非要解决什么实质性问题、作出什么重要决定，而仅仅是借助语言外壳的碰撞来激发心灵的碰撞，从而达到两颗心的相知与相通。因而恋人们常常为一句无关紧要的话、一件微不足道的事“斗”得不可开交，局外人很难领会到其中的奥妙与乐趣。

恋人间的斗嘴从形式上看和吵嘴很相似。你有来言我有去语；你奚落我，我挖苦你；毫不相让，“锱铢必较”。但与吵嘴根本不同的是：“斗嘴”时双方都是以轻松、欢快的态度说出那些尖刻的言词，有了这层感情的保护膜，“斗嘴”就成了一种只有刺激性、愉悦性却无危险性的“软摩擦”，成了表现亲密与娇嗔的最好方式。

正因为斗嘴具有形式上尖锐而实质上柔和的特点，它就比直抒胸臆式的甜言蜜语有了更大的展示情人间真实感情与丰富个性的广阔空间。所以许多沐浴爱河的女人都喜欢进行这种语言游戏，在这种轻松浪漫的游戏中，加深彼此的了解，增进相互的感情，同时也调剂爱情生活，使恋爱季节更加多姿多彩。

斗嘴不仅仅是一种语言游戏。有时它还是消除恋人间摩擦的一种别致而有效的方式。比如你和男朋友出外旅游，很不顺利，不是走错路线，就是耽误了食宿，这时候男友就会心生抱怨：“哎呀，怎么和你在一块老是碰到倒霉的事呢？”面对指责，你可不能跟他动气：“嫌和我不顺，你另找别人！”这样谁都不好看，还会伤了感情。你不妨跟他斗斗嘴：

“对啦，我们就是夫妻命嘛！”

“什么叫夫妻命？夫妻就该倒霉吗？”

“夫妻就是要共患难呀！想想看，要不是有你在身边，我一个人哪里应付得了这些？”

相信他听到这些话，气自然会消的。

既然斗嘴是一种有趣的语言游戏，那么它和别的游戏一样，也有一定的“规则”，需要恋人们特别注意：

1. 要把握好感情的深浅

谈话有一个总的原则：“浅交不可深言。”这话同样适用于恋爱中。如果双方还处在相互试探、感情朦胧的阶段，要想以斗嘴来加深了解，可以选择一些不涉及双方感情或个人色彩的一般话题，如争一争是住在大城市好还是隐居山林好，斗一斗是“左撇子”聪明还是“右撇子”聪明等等，这样双方可以不受拘束，“安全系数”也大。如果已是情深意笃，彼此对对方的性格特点都比较了解，斗嘴就可以嬉笑怒骂百无禁忌。

2. 要留心对方的心境

斗嘴因为是唇枪舌剑的交锋，就需要有一个宽松的环境、充分的心灵放松，才能享受它的快乐。因此斗嘴时要特别注意恋人当时的心境。如果你的恋人正在为结婚缺钱而愁眉不展时，你却来一句：“你怎么啦？像谁欠你二百吊钱似的。”你准会受到抱怨：“我正心烦得要死，你还有心逗乐，怎么一点体贴之心都没有？”这样，斗嘴的味道就会变得苦涩了。

3. 最好不要刺伤对方的自尊

恋人间斗嘴，最爱用谐谑的话语来揶揄对方，往往免不了夸张与丑化。但是这种夸张与丑化，也要照顾到对方的自尊，最好不要涉及对方很在乎的生理缺陷或他很敬重的父母，也不要挖苦对方自以为神圣的人和事，否则就有可能自讨没趣，弄得不欢而散。

口才策略：

斗嘴，是恋人之间用来增加感情的“佐料”，然而，使用不当的话，也可能会给彼此的感情带来伤害。因而，女人在与恋人斗嘴时，一定要注意这些方面，才能“斗”出情趣，“斗”出境界来！

恋爱中的情话要“细水长流”

在恋爱中，你的一句无关紧要的话到了敏感的爱人那里，就可能理解为另外一层意思。因此，要想保持热恋的温度，一定要掌握说话技巧，不该说的千万别说。

相恋中的男女，彼此间的心灵尚未彻底沟通，各自都在揣摩对方的心理，品味对方的性格，甚至在衡量对方与他人的优劣长短。女人只有用婉言才能更巧妙、更有效地打动对方的心，拨响爱的琴弦，提高恋爱的成功率；也只有用婉言，才能在各种不同场合、环境下，产生美妙奇异的爱情。爱情中的含蓄美是贯穿于恋爱生活的全过程的。具体说来不外乎包括表达时的深沉和显露时的适度两个方面。

1. 表达时的深沉

爱情的表达有多种方式，然而在表达时外露还是含蓄，疯狂还是冷静，轻佻还是深沉，却因人而异了，有时甚至是大相径庭的。在求爱阶段，即便是将成为亲密的伴侣，也最好用含蓄而耐人寻味的词句来表达自己的爱情。

含蓄是一种完美的表达方式。它并不是巧舌如簧的无尽喧哗，而是静收此时无声胜有声的奇效；它不是百丈飞瀑的激情表白，而是渗入心灵地带的清泉低吟。

马克思年轻时，向燕妮表白爱情就是一个成功的典范。在一次约会中，马克思显得满脸愁云，他说："燕妮，我已经深深地爱上了一个姑娘，准备向她表白爱情，不知她是否同意。"燕妮一直暗恋着马克思，不禁大吃一惊："你真的爱她吗？"马克思说："她是我碰到的姑娘中最好的一个，我将从心底里爱她！""这里还有她的照片，你愿意看吗？"说着就递给燕妮一个精致的小木匣。

燕妮用颤抖的手接过，迫不及待地打开了，她要弄清楚马克思爱上了哪位女孩子，然而当她打开看时，立刻就被惊呆了，原来里面放着一面镜子，"照片"上的姑娘就是她自己！一股热流涌上心头，沉浸在幸福和甜蜜之中的燕妮，此时的脸已羞红了。

从此，燕妮便真正与马克思一起走上了人生的旅程。

马克思既作了聪明的试探，制造了紧张气氛，让深爱着他的燕妮在惊讶中误以为他另有所爱，在这过程中他察觉到燕妮的痛楚、失落的表情，又及时诱导她揭开悬念，原来匣子中的照片就是自己，马克思明确地表达了爱意。事后，这位最富有牺牲精神的夫人每当回忆这件事时，便会产生甜美而富有想象趣味的情思。

对于爱情的表达，马克思正是"采取含蓄、谦恭甚至羞涩的态度"，这样的爱情有曲折的美感，更容易打动人的心扉，让他在对你含蓄的赞许中真心接受你的爱吧！

2. 显露时的适度

男女双方恋爱的过程，其实就是各自向对方显露优点、才华、能力的过程。恋人间的谈情说爱，在注意对方的心境和交谈场合等前提下，应把握好时机和选择好话题。

有的女人与对方刚见过一两次面，就把自己的“家底”和盘托出，对方一下就被镇住了：见多识广、才华横溢、能力非凡、智慧超群，真是“打着灯笼也没处找”的意中人。可是当他们爱情的体验逐步加深时，却再也无法向对方提供美好的珍品了，老是重复最初见面时显露过的一切。重复，单调的重复，优点也就成了缺憾，于是对方不满了，厌倦了，爱之花枯萎了。

口才策略：

因此，恋爱中的女人双方向对方显露自己时一定要适度，做到“细水长流”，这当然不是惜字如金作沉默状，要让爱始终像一条隧道，曲折而幽深，给人以永不枯竭的追求兴致，使神圣的爱情永远充满新鲜感。

聪明女人要巧妙传递自己的关爱

充满爱意的情爱语言是真爱之心与得体语言的最佳结合。夫妻之间的情爱语言如陈年老酒，甘甜醇美，回味悠长。

如果说爱情是夫妻感情的基石，那么充满爱意的情爱语言则是夫妻之间不可缺少的润滑剂。充满爱意的情爱语言是真爱之心与得体语言的最佳结合。夫妻之间的情爱语言虽不如恋人之间语言那样浓烈，却如陈年老酒，甘甜醇美，回味悠长。一般来说，女人表达关爱宜用下面的几种形式：

1. 直抒爱意的私语

当爱情之舟驶入婚姻的港湾之后，轰轰烈烈的爱情归于平淡温馨的家庭生活。女人虽说不再把“我爱你”之类的词语总挂在嘴边，但也没有必要把这些话束之高阁。在某些时刻，一句深情的“我爱你”会勾起对方的美好回忆，在彼此的心中激起爱的涟漪。这对于加深夫妻感情是大有益处的。

大家所熟知的大文豪马克·吐温常常把写有“我爱你”、“我非常喜欢你”的小纸条压在花瓶盘子下，给妻子一份意外的惊喜。这种习惯伴随了他们的一生。可见，甜言蜜语绝非多此一举，而是恋人们增进感情的一种良好途径。

亲切的私语是生活中的女人所不可缺少的。尤其是在进餐或是放松时的亲切交谈，可以称得上是爱情的一种“情感增效剂”。美国加州医学院精神与心理临床研究专家巴巴克说：“对许多妇女来说，谈爱与感受到爱远比性交更重要。尤其对那些忙于家务、整天带孩子的妇女来说，更是如此。那种巧妙的、带刺激性的私语往往使她们获得真正的快慰。”

“我爱你！”“有我，你别怕！”“亲爱的，太感激你了。”这些字眼如同割锯黑暗的闪电，如同汹涌澎湃的浪潮，充满了激情之美。激情的语言需要情景的铺垫。有心的女人可以抓住稍纵即逝的场景，毫不犹豫毫不羞怯地抒发自己的感情，用深情的语言去点燃对方爱的火焰，让爱情的火花放射出更夺目的光彩。

2. 充满爱意的幽默

有些女人十分幽默，喜欢在家里说些笑话，逗大家开心，创造欢乐的家庭氛围。有的女人一走进家门，就把自己的见闻趣事说给爱人听，特别是总是把自己以为最有趣的内容拿回来说给丈夫听，引出一阵阵笑声，其中就体现了深深的爱意。

在忙碌的生活中，运用幽默语言调节心情，缓解生活的重负，分担对方的痛苦，更是爱意的语言表现。

有一对夫妻因为一点小事闹别扭了，丈夫赌气不吃饭，也不理睬妻子。妻子一见，赶紧哄他：“生气老得快，愁一愁白了头，你想弄个老夫少妻呀？”

丈夫被逗笑了。

妻子又说：“这就对了，笑一笑十年少，笑十笑老来俏！”

丈夫的怨气顿时烟消云散，心情也好多了。

3. 体贴关爱的话语

充满爱意的语言并不一定都挂上“爱”字，关切、关怀、支持、祝福之类的语言同样可以包含深深的爱意，都是对方乐意听到的。

口才策略：

现在大家平时工作很忙，对家庭的投入相对少了许多。可是一定要记得在爱人生日时送上一份小礼物或一束鲜花，附张小卡片，借机说一些真诚而动听的语言以表达对爱人支持自己工作的感激之情和祝福之意，爱人听了一定十分感动，幸福之泉在心中流淌。体贴祝福之语能使爱人感到对方更可爱，家庭生活更温馨。

富于情趣的语言，滋润爱情的花蕾

夫妻间富于审美情趣的语言，像甘露一样滋润着爱情的花蕾，在倾心交流之中，两心相悦，幸福一生。

夫妻交谈，人们最向往的是琴瑟和鸣的理想境界。女人那富于审美情趣的语言，像甘露一样滋润着爱情的花蕾，在倾心交流之中，两心相悦，两情相依，恩爱一生，幸福一生。

1. 真挚的语言体现简洁美

真挚自然的交谈，是夫妇相亲相爱的心声，通过感情传播，触及对方每一个感知细胞，爱意绵绵，地久天长。夫妻交谈的最大特点是随意性强，不用字斟句酌，只依靠个人直觉对语言这种变幻莫测的艺术进行揣摩比较，理解其精妙，现场发挥。

一般而言，夫妻交谈的句子应排除饶舌和繁冗的修辞，比较简单明了，呈现简洁美。例如，年轻的妻子换上新衣之后问丈夫："好看吗？"回答："很好看。"寥寥六字，轻快明白，干净利落。妻子问得直截了当，丈夫答得简练干脆，其肯定赞赏的心意很明确地表达了出来。

两人之间的交谈提倡句式简洁，并不否定较长句子的作用。一句话之短长，由具体内容和情形而确定。比如对方要求你介绍一个生疏的问题，话长些也无妨，不长不足以准确阐释。

2. 温馨的语言体现和谐美

夫妻交谈，宜在温馨亲切快乐和谐上下工夫，使之产生鲜润可亲的听觉效果，体现出和谐美。和谐的语言与生活认识密不可分。可以想象，夫妇一方经常变着花样问同一问题，对方会觉得无聊而厌烦。若对方在答问中以同一腔调和相似的语句应付，自然也是索然无味，哪有和谐之气？交谈中，夫妇双方都应有一个美好的基调，有一个至高的目标——让对方快乐。若弄得对方不快乐，亦是自己的不快乐。

在很大程度上，男人需要女人的感激，女人渴望向男人倾吐，从而获得感情支持。这是对双方都有益的事，一方付出了感情的同时，另一方也同样给予相同的快乐。换言之，给对方快乐是自己的义务，一言一行总关情。适度的夸奖，能营造和谐的环境，如“这件事真难为你了，你真是我的好老公”，这种夫妻交谈的平常之语，能产生不平常的情感效果，这是因为戒除了轻佻和极具情绪化的色彩，使情与理各臻其美。

3. 婉润的语言体现含蓄美

语言的含蓄美体现在婉润默契上，感官参与感知，话中有话，话后有意，余韵绵长，留下一定的想象空间，让对方去咀嚼回味，把话说完了说白了反而太露，平淡无味。

一位妻子不满丈夫的邋遢习气，幽他一默道：“我先生肯定没有外心。有外心的男人最讲究外部仪表了。”爱情的语言像水彩画般朦胧，愈不清晰愈有种神秘色彩，就愈有艺术魅力。这话恰好是含蓄的注解。如果适当提供一些暗示，对方又有想象余地，相信对方一定善识你的用意，与你进行触及实质的交流。

4. 五味调和的语言体现激情美

结婚之后，夫妇双方不再是一个单个的自我，两人世界充满了甜蜜，也不可避免地要经历酸甜苦辣的磨难和风雨的洗礼。婚姻生活因五味调和而绚丽多彩。一句话可以挫伤对方，也可以开启久已关闭的心房。

口才策略：

对恋人来说，他们的交谈已不再是传达信息的工具，说话这种行为本身，是伴随着恋人的情话的，那一种语调、笑声、眼神都给双方以愉悦与欣喜。这正是情话的特殊沟通功能，它重视的不是语言的意义，而是说话的声音、语调；它沟通的不是信息，而是感情和心灵。

第 7 章

智言妙语，用心表达家庭和谐美满

家庭的和谐，亲情之间感情的维系，口才发挥着不可取代的重要作用。都说“相爱容易相处难”，“围城”里难免潜伏着两个人的战争，女人要发挥自己“调和剂”的作用，不仅要让家里时刻充满欢声笑语，更要会巧妙说话。有时候恰到好处的一句话，不仅能平息战争、掌握主动，还能让婚姻在磨合的过程中更加亲密、融洽。

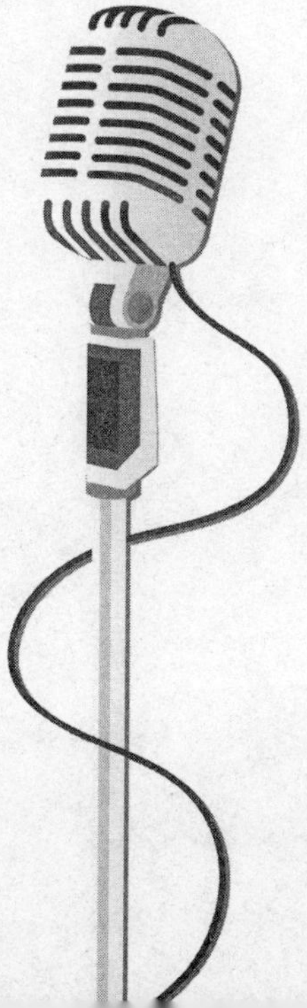

夫妻之间需要沟通，更需要倾听

倾听在婚姻中占据了非常重要的位置。善于倾听的女性，能让丈夫感觉到她对他的爱、理解和尊重，这是对他最大的安慰和鼓励。

与人沟通是一门艺术，女人要得到别人的爱，就要多与人沟通，因为相互理解才能让交往更顺利，更高效。尤其是面对与自己朝夕相处的爱人、自己的另一半时，更要注重多与之交流沟通，才能减少摩擦、增加信任、稳固爱情。

要与丈夫沟通，就要在平时或遇到问题时多向他倾诉你的想法和观点，然后征求他的意见。女人在倾诉时，一定要注意方式方法，不能以一种唯我独尊的口吻和强势的态度来和丈夫沟通，这样很容易让丈夫产生逆反心理，达不到好的沟通效果。妻子最好以一种商量和询问的口吻把自己对事情的观点告知丈夫，然后询问他的观点。

夫妻之间在沟通的同时，也需要倾听。通常情况下，女人总是喜欢向男人倾诉，倾诉自己的委屈，也倾诉自己的快乐，把男人的倾听当作一种温暖的依靠。很少有女人想到，男人也一样需要倾诉，有时候，你的耳朵就能给他安慰、支持和鼓励。现代社会，男人承受的压力越来越大，他们需要双耳朵给予他关注和温暖。夫妻之间朝夕相处，当然要懂得倾听，这不仅是关爱、理解，更是调节双方关系的润滑剂。

当你在倾诉时，却发现无人在倾听，这种痛苦，无疑是很大的打击！懂得倾听的女人才能懂得尊重别人。每个男人在烦恼和喜悦后都有一份渴望，那就是对人倾诉，他希望倾听者能给予理解与赞同。失意中的男人，哪怕再英雄也多少有几分气短，此时的他们脆弱、敏感、渴求温情，他希望从女人那里得到肯定，希望她用女人的温柔倾听来使自己放松，进而重建信心再振雄风。

有一家公司曾对员工的妻子作过一项调查报告，刊登在内部杂志上，里面引用了一位心理学家的话："作为一个妻子应该做的一件重要事情，就是让她的丈夫尽情地倾诉在办公室里不能宣泄的苦恼。"能够尽职尽责的妻子，被赋予了"镇定剂"、"共鸣器"、"防哭墙"、"加油站"等称号。同时，这项调查也指出，男性一般不想听劝告，他们需要的是认真的倾听。

其实，职业男性都会有同感，回到家里，就迫切地想把一天发生的事情向妻子诉说一下。毕竟，办公室里通常没有发表意见的机会，遇到特别高兴的事情，也不能在那里引吭高歌；遇到不痛快的事情，也不能向同事倾诉。因此当他们回到家里后，都需要宣泄一番。这时，作为妻子，你一定要做丈夫最好的听众，而不是三心二意，心不在焉。我们可以想象，当我们有一肚子的话想要倾诉，兴致勃勃地要说给爱人听的时候，对方却心不在焉，根本无心倾听，我们的心中是什么滋味？

倾听不是被动地接受，而是一种主动行为。当你感觉到对方正在不着边际地说话时，可以用机智的提问来把话题引回到主题上来。倾听者不是机械地“竖起耳朵”，在听的过程中脑子要转，不但要跟上倾诉者的故事、思想内涵，还要跟得上对方的情感深度，在适当的时机提问、解释，使得会谈能够步步深入下去。

有人说家庭就是语言的“垃圾箱”，虽然比喻不那么贴切，但是聪明的女人应该明白，倾听在婚姻中占据了多么重要的位置。如果你不能安静地听丈夫说话，不能适时地给予安慰，那么你们的感情终究会出现问题。每个人都会遇到开心或者不开心的事，都需要向别人倾诉，来缓解和放松自己的心情。善于倾听的女性，能让丈夫感觉到她对他的爱、理解和尊重，这是对他最大的安慰和鼓励。

口才策略：

倾听，其实是一种最温柔的沟通，尤其对朋友、家人、情侣、夫妻；倾听，是心灵和情绪的分享，也是烦恼、忧愁的分担。倾听对方的感觉，就仿如进入了他的内心世界，融入了他的情绪中，那是一种十分甜美的亲近，一层心灵的交流，当然更是最高层次的沟通艺术。

“围城”里的战争，取决于妻子的言语

将婚姻中的语言艺术化，让你的话语既能表达自己的感受，又让对方接受，是身处婚姻中的女人必修的一门课。

“围城”里难免潜伏着两个人的战争，但战争的走向如何，是矛盾升级，还是言归于好，主要取决于妻子的言语。有时，恰到好处的一句话，不仅能平息争论、掌握主动，还能让你们的婚姻更加亲密、快乐和融洽。

有时，一场争执往往在所难免，错误信息的传递眼看就要引发夫妻大战。如果能有一些更好的方式来表达你的感情那该有多好……其实，只是字眼的小小改变，就能令你所表达的意思有很大的不同，关键在于令你的情绪不要带着火气和抱怨。这才是创造和谐关系的秘密所在。

1. 将“你简直令我发疯了”说成“你的做法令我很难受”

你得明确表达是什么在影响着你的情绪，笼统地否定一切只会令婚姻关系愈加紧张，解释清楚你生气的理由极为重要。你需要强调他的行为带给你的感受，但不要列出一大堆的抱怨和委屈清单。要记住：一次只指出一个问题。诸如，“当我想跟你说话而你只顾自己看电视时，真的叫我很难受。”

越早说出自己当时的感受越好。奥尔森博士解释说，“你令我简直快疯了”这句话意味着你的情绪经过长时间的压抑之后已经上升到了一个过激的水平。

2. 将“我就是想离开你”说成“那给我一种想要离开你的感觉”

很多夫妻吵架后，妻子会负气地说：“没错，我就是想离开你。”这种话听上去有一些威胁的味道，它可能会令对方产生一时的震惊，但这往往是很危险的。你的丈夫可能会说“再见”，然后真的转头离开！或者讽刺你的言行不过是做做样子，然后对你的愤怒和伤心更加若无其事。而这两种结果都是对你极为不利的。因此，在寻求沟通的时候，千万不要盲目，不要让你的话真的“覆水难收”。

3. 将“我知道你就会那样说”改成“你以前就曾那样说过”

当你用十分不耐烦且责备的语气说“我就知道你会那样说”时，无异于是在骂他“笨蛋、愚蠢”。轻蔑会加快婚姻的崩溃。因此，除非你真的不爱他了，不想继续你们的生活了，否则不要说这种轻蔑丈夫的语言，因为它的攻击力往往比直接咒骂丈夫更加厉害。

较为明智的表达是：“你以前就曾经这样说过，所以它一定还在困扰着你。”这样说，既真诚地考虑到了他的感受又表明你希望能为解决问题做些什么。对生活中彼此的每一点细微之处都试着去体会和沟通，你们的婚姻才会更为牢固。

4. 将“你怎么总是不听我说”改成“我希望你能听听我的建议”

《爱在平等间：如何真正让婚姻平等》一书的作者，美国西雅图华盛顿大学的社会学教授佩伯·施沃兹指出：“使用‘总是’‘从不’这样的字眼，你的丈夫此刻就不可能和你进行正常的交谈。”因为你这种责备的语言不仅伤害了丈夫的感情，而且还夸大了自己的怨气，更加让对方无法接受。

而将话语说成“这对我很重要，希望你能认真听听”，则会令你有机会说出被他拒绝的话，而且可以提出解决问题的建议。当你真的说出这句话的时候，相信你的心情已经开始平静了。

5. 将“你怎么能那样对我”说成“你这样做会令我很伤心”

深夜时分，一对夫妻争吵起来，丈夫生气地摔门出去，这令妻子更加伤心。第二天，丈夫回家后，妻子用担心的语气说：“你为什么那么晚还离开家呢？这让我很担心，没有什么事情比你的安危更令我抓狂的了。”话一出口，丈夫也觉得自己昨晚摔门而出的做法真的不妥，两人彼此道歉后，平心静气地谈了出现分歧的问题，很快便打破僵局，重归于好。

相互指责并不能很好地解决问题，而且会令夫妻双方受到更大的伤害。因此，即使对方的做法不要，也不要轻易说出指责对方的话，你可以清楚地表达自己的感受。当你说出自己的感受时，身为男人的他，会开始深刻检讨自己，并对你的感受作出积极响应。

口才策略：

有爱情就有争吵，有争吵就有妥协，关键是看你采用什么样的战术。男人和女人的想法、行动都不同，甚至连吵架的方法、原因都不同。也许根本就不是什么原则问题，而是你俩在交流的过程中出现了盲区。所以说，在出现矛盾的时候，不要急于争执，如果你把话转个弯、换种表达方式，或许你们之间的情感将会越来越深厚。

心平气和，关起门来谈家事

家丑不可外扬。假如真的希望解决问题，唯一的选择就是关起门来，慢慢商量。聪明的女人会学会守口如瓶，不向外人暴露家中的不快之事。

女人们，当你披上婚纱，被一个男人牵着手走进结婚礼堂的那一刻，你就要把自己那些所有关于爱情的美好憧憬收藏起来，不是说你们的爱已经终结，而是你们的爱才刚刚开始，这种刚刚开始的爱需要你更多的尊重、理解和宽容。

婚姻之道其实就是两个人的相处之道，聪明的女人，当你想对丈夫发火的时候，不妨把他当作你的朋友或者客人来对待。粗鲁、无礼会毁灭了爱情的果实，毁灭了婚姻的美好。事实上，距离越近越容易伤害到彼此，就像两只刺猬互相取暖，太近的时候总是扎到对方，但是太远了就又感受不到彼此的温度。夫妻之间也是这样，要把握好一个度，既要对丈夫关心体贴，又要像对客人那样，温文多礼，谦让三分。

在许多方面，给丈夫留点面子，是女人的美德，也是女人的智慧。曾经有一个调查，问：男人的死穴是什么？一万名参加调查的男人中，竟然有73%的人回答说，男人的死穴就是男人的面子。男人最需要有面子，男人也最怕失面子。生活中，虽说面子不能当饭吃，但也是他们一个很重要的精神因素，是男人自尊的最直接体现，所以许多时候男人很在乎妻子对他们的评价。如果你在公共场合不注意给自己丈夫面子，结果就会让你也不好看。不要同邻人或亲友谈论你的婚姻问题，因为家丑不可外扬，毕竟人言可畏。家中的是是非非本来就是说不清的事情，如果再加进外界的风言风语，男人的自尊心一定会彻底崩溃。

一个女人总对邻居说："他从不给我钱花，为人特别小气，对我的父母不太好。"起初她还觉得没什么，向别人发发牢骚也可以出出心中的怨气。但是时间长了，左邻右舍全都知道了，邻居的反映更多的是嘲笑而不是怜悯。而且更糟的是丈夫每次回家都发现邻居在背后悄悄地议论他，为此他特别生气，更影响了她的家庭生活。最终到了无法挽回的地步，使婚姻走向了破灭。

家丑不可外扬。假如真的希望解决问题，唯一选择就是关起门来，慢慢商量。因为正确的家庭原则是不许外人干涉内政。有的女人很喜欢把自己家的事说给亲戚朋友听，无疑是希望他们能给些建设性的意见。但是他们往往只会以同情的方式为你出一些带有偏见的主意，因为这事与他们无关。任何有损于你们夫妻之间关系的建议都是错误的。原来很简单的事情，但是到了别人的耳朵里再从嘴里出来，没准就发生了天翻地覆的变化。

常在河边走哪有不湿鞋，任何一对生活在同一屋檐下的夫妻，不可能不发生摩擦，有时甚至相互发生冲突。因此，不要向朋友暴露这些不快之事。聪明的女人要学会守口如瓶，因为谁也不会喜欢成天说家长里短的长舌妇。本来把听到的事情说出去就已经很不明智了，如果再把自己家的事也说出去那可就是愚蠢了。

要想避免夫妻之间的摩擦发生，避免不快之事，就要学会少点儿争吵，多点儿沟通。在发生争执的时候，千万要避免过激的言语和举动，试着把问题冷处理，等双方都心平气和的时候再慢慢地沟通。这样，你们的夫妻关系就会非常融合，就不会出现心中有埋怨而家丑外扬了的事情了。

口才策略：

人们常说，家庭是温馨的港湾，是夫妻身心的休憩之地。可是，如果在家里连夫妻间最起码的隐私安全都不能保证，那么，还能温馨得起来吗？你的老公又何来胆量放松休息？而失去了老公关爱的你又有什么幸福可言呢？所以说，为了避免你们之间的关系越来越淡，请让嘴巴把好门。

把架吵得不伤人，吵得有滋味

即使再恩爱的夫妻，相互间也难免发生争吵。如果争吵起来不加控制就可能引出意想不到的坏结果，所以，争吵时女人有必要控制好“度”。

家是讲爱的地方，不是讲理的地方。夫妻之间没有什么深仇大恨，但是朝夕相处中，吵架是难免的。生活中遇到不快，吵一架，也算是一种发泄，一种交流。但怎么才能把吵架吵得不伤害感情，不两败俱伤，反而使之成为感情的催化剂，使得两人越吵越亲，感情指数上升，则是一门很大的学问。

一个会说话的女人会把争吵变成感情的催化剂，而不会说话的女人则会让感情在争吵的硝烟中慢慢飘散。英国最新的一项调查表明，如果吵架讲艺术，并且善用吵架“秘诀”，架吵得好，也许可以成为两人感情的催化剂，使你们的感情在经历“冲突”之后，比以前更加稳固和坚实，而这就取决于女人是否能够巧言应对。这要注意以下几点：

1. 不抢话头

吵架的时候，一些女人总是不等对方把话说完，以为自己完全知道他想说的是什么，这无非是“借口”而已。

如果你拒绝倾听，那么对方怎么会注意倾听你的想法呢？告诉对方你的理解，以此来确定这是否是他想要表达的。在争吵时，常常用“你是说……吗”“你的意思是……吗”的句型重复对方说过的话，如有误差则让他纠正你的错误理解，这样才能达到聆听的目的。避免因为误会引来更大的争吵。

2. 不揭短

一般说来，夫妻双方十分清楚对方的毛病和短处。比如，对方存在生理缺陷，个子小，或有过失足等。在平时，彼此顾及对方的面子而不轻易指出。可是一旦发生争吵，当自己理屈词穷、处于不利态势时，就可能把矛头对准对方的短处，挖苦揭短，以期制服对方。

有道是“打人莫打脸，骂人不揭短”，人们最讨厌别人恶意揭短，这样做只会激怒对方，扩大矛盾，伤及夫妻感情。

3. 不翻旧账

有的女人在争吵时，喜欢把过去的事情扯出来，翻旧账，拿陈芝麻烂谷子作证据，历数对方的“不是”和“罪过”，指责对方，证明自己正确。这种方式也是很愚蠢的，不但无助于解决眼下的矛盾，而且还容易把问题复杂化，新账旧账纠缠在一起，加深怨恨。争吵时最好就事论事，不前挂后连，这样处理问题，才容易化解眼前的矛盾。

4. 不贬低对方

夫妻争吵时难免各执一词，都感到真理在自己这边，有的女人最易胡搅蛮缠，往往使用评价性语言贬低对方。比如："和你说话简直是对牛弹琴！""你这个人四六不懂，简直不可理喻！"这些贬低对方的话，同样容易刺伤对方的自尊，对方为了维护自己的尊严，会一直争吵到底的。

5. 不涉及亲属

有的女人在争吵时，不但指责对方，而且可能冲出家门，把对方的老人、亲属也裹进来。如说"你和你爸一样不讲理"，"你和你哥一样混账"等。如此把争吵的矛头指向长辈是错误的，也是对方最不能容忍的。

口才策略：

总之，争吵时只要女人把握好了度，就不会伤及感情，"雨过天晴"，两人又会和好如初。

争吵有节制，和好有良方

夫妻间吵架后，一方一定要首先采取行动打破沉默，那么另一方就会响应，以至于夫妻握手言和，重归于好。

在夫妻间吵架后，谁都不想主动认错，时常就会陷入冷战的局面。可是总是"冷"下去也不是个办法，这时候，女人可主动一些，消除冷战的方式有以下几种：

1. 主动认错

如果女方意识到发生矛盾的主要责任在自己方面，就应主动向对方认错，请求谅解。

小李到外地出差，临时改变航班。丈夫按原来的时间去接她，等了很长时间，急得够呛。回家后，才接到电话，知道是计划改变。他心是放下了，气却上来了。小李回家后，丈夫一句话也没对她说。小李知道是自己不好，就赶紧道歉："好了，这事是我不好，以后一定注意。我给你打电话，你已经上班了，是我不对，我赔不是，你就不要生气了。气出个好歹来，可不好，今晚我下厨，算是给你赔罪！”丈夫听了，怨气立时烟消云散。

退一步说，即使错误不在自己，夫妻之间也要以主动承担责任的高姿态影响对方，带来积极的效果。

2. 立言求和

如果双方的矛盾并不大，只是偶然出现的摩擦，就可以直截了当与对方打招呼，打破沉默。如可以这样说：“好了，过去的事就叫它过去吧，不要再生气了。”对方会立即回应，言归于好。

也可以装作把不愉快忘掉了，像什么事也没有发生似的，主动与对方说话，对方顺水推舟，打破沉默。头天晚上，妻子小娜和小赵生气了，第二天早上上班前，小娜突然对还在生气的小赵问：“我的公文包呢？”见妻子没有记仇，小赵也不好意思不理睬，应声道：“不是在衣柜上吗？”就这样僵局打破了。

3. 幽默和好

如果能开个玩笑打破僵局那将是最佳方式。小王两口子闹别扭，两人冷战了一天，谁都不说话。眼看吃晚饭了，丈夫脸上还是阴阴的。为了解除冷战，小王笑着对丈夫说：“我说，你看这世界冷战都结束了十几年了，我们家的冷战是不是也可以缓解一下？你看你的脸拉那么长干什么，天有阴晴，月有圆缺，你看外面的月亮都圆了，咱家的月儿也该圆了吧！”丈夫脸色立即多云转晴。

4. 求助中介

如果双方矛盾很大，当面说话担心对方不给面子，也可借助中介传递信息。比如，打电话就是一种。给爱人打电话，既可以认错也可以说明问题和愿望。只要对方接电话就有助于实现沟通，出现和解。还可以借助孩子搭桥。星期天，妈妈叫小女儿拉上爸爸一起出去玩，还在生气的爸爸不去，女儿不干，十分执拗，硬是把他拉出了家门。就这样一家三口过了一个愉快的假日，回来的时候早把不愉快抛到九霄云外去了。

口才策略：

总之，只要一方能针对矛盾的具体情况，采取相应的沟通方式，巧用言语，就可以很快打破僵局，使家庭生活恢复往日的欢乐与和谐。

女人的善言，一定要用沉默来搭配

女人必须认识到沉默与精心选择的词具有同样的表现力，有时沉默会产生更强烈的效果。只有懂得适时沉默的女人才能永远与幸福婚姻相伴。

怎样的女人会更讨人喜欢呢？研究谈话的学者们认识到，有张有弛的谈话在人际交往中至为重要。女人的美丽，一定要配以沉默来搭配。平庸的女人若要脱俗一点，适当的时候闭上嘴巴也许是上好的选择。不幸的是，有许多女人并不知道温柔是女性特有的力量，也不知道沉默是一种可以克刚的武器，她们害怕失去自己在男人心目中的地位，为了维护这种地位，她们常常抛弃温柔，对男人颐指气使，动辄大声呵斥，显示出女性最粗糙的一面。可想而知，这样的结果只会适得其反。

女人天生爱说话，但是作为妻子，要明白哪些话能说，哪些话不能说。该沉默的时候闭上嘴巴，是女人智慧的体现。粗心的女人说话常常不经仔细思考，只顾自己把话说完，而忽略了“听者”闻后所想，结果无意中得罪了别人，却还不自知。小心“说者无心，听者有意”，这是会说话的女人开口的大前提。

很多男人认为，让妻子为自己事业上的失败而担忧是一件有失尊严的事。所以，一般情况下，男人都不愿意将工作中的烦恼告诉妻子。如果他鼓足勇气告诉了你一些工作上的事情，而你却把他说的话四处宣扬，可想而知他会多么恼怒。唐总曾经在家里和妻子表达过对公司一个员工的不满，可是，没过几天，这件事就在他的公司传得沸沸扬扬。唐总后悔地说：“我早就应该明由，让一个女人保守秘密是多困难的事！”这样的事情只要有过几次，甚至只要发生了一次，丈夫就肯定不会和妻子谈论事情了。妻子无法保守丈夫的秘密，等于亲手破坏了丈夫对自己的信任，甚至会失去因信任而带来的稳定的家庭。

当然，要求人人都管好自己的嘴，这是天下最难的事。有一个笑话：哈利夫妇在河边钓鱼，哈利夫人在一旁唠叨不休。不久，有鱼上钩了。哈利夫人说：“这条鱼真够可怜的！”哈利先生说：“是啊！只要它闭嘴，不也就没事了！”西班牙有句谚语说“失足尚可挽回，失言无法补救”，如果你不想因为失言给自己带来麻烦，那就不要信口开河，以避免“说者无意，听者有心”。在为人处世当中，说话的方式是要有所讲究的。尤其在声量控制、遣词用句等方面要格外地谨慎小心，否则就很容易遭到他人的曲解或误解。

口才策略：

当和男人在一起的时候，女人必须认识到沉默与精心选择的词具有同样的表现力，就好像音乐中音符与休止符一样重要。沉默会产生更完美的和谐，更强烈的效果。当美丽到达了某种地步时，一定要用沉默来搭配。在适当的时候保持沉默，是女人必修的功课。千般灿烂终究归于平淡，只有懂得适时沉默的女人才能永远与幸福婚姻相伴。

“唠叨”少一些，会得到更多的爱恋

唠叨对男人的工作和成功是一个无形的障碍，对你的婚姻生活是潜移默化的无形杀手。作为一个女人，你应该尽量改掉唠叨的毛病。

女人对丈夫的唠叨，是最高明的杀人招式。许多男人被妻子唠叨得失去了冲劲，甚至放弃了奋斗的动力。因此总是情绪郁闷。所以一有机会就会感情出轨或者做出别的不当行为来排遣心中的抑郁，结果使婚姻面临威胁。这种结果一旦出现，妻子总是带着一副楚楚可怜的样子向外界哭诉，痛说丈夫的不是。殊不知，她们也要对此负不可推卸的责任。

一位美国著名的心理学家对一千五百多对夫妇进行了很详细的调查研究，结果显示丈夫们都把唠叨、挑剔列为他们的太太最大的缺点。而盖洛普民意测验也得出过相同的结论：男人们都会把唠叨、挑剔列为女性缺点的首位。其他测验中也发现，没有其他的个性和习惯会像唠叨和挑剔那样给家庭和生活带来这么大的伤害了。

传说，苏格拉底大部分时间都躲在一棵树下思考学理，他以这种方式逃避他那脾气暴躁的太太兰西勃的唠叨。而就连法国皇帝拿破仑三世和美国总统亚伯拉罕·林肯这样杰出的大人物，也都受不了妻子唠叨带来的痛苦。奥古斯都掐泽和他的第二任妻子离婚，也是因为他实在不能忍受她那暴躁爱唠叨的个性。

女人总想以唠叨的方式来改变自己的丈夫，但这对于男人的自信心无疑也是一种长期的虐待和折磨。对于男性而言，再也没有比老婆唠叨更可怕的折磨了。女人最具破坏力的唠叨和挑剔方式，就是老拿自己的丈夫去和别的男人相比："为什么你赚不到更多的钱？""老李都已经连升两级了，而你才只有一次。"这类话真的是最高级的杀人方法，一个心理健全的人，可以忍受夫妻间的一般的争执而不至产生夫妻感情的裂缝。但无休止、咄咄逼人的长期唠叨，却会让一个男人逐渐精神崩溃。

对于喜欢唠叨的太太，有些男人不但要想尽办法和她离婚，甚至为了摆脱她，愿意使用任何方法。如果你也相信唠叨对男人的工作和成功是一个无形的障碍，对你的婚姻生活是潜移默化的无形杀手，就应该尽量改掉唠叨的毛病。以下建议对爱唠叨的女人一定有帮助：

1. 任何话只讲一遍，然后就忘掉它

如果你必须很不耐烦地提醒你的丈夫六七次，说他曾答应过要陪你去买菜却没有去，想必他现在大概也不会再陪你上市场了，那你为什么还要浪费口舌再说一次？唠叨只不过会让他更加想要拒绝，并下定决心绝不屈服于你。所以，任何人家不想听的话，讲一次就足够了。

2. 冷静地讨论为什么会不愉快

当夫妻间发生不愉快之时，想办法在纸条上去写下来。当争吵发生时不要再说什么话。然后，等到你和你的丈夫都处于冷静理智的状态时，再把问题拿出来一起讨论。如果它只是件很微小而不重要的事情，相信你们一定已把它抛在脑后了，忘记有这回事，或不好意思再提起它了。

3. 用强硬的惩罚克制唠叨

让家人帮助你，每当你快要发怒或抓狂、想下达严格的命令，或是对那些芝麻绿豆大的问题喋喋不休时，请他们提醒你，拉你到屋外吹吹风，或换个环境。

口才策略：

夫妻双方都要懂得珍惜眼前人，珍惜眼前事。每个人都难免会有些缺点或不好的习惯，而妻子如果发现丈夫的缺点，应该多体谅，慢慢帮他改正，而非去一味地唠叨与抱怨。其实，唠叨本身就是一种缺点，女人一定要改变自己的这种缺点，才能得到老公更多更持久的爱恋。

嘘寒问暖，做个讨人喜欢的儿媳

俗话说：“婆媳亲，全家和。”婆媳关系是一对特殊矛盾，是家庭内部人际关系中最最难处的一种关系。婆媳关系恶化，儿媳一方的责任是推不掉的。

怎样才能做个讨人喜欢的儿媳呢？你首先要掌握说话的技巧。

1. 诚心孝敬婆婆

婆婆是长辈，做儿媳的要从内心尊重婆婆，在言语上关心婆婆，不能把婆婆当成多余的人，不能在言语中有丝毫的怠慢和不恭。否则不仅对方不能接受，加深矛盾，而且会引起社会舆论的谴责。

如果婆婆年事已高，身体不好，儿媳在平时说话中更应小心，千万不要说出嫌弃婆婆的话。当然在生活上对婆婆的关心照顾是必不可少的，只要儿媳做得更好些，婆婆就会十分感激，很多的矛盾就可以避免。

2. 信任和理解婆婆

儿媳应当善解人意，不要凡事都站在自己的立场上，对婆婆的言语产生这样、那样的不当想法，怀疑她的动机。有时候这种猜疑的心理甚至会把婆婆的好心给想歪了，因而造成不良的后果。

小英的小姑子拿回来一身新衣服，很漂亮。小英看到眼里，心里很不高兴，怀疑是婆婆给小姑买的，认为婆婆偏向女儿，对自己不公。她越想越有气，就在说话时带刺儿：“唉，还是姑娘亲啊！”

为了团结，婆婆上街买回来同样的衣服给儿媳，说：“我不能亏待儿媳，一人一身！”后来，小英才知道小姑子找了个男朋友，那件衣服是她男朋友给她买的，不是婆婆给买的。这时，她心里一阵自责，同时感激婆婆的宽容。以后，她再不多疑，转而信任婆婆，婆媳关系也密切多了。

试想，如果这时婆婆没有给小英买衣服，婆媳之间的误会就会更深，其实婆婆对女儿比对儿媳好些也是人之常情，你也是女儿，对这一点应该理解，不要斤斤计较。

3. 不吹背后风

有些儿媳对婆婆有意见，不是当面提出来，而是到外面说三道四。有的儿媳甚至说话不文明，用指桑骂槐的方式表达自己的意见，这样很容易引起矛盾。而且俗话说“家丑不可外扬”，婆媳不合本就不是什么好事，更不要弄得邻里皆知。正确方式应当是以真诚的态度、善意的动机，把自己的意见当面提出来，大家心平气和地协商解决，最终统一思想，消除分歧，创造和睦的家庭气氛。

4. 嘴要甜

嘴要甜，就是要热情相待，问暖问寒，推心置腹。一些儿媳，跟母亲私房话说不完，在婆婆面前却无话可说。要改变这种气氛，作为晚辈，媳妇应主动亲热，多找话题。

（1）勤叫“妈”：儿媳的一声“妈”可暖遍婆婆全身。可有些儿媳偏偏惜“妈”声如金银，不肯轻易叫出口。也有一些儿媳，干脆学孩子的口气，称婆婆为“孩子他奶”。跟婆婆分居的儿媳妇，大多数是走婆家进门叫一声“妈”，出门辞别时说一声“妈，我走了”。仅此两声，似彬彬有礼，但亲热不够，如能把拉家常和称呼交织在一起，气氛就会好得多。这一点，小惠就做得很好。她经常这样对婆婆说：“这几天怪冷的，妈，您只穿这些太少了，可不要着凉啊！”“这么细的针都能穿，妈眼神真好！”

（2）勤谈话：街头趣事，社会新闻，电影情节，家庭琐事，毛线花色，衣服式样，无一不可作为话题。社会交际较少、消息闭塞的老年人，尤其是整天围着锅台转的退休的婆婆，都希望知道家门外的一些新鲜事。如能从儿媳妇嘴里获得各种信息，那真是其乐融融！

口才策略：

婆媳之间的谈话，如果想达到轻松满意，无论婆媳都要做到少闲聊，尽量不要信口开河、不顾对方接受能力地乱说。同时，还要具有察言观色的宽容，一旦发现对方的心情不好或者情绪波动，就要少说话。如果有一些事情非交代不可，也要注意用词、尽量适应对方的心态。

母亲与孩子交往时，要讲究忌口

母亲是孩子的第一任老师，母亲的言行无时无刻不在潜移默化地影响着孩子。因此，母亲在与孩子交往时应注意自己的言行。

每个女人作为一位母亲与孩子交往时，说话要讲究方法。概括起来，母亲与孩子交往的口语忌讳有以下几点：

1. 忌说损伤孩子自尊心的话

有些性格急躁的女人，对孩子恨铁不成钢，动不动便用言语奚落孩子。什么“你这个十足的笨蛋”、“一点出息也没有”等等，孩子耳濡目染，身心定会受到创伤。

“你怎么不像你姐姐？她门门功课都拿满分！”这样的话语无疑能把孩子的自尊心破坏殆尽。许多女人意识不到她们正把不安传给孩子。“是啊，为什么我不能像她一样？父母不喜欢我了。”他的反应往往是：第一，觉得遭到了贬黜，甚至失去希望。第二，摆脱人见人爱的姐姐。第三，为没人喜欢自己而愤愤不平。

这时，母亲正确的说法是：“我知道你担心你的成绩不如姐姐好。我要你记住：你俩各有所长。我们也很看重聪明的孩子，你们各有惹人疼爱的优点。”

现代心理学研究表明，如果母亲对孩子严加批评，会使孩子幼小的心灵中产生自卑心理，认为自己不够可爱，怕犯错误，长大后不敢主动与他人交往，或出现社交焦虑——内心特别希望能够给别人一个好印象，可是又怕自己做不好。怕别人不喜欢自己，讨厌自己。

2. 忌说污辱孩子人格的话

有的不理解孩子心理的母亲，当发现孩子有什么“不端”，则认为大逆不道，不是冷静地把情况弄清楚，而是凭主观臆断，说什么“你这个不要脸的小畜生”，“小流氓”；略微有点文化墨水的父母也有旁敲侧击、指桑骂槐的现象，弄得孩子反驳不好反驳，解释不好解释，只好在内心默默地忍受着。

3. 忌说埋怨孩子的话

当孩子犯错误之后，他会感到很无助。他后悔当初没听从父母的话。

就在这时，如果妈妈说“我早就跟你说过会这样”，那么转眼间，孩子的无助就变成了自卫。出于对母亲轻蔑语气的反抗，出于承认自己蠢笨的自卑感，他开始为自己辩解，要么在绝望中屈服或在愤怒中反叛，这样的话不利于孩子的成长。

你可以这样说：“孩子，你试过自己的方法了，可没成功，对吗？真为你难过。妈妈也是这么过来的。”

4. 忌说命令孩子的话

有些母亲在孩子面前耍家威，没有一点民主空气。有的女人对孩子一味地限制，什么也不准。说话就是下禁令。例如，“放学后不许与同学玩，不许到同学家里去，不许把同学带到家里”，“你每天除了学习，别的什么也不许干”。由于生活在命令中，孩子就会变得迟钝，没有创造力，这些扼杀人才的禁令，应该去掉。

5. 忌说吓唬孩子的话

“如果你不立刻跟我走，我就把你一个人抛在这里！”你真会这么做吗？孩子当然希望你不会当真。因为小孩子最怕单独待在一个陌生的地方。但可能他听多了类似的威胁，已对此充耳不闻了。比较有效的方法是：当他太出格时，你把他抱起来。这样他就会明白你不允许他在公共场所胡闹。

6. 忌说气话

有些母亲，心情不好就无端地责骂孩子，拿孩子撒气。在家没好脸，说话没好气。孩子不敢接近，又躲避不了，如“去去去，滚一边去”。孩子有时问点啥，也没好气地说“不知道，别问我”，“老问啥，没完没了的，别问了”等，这些使孩子横遭冷落的气话，是女人应该忌讳的。

口才策略：

有些不清醒的母亲，溺爱自己的孩子。我们常常听到什么“你是妈妈的心肝儿”、“命根子”、“眼珠子”等。有时孩子耍泼，要什么就给他什么。甚至孩子骂自己，也笑；打了自己，还说“好”！这样容易造成孩子放荡不羁的性格，应该戒掉。

第 8 章

灵活讲话，得体交流女人左右逢源

语言是思想的外壳，是人际沟通的桥梁。任何人际关系的处理都需要靠说话的技巧来协调。现实生活中，是否能说，是否会说，往往决定着一个人的成功与失败。那些善于用贴切、生动的语言与别人交往的人，做事往往能够成功。灵活的口才有利于你打造出一流的人际关系，为自己创造一个和谐、积极的生存氛围。

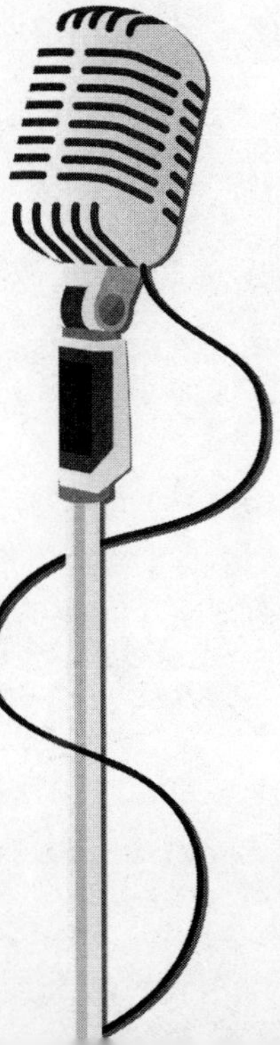

委婉含蓄地表达，增强交际的效果

在社交中，委婉含蓄是口才的一种魅力。将话说在明处，而含义却藏在话的暗处。要想成功办事，用委婉的说法可能会达到预想不到的效果。

表达同样一个意思，说话水平不同的人，获得的效果大不相同。会说话的女人说出来的话总能让人听了心里也舒坦。比如，两个女人说同样一件事，其中一个说："她皮肤很白，但是长得太胖了。"另一个则说："她很胖，但是皮肤很白。"假如这两句话是说你的，你更喜欢哪一种说法呢？由此可知，只要稍微改变一下说法，同样的话即可产生完全不同的效果。

在日常交际中，总会有一些使人们不便、不忍，或者语境不允许直说的话题内容，需要把"词锋"隐遁，或把"棱角"磨圆一些，使语意软化，便于听者接受。说话人故意说些与本意相关或相似的事物，来烘托本来要直说的意思，这是办事说话时的一种"缓冲"方法。许多交际实践证明，委婉语言不仅是必需的"缓冲"，且是异常重要的"溶化剂"，同时，也直接反映说话人的形象。

有一次，足球评论员黄健翔采访荷兰球星古力特，可交谈刚一开始交谈对方就拒绝了他，谈话陷入了僵局，怎么办呢？请看黄健翔是如何让谈话继续进行的：

古：对不起，我不接受记者的采访。

黄：您误会了，我不是想采访您。我只是想向您祝福，您看我手中这摞信，都是喜欢您的球迷写给您的，这些信中表达了一个意思，就是向您祝福。

古：中国球迷真让我感动。

黄：那么，我能不能代表中国球迷问您几个问题？

古：当然可以……

黄健翔聪明地绕开了对方不愿触及的话题，以自己的诚恳争取和对方说话的机会，打动对方，顺利地达到了自己的目的。

语言总要表达某种意思，亦即说话者要达到表明自己的态度和感情的目的。但这个意思是通过迂曲委婉的语言来达到的，这也是利用了人们思维的曲折性和复杂性来达到的。委婉的语言是曲折地表达自己的意思，令听者感到你是为他着想，或者感到合情合理，这样就容易达到自己的目的，也给人以教育或启迪。

在社交中，委婉含蓄是口才的一种魅力。在人与人随意的交谈中，含蓄大有讲究，在某种意义上来说，含蓄是语言的艺术。正所谓曲径通幽，意藏在暗处，就是对话时不直截了当，而是从侧面切入，暗中点明自己要说的话的主要含义。要达到办事的最佳效果，不一定都用直言不讳的说法，用委婉的说法可能会达到预想不到的效果。

在朱镕基视察中央电视台的前一天，中央电视台的有关领导告诉敬一丹："明天，你要想办法得到朱总理的题词。"敬一丹听了开始了苦苦的思考：我怎么向总理提出这个请求才好呢？

第二天，朱总理在有关同志的陪同下，来到中央电视台。他走进《焦点访谈》节目组演播室，在场的所有人都起立鼓掌，气氛一下子热烈起来。大家簇拥在他的周围，七嘴八舌，争先恐后地与总理交谈。敬一丹感觉这是一个好时机，一个很短暂的、稍纵即逝的时机。于是走到朱总理面前说："总理，今天演播室里聚集在您身边的这二十几个人只是《焦点访谈》节目组的十分之一。"总理听了这话，说："你们这么多人啊！"敬一丹接着说："是的，他们大多数都在外地为采访而奔波，非常辛苦。他们以工作为重，今天没能到这里来。您能不能给他们留句话？"

敬一丹说得非常诚恳，而且非常婉转，然后把纸和笔恭恭敬敬地递到朱总理面前。总理看了一下敬一丹，笑了，接过纸和笔，欣然运笔，写了"舆论监督，群众喉舌，政府镜鉴，改革尖兵"十六个字。总理写完，全场响起一片掌声，热烈的气氛进入了高潮。

敬一丹的请求是曲折委婉地提出来的，表述得又十分诚恳贴切，因而最终如愿以偿。

委婉含蓄地说话更胜口若悬河。当你很想表达一种内心的愿望，但又难以启齿时，不妨使用含蓄的表达方法，有时要比把话说在明处更能达到正确表达的目的，收到令人满意的效果。当然，委婉含蓄要建立在让人听懂的基础上，如果说话晦涩难懂，便没有了委婉含蓄可言。

口才策略：

在社会交际中，处处需要含蓄委婉的交谈。说话不一定要直来直去，委婉在于含蓄地表达，不仅让人接受，还可深得人心。学会含蓄，懂得委婉，可增强女人的交际效果。可以说，含蓄的语言艺术实在妙不可言。

投石问路，摸清情况再说话

为了避免在社交中遭遇尴尬境地，你应该未雨绸缪，通过一些方法揣摩对方的心理，从而为你的社交语言提供借鉴。

当女人有具体想法时，不要直接提出，而应先提一个与自己本意相关的问题，请对方回答，如果从其答案中，自己已经得出否定性的判断，那就不要再提出自己原定的要求想法，这样就可以避免尴尬。比如，有个女士买了一袋食品，拿回家后感到服务员找的钱不对，但是，又没有把握是人家错了。于是她找了去，问道："小姐，这种食品多少钱？"对方回答后，她立即明白是自己算错了，说了句"谢谢"，满意地离开了商场。看来这位女士的处理方法是明智的。

这个事例告诉我们，当自己拿不准的时候，不要武断地提出否定对方的要求，最好使用投石问路法，先摸清情况，再决定下一步行动不迟。

1. 触类旁通法

当你想提出一个要求时，还可以先提出一个与此同属一类的问题，试探对方的态度。如果得到肯定的信息，便可进一步提出自己的要求；如果对方的态度是明确的否定，那就免开尊口，以免遭到拒绝而出现尴尬。比如，有一位干部打算调离本单位，但是又担心领导当场给以否定或给领导留下坏印象，以后不好工作。于是她这样提出问题："书记，咱们单位有的青年干部想挪挪窝儿，你觉得怎么样？"书记说："人才流动我是赞成的。"她见态度可以，于是进一步说道："如果这个人是我呢？""那也不拦，只要有地方要，也可以高就。"这样她摸到了领导的态度。不久，她正式向领导提出了调动的申请。用触类旁通法进行试探，其好处是可进可退，进退自如，在交际中有广泛的用途。

2. 顺便提出法

有时提出问题，并不用郑重其事，因为这种方式显得过分重视，至关重要，一旦被否定，自己会感到下不来台；而如果在执行某一交际任务过程中，利用适当时机顺便提出自己的问题，给人的印象是并未把此事看得很重，即使不能满足，也没有什么别的感觉。比如，某业务员在与某厂长谈判生意告一段落时，向对方提出一个问题，说："顺便问一句，你们厂要不要人？我有个同事想到你们这里来工作。"厂长说："我们厂的效益不错，想来的人很多。可是目前我们一个也没有进。""噢，是这样。"在对方的否定答复面前，她一点也没有感到尴尬，但是已达到了试探的目的。试想，如果一开始就以郑重其事的态度向对方提出这个问题，并遭到对方的拒绝，那现场的气氛就可想而知了。

再如，青工小闰随同厂长去拜访一位有名望的书法家，在谈完正事之后，小闰乘机说："万老，我很喜欢您的字，如果您在百忙中能给我写一副，那就太好了。"万老说："近来我的身体不太好，以后再说吧。"很显然这是在拒绝，但是，由于顺便提出的要求，小闰并不感到尴尬。

实际上在很多情况下，顺便提出的问题往往是自己要说明的真正意图，但是，由于使用这种轻描淡写的方式顺便一说，就使自己变得更主动一些，有退路可走，可以有效地防止对方否定造成的心理失衡。

3. 开玩笑法

有时还可以把本来应郑重其事提出的问题用开玩笑的口气说出来，如果对方给以否定，便可把这个问题归结为开玩笑，这样既可达到试探的目的，又可在一笑之中化解尴尬，维护自己的自尊。

口才策略：

更多地了解对方是获得成功的基础，要想了解别人，除了私下进行大量的调查研究、掌握资料之外，还要在交际中直接或间接地提出问题，进行咨询，这也是一种很好的方法。此外，作为一个好的策略，投石问路需要把握火候，得有一定的技巧。如果你把握得好，提问很有艺术和水平，别人又能接受你，你就可以从对方那里得到通常不易获得的资料。

遇到尴尬场面时，要学会成功地打圆场

女人如果善于为你周围的人解围、打圆场，那么，你就可以获得别人更多的赏识和信任，提升自己的人缘魅力。

女人在生活中会遇到很多这样的情况，比如：自己的上司处于尴尬局面，自己的朋友和别人争吵不休，这时候你就需要为他们解围、打圆场，使他们不至于陷于尴尬之境，最终达到“你好我好大家好”，硝烟开头、和气收场的目的。

要想成功地打圆场，可以针对实际情况，灵活对待，或用幽默的话语转移话题，制造轻松气氛；或指各方观点的合理性，强调尴尬事件有其合理性；还可以肯定双方看法的合理性，找到双方都能接受的解决方法。

1. 转移话题，制造轻松气氛

在交际场合中，如果某个较为严肃、敏感的问题弄得交谈双方都很对立，甚至阻碍交谈正常顺利进行时，我们可以暂时让它回避一下，通过转移话题，用一些轻松、愉快的话题来活跃气氛，转移双方的注意力，或者通过幽默的话语将严肃的话题淡化，使原来僵持的场面重新活跃起来，从而缓和尴尬的局面。

我们在打圆场时要帮助争论双方换一个角度来看待争执点，灵活地分析问题，使他们认识到彼此看法的相对性和包容性，从而让双方停止无谓的争论。

2. 找个借口，给对方台阶下

有些人之所以在交际活动中陷入窘境，常常是因为他们在特定的场合做得不合时宜或不合情理，于是就进一步造成整个局面的尴尬和难堪。在这种情形下，最行之有效的打圆场的方法，莫过于换一个角度或找一个借口，以合情合理的解释来证明对方有悖常理的举动在此情此景中是正当的、无可厚非的和合理的，这样一来，对方的尴尬解除了，正常的人际关

系也能得以继续下去了。

李雅正在主持婚礼。新郎新娘在众人簇拥下入席，第一盘盛满喜糖和糕点的金色塑料盘，由一个帮忙的伙计端了上来。可是就在伙计把盘子放在喜桌上的时候，只听“咔嚓”一声脆响，盘子破裂了。宾客们听到刺耳的声音，目光全部扫了过来。端盘子的伙计吓了一跳，慌了神，脱口而出：“怎么是个破货？”这句话就像一声惊雷，被在场的人真真切切地听到耳朵里去了，气氛一下子紧张了。李雅见此情景灵机一动，高声说：“大喜、大喜，这叫作破旧立新、岁岁平安。”一句话使得本来十分紧张的空气顿时又欢腾起来。

在一个喜庆吉祥的日子，由于说话人水平有限，致使欢乐高兴的气氛一下子被伙计弄得尴尬紧张，后来要不是主持人会说话，圆上了场面，给伙计找了个台阶，可以想象，场景会多么尴尬！

3. 善意曲解，化干戈为玉帛

在交际活动中，交际的双方或第三者由于彼此言语之间造成误会，常常会说出一些让别人感到惊讶的话语，做出一些怪异的行为举止，从而导致尴尬和难堪场面的出现。为了缓解这种局面，我们可以采用故意“误会”的办法，装作不明白或故意不理睬他们言语行为的真实含义，而从善意的角度来做出有利于化解尴尬局面的解释，即对该事件加以善意的曲解，将局面朝有利缓解的方向引导转化。

4. 审时度势，让各方都满意

有时在某种场合中，当交际双方因彼此不满意对方的看法而争执不休时，很难说谁对谁错，作为调解者，你应该理解争执双方此时的心理和情绪，不要厚此薄彼，以免加深双方的差异，并对双方的优势和价值都予以肯定，在这个基础上，再拿出双方都能接受的建设性意见，这样就容易为双方所接受。

一次，学校举行文娱活动，教师和员工分成两个组，自行编排和表演节目，然后进行评分。表演刚结束，坐在下面的人就分成两派，吵得不可开交。眼看活动要陷入僵局，主持人灵机一动，对大家说：“到底哪个组能得第一，我看应该具体情况具体分析。教师组富有创意，激情四溢，应该获得创作奖；员工组富有朝气，精神饱满，应该获得表演奖。”随后宣布两个组都获得了第一名。

这位主持人在评比出现矛盾局面时，他并没有和人们一起争论孰优孰劣，而是强调了两个小组的不同特点和优势，对两个组的努力给予肯定。结果就很容易地被大家所接受了。

口才策略：

当别人陷入尴尬困境时，不但不能做落井下石的人，还要做一个救助者，解人之围，脱人之困，一句宽慰、鼓励、揽责的话，已经足够。哪怕是让自己承担起责任，也不要退缩，你最终赢得的将数倍于你的付出！

话里藏话，是犀利的自卫武器

话里藏话，既能委婉地表达自己，又能让听话之人明白你话中的锋芒所在。当女人遇到一些不平之事，不公之人的时候，话里藏话不失为一个理想的武器。

“话里藏话”就是说隐话，在特定的环境下，将不便直说或者是不必直说的话以隐约闪烁的方式表达出来。这种方法可以避免因直言表述、显露锋芒给对方造成伤害而形成对抗。能够启发人想象和思考。体会其中的事理，让对方在细细品味我们的语言之中接受我们的观点，取得共同的认识。从而收到“言有尽而意无穷”，“众意尽在不言中”的谈话效果。

2007年5月24日，中美战略经济对话闭幕后，吴仪在美国国会山与众议院女议长南希·佩洛西会晤。会晤一开始，吴仪以轻松的口吻对南希说：“我来之前看见媒体上有个报道，说吴仪要去见南希·佩洛西，就像羊入了虎口一样。其实，按中国人的生肖，我属虎，虎口就在我自己脸上，所以我不怕入虎口。我的美国朋友还告诉我，他从来没有见到过南希·佩洛西的脸上带着微笑，但是，现在看来这个朋友是在骗我啊，你脸上的笑容不是很美吗？”佩洛西听后果然露出了笑容，还笑称自己刚见到吴仪，也感觉像进入虎口一样。随后告诉吴仪她是属龙的。吴仪马上说：“看样子，我们今天的见面，不是‘羊入虎口’，而是一场‘龙虎斗’噢！”南希·佩洛西被吴仪的俏皮话逗乐了。当她向吴仪表示期待着访问中国时，吴仪神秘地眨眨眼，故意停顿了一下，然后说：“当然，我向你表示欢迎，就像你今天欢迎我一样。”

面对以强硬态度著称的铁腕人物南希·佩洛西，吴仪以退为进，说话绵里藏针，她巧说开场语，给人一种表面“服软”的感觉；再趣解属相生肖，称自己属“虎”，又借属相巧发挥，说“两人的见面是一场‘龙虎斗’”，看似戏言，实则一语双关；最后那句“我向你表示欢迎，就像你今天欢迎我一样”，其潜台词是“看你今天怎样对我了”，话里有话，其意不言自明。

话里藏话，能委婉含蓄地表达自己，把话说得很艺术，又让听话之人心领神会，明白你话中的锋芒所在。女人总会有意无意地遇到一些不平之事，不公之人，特别是对于一些非原则性的问题，一定要做到既能表达出对对方的不满，又不至于破坏和谐的人际关系。这的确是不太容易的事，而话里藏话、旁敲侧击便不失为一个理想的武器。

1. 要侧面点拨

所谓的侧面点拨，就是指从侧面委婉地点拨对方，从而打消他不当的想法。两个人的意见发生分歧时，如果直接反驳就有可能伤了和气，影响团结。这个时候就需要我们采取这种方法，这样会避免一些麻烦。

一位戴花帽的姑娘在街头碰到几个小伙子，其中一位竟伸手摘下了姑娘的帽子。面对挑衅，姑娘又恼又怒又紧张，但她马上冷静下来，彬彬有礼地说：“我的帽子挺漂亮，是吗？”“当然，它和你这个人一样，真美。”男青年说。姑娘温柔地说：“你一定是想仔细看看，好给你的女朋友买一顶吧？我想你绝不是那种随意戏弄人的人。”她话里有话，温和中深藏开导，委婉中包含锋芒。“当然。”青年有几分尴尬，不由自主地归还了花帽，一场可能发生的纠纷就这样被制止了。

从中我们不但看到了姑娘的机智，而且对她的说话技巧留下印象。我们看到，自始至终姑娘没说一句强硬的话，而是用含有“潜台词”的语言，巧于应对，成功地激发了对方的自尊、自爱心理，使对方不敢轻举妄动。从这里可以领略到，“话里藏话”具有“柔中寓刚”的独特威力。

2. 要柔性敲打

柔性敲打，其重在柔，即在警告对方的时候，要避免一定的冲突，借用另一种说话方式表达自己的不满。

当林肯对每天送到他白宫办公桌上的那些冗长、复杂的官样报告感到厌倦时，他提出了反对的意见。“当我派一个人出去买马时，”他说，“我并不希望这个人告诉我这匹马的尾巴有多少根，我只希望知道它的特点何在。”

这里，林肯婉转地表达了自己的本意——不愿意批阅冗长、复杂、毫无重回点的报告，报告应该像买马人报告马的特点那样，抓住重点即可。林肯这种拐弯抹角的方法就是柔性敲打。

口才策略：

在沟通中，有时需要含蓄委婉。当有些话不便明说时，不妨绕着弯儿说。这会令听者感到你是为他着想，也比把话说在明处效果更好。委婉含蓄地表达，不仅让人易于接受，还可深得人心。所以，我们要学会说话委婉，这样才会赢得他人的好感与信任。

把话说得太满，就没有转身的余地

凡事要留有余地，不要把话讲得太满，要收放自如，让自己立于不败之地，从而在适度和完美之间找到平衡。

说话不留余地等于不留退路。因此，我们说话时，要留点容纳“意外”的空间，给自己留下转身的余地。精明的女人都熟知此道。人际交往中的事常是复杂多变的，任何人都难预料以后会发生什么事，过早地把话说满，不留余地，就可能出错。

单位领导就某项决策征求职员意见，聪明的女人在发表意见的同时，又给自己留一条后路。事情若是办成了，当然是皆大欢喜。一旦出现了问题，每个人都会因为自保而推卸责任。这时，关键就看大家发表意见时每个人的说法了。在单位决策上发表自己看法的同时，别忘记加上一句话，

“这仅是我个人的想法，方案能否通过，看上级的最终的决策”，就可以使一切留有余地了。

要知道，世事浮沉不定，难以预料。不把话说满，留有余地，才会有回旋余地。就像两车之间要保持安全距离，才可以随时调整自己。

某项工作的难度很大，老板将此事交给了一位下属，问他：“有没有问题？”下属拍着胸脯回答说：“没问题，放心吧！”过了3天，没有任何动静。老板问他进度如何，他才老实说：“不如想象得那么简单！”虽然老板同意他继续努力，但对他的拍胸脯已有些反感。

这是把话说得太满而给自己造成窘迫的例子。把话说得太满就像把杯子倒满了水，再滴就溢出来了；也像把气球灌饱了气，再灌就要爆炸了。当然，也有人话说得很满，而且也做得到。不过凡事总有意外，使得事情产生变化，而这些意外并不是人能预料的，话不要说得太满，就是为了容纳这个“意外”！

人说话留有空间，便不会因为“意外”出现而下不了台，因而可以从容转身。所以，很多人在面对记者的询问时，都偏爱用这些字眼，诸如：可能、尽量、或许、研究、考虑、评估、征询各方意见……这些都不是肯定的字眼。他们之所以如此，就是为了留一点儿空间好容纳“意外”；否则一下子把话说死了，结果事与愿违，那不是很难堪吗？

我们在工作中，一定要注意，对上级交办的事应该接受，但不要说“保证没问题”，应代以“应该没问题，我全力以赴”之类的说法，这是为了万一自己做不到所留的后路。而这样说事实上也无损你的诚意，反而更显出你的谨慎，别人会因此更信赖你，即便事情没做好，也不会责怪你。

当别人有求于你时，对别人的请托可以答应，但不要“保证”，应以“我尽量”、“我试试看”回答。用不确定的词句一般都可以降低人们的期望值，你若不能顺利地完成任务，人们因对你期望不高而能用谅解来代替不满，有时他们还会因此而看到你的努力，不会全部抹杀你的成绩；你若能出色地完成任务，他们会喜出望外，这种增值的喜悦会给你带来很多好处。

口才策略：

说话不留余地等于不留退路，要么成功、要么失败的简单逻辑已不适合复杂多变的社会，为此付出的代价有时是你无法承受的。与其与自己较劲儿，不如多用一些缓和语气之类的说话方式。因此凡事要留有余地，不要把话讲得太满，要收放自如，让自己立于不败之地，从而在适度和完美之间找到平衡。

模糊语言尽显灵活机动性

聪明的女人会“模糊表态”，对别人的请求不直接拒绝或否定，来保全双方的面子。既能为自己留条后路，又可避免尴尬和后续责任的承担。

说话的魅力在于有悬念，如果说话的内容毫无神秘感可言，那么说话本身也就没有了价值。正因为如此，我们在平常说话时，要注意说一说二不说三，让其中的部分内容处于模糊的猜测阶段。这时我们用得最多的就是所谓的模糊语言。

聪明的女人会“模糊表态”。所谓的模糊表态即采取恰当的方式、巧妙的语言，对别人的请求或意见作出间接、含蓄、灵活的表态，不直接拒绝或否定，来保全双方的面子，既能为自己以后的行事多留条后路，又可避免最后事与愿违的尴尬和后续责任的承担。

有一艘满载游客的豪华客轮，在即将到达旅游景区的时候，突然慢慢地停了下来。原来是意外发生了，客轮出了问题。见客轮迟迟不能启航，急于到达旅游区的游客心情开始浮躁起来，围着带队的导游，追问客轮何时能够启航，何时能够顺利地到达。有的则进行责问，更有甚者开始叫嚷起来，情绪激动，可见一斑。这时候，带队的导游则镇定自若，面带微笑，不停地向大家打招呼：“请大家别急，客轮只是出了点小问题。不费事的，技术员们正在作检查，一会儿就好。客轮马上就可以启航，马上就可以启航！为了大家的人身安全，请大家再耐心等待一会儿，再耐心等待一会儿！”她不断地进行重复，游客们的心情终于慢慢平静下来。

在这里，带队的导游针对游客既急于到达旅游区又要一路平安的心理，面对大家的盘问与责备，也没有给出确切的答复，却用一连串的“一会儿”、

“马上”等并没有确指的词语给予承诺，然而正是这一模糊语言的运用，使游客们在中途平静地滞留了近一个小时。试想，如果带队的导游在没有把握下，给出明确的时间答复，或者说时间短一些，如“20分钟之后，就可启航”。如果20分钟之后，客轮仍然不能启航，那么就把自己推向矛盾的境地，到时再作解释，游客们也不会相信，到那时，怨声再起，更难平复。或者说时间长一些，也只会增加游客们的怨气，于事无补。当然，导游更不能面对游客的盘问，不给任何的解释。

凡事没有必然，说话没有定法。任何事情的发展变化都得有一个过程，有的还需要一个相当长的演变过程。当事情处于发展变化的初期时，实质性的问题尚未表露出来，这时就需要我们冷静地等待、观察、了解研究，切不可贸然行事、信口开河地去下结论。如果事情发展的方向最终对头了，可能皆大欢喜、相安无事；但若事与愿违，让别人揪住话柄，就会影响自己的前途和声誉。

比如，朋友邀你去做客，你自己无法确定具体时间，就可以说“大约在中秋节前后，我一定去一趟。”这样很灵活，可以在中秋节前，可以在中秋节后。

对本来已经清楚的事实或想法，出于某种策略的考虑，故意使用含义广泛的模糊语言，可以使你的话具有某种弹性，能收到良好的效果。如有的企业主管为了纠正某种不良倾向，又不至于使矛盾激化，便使用模糊语言：“最近一个时期，我们员工的纪律状况总的看是好的，绝大多数员工比较自觉，但也有极个别员工表现较差……”这里，使用了一系列的模糊语言：“最近”、“绝大多数”、“极个别”等。这是一种批评的艺术，它从保护有缺点的员工的自尊心出发，既照顾了面子，又提出了问题。

当别人问及自己隐私的时候，如：“你的收入多少”、“夫妻感情如何”、“你的年龄是”等时，这类问题涉及自己的隐私，如果被好事者探到一点蛛丝马迹，你可能面临着隐私传播开去、流言四起的局面。因此，遇到这样的情况，不能有啥说啥，你可采用模棱两可的回答方法，既不冷落对方，又不使自己为难。

如果别人问“你的收入是多少”，你可以回答“不比你的多”；如果别人打听到你进这个家公司，颇费周折，有意问“你是怎么到这家公司的”，你可以说“如果你感兴趣，待以后，我慢慢地告诉你”；如果别人打听到，你的父辈在公司当领导，而故意问你“你在这家公司不错吧”，你可以说“全托你的福”。

口才策略：

模糊语言是日常生活中随机应变的一种重要方法，常用于一些不必要、不可能或者无法把话说得太实、太死的情况。这时，需要求助于语意表达上具有“弹性”的模糊语言来应对。当然，并不是说在任何情况下说话都要“模糊表态”，那样会给人一种圆滑的印象。只是在你不确定时，不要满口大话。

柔软的言谈比强硬的举止更有力量

任何人都不可能一帆风顺，在交际中遇到挫折时要能屈能伸，一语不中时要退而求其次。交往中的很多时候，“软”话不软，“软”话有效。

说“软”话，即在实际过程中出现错误时，或为避免关系僵化而说出主动认错或忍让对方的话。说软话的作用在于赢得对方的同情、理解、宽容、原谅。以达到解释、说服、沟通、转化矛盾、反败为胜的目的。

前苏联教育家苏霍姆林斯基说：“有时宽容引起的道德震动比惩罚更强烈。”这说明，以宽容为特点的忍让式说法有强大的征服力。常言说“好汉不吃眼前亏”，任何人都不可能一帆风顺，在交际中遇到挫折时要能屈能伸，一语不中时要退而求其次。如何做到出神入化，其中大有学问。

在南北战争时期，林肯到前线去视察联邦军队的防线，陪同他去巡视的是副官霍尔姆斯上尉。林肯爬到战壕上面仔细观察敌军阵地，这时敌军突然射来一梭子弹，这可急坏了霍尔姆斯。他连忙抓住总统的手臂，把他拖下战壕，对他大声吼道：“快下来，这个蠢猪！”上尉自知失言而冒犯了总统，心中猜想肯定会受到纪律处分。但林肯却在分手时，温和地对他说道：“再见，霍尔姆斯上尉，我感谢你救了我，使我感到十分欣慰。”

霍尔姆斯听了如释重负。

一句话能把人说笑，也能把人说跳。能把人说“笑”的语言，通常是温和甜美的“软话”。其温和表现为：说话语气亲切，语调柔和，语言含蓄，措辞委婉，说理自然。这种说法，易于使对方感到亲切、愉悦。交往中的很多时候。“软”话不软，“软”话有效。

温和的“软话”可以弘扬女性的阴柔之美。尤其是在抒发情感时，因为温和地说话使用的是和声细气的音素，所以它具有一种迷人的魅力。和声细气，这种声和气宛如柔和的月光和涓涓的细流，由人的心底流出，轻松自然，和蔼亲切，不紧不慢，能给听者以舒适、安逸、细腻、亲密、友好、温馨的感觉。温和地说话的女人，为人必定温柔、善良、善解人意。

一家瓷器店营业员王姐面对一位十分挑剔的顾客，给他拿了好几套瓷器，挑了半个钟头还没选中。因顾客太多，她先照应别的顾客去了，这位顾客以为冷落了他，便把脸一沉，大声指责说：“喂，你这是什么态度，你眼睛没有看见我先来吗？为什么扔下我不管？”他把钞票往柜台上一扔，命令道：“快给我买，我还有急事！”这话真够刺耳难听的。然而，王姐没和他“一般见识”，她安排好其他顾客，和颜悦色地对他说：“请你原谅，我们店生意忙，对你服务不周到，让你久等了，我服务态度不好，欢迎你多提宝贵意见。”王姐这几句真诚而谦逊的话一出口，那位顾客的脸一下子红了，转而难为情地说：“我说得不好听，也请你原谅。”

王姐以“和气”对“火气”，表面上“似水柔情”，实际上“力胜千钧”，产生了积极的效果。“有理不在声高”，话，并非说得有棱有角，咄咄逼人才有分量。像这种忍让式说法，由于充满了对消费者的尊重、宽容和理解，这本身就产生了一种感化力，从而引起对方心理变化。“火气”遇上“和气”，就失掉发泄的对象，自然降温熄火。

口才策略：

当遇上有人无理取闹时，你不必过分冲动，更不要破口大骂，理智的态度和委婉的谈吐，能帮你转危为安，战胜对手。当遭到有人无端撒气时，如果保持忍让态度，柔言相答，结果会“灭火消气”，换来微笑。

用小花招摆脱各种语言陷阱

所谓的小花招，并不是教你如何与他人诡辩，也不是教你如何去挖苦他人，而是教你如何用智慧的语言去摆脱生活中的各种语言陷阱。

面对形形色色的人，要根据不同的对象表达各种各样的感情，因而不可能会有事先被固定好的格式。所谓的“小花招”，是指深谙因人而异、随机应变的机巧。女人如果在关键时刻没有要点语言小花招的本事，是不能把事真正地处理好的。发生在职场上的语言陷阱数不胜数，很多人陷入此种困境后无力自拔，要么撒泼，要么沉默，要么失去理智以拳相向，这些都不是解决问题的好办法。

为了避免可能的语言陷阱在女人身上重复发生，最好自己常备一些有针对性的小花招，这样你掉入陷阱的可能性就会大大地减少。

1. 巧转话锋

正如人不会十全十美一样，口才再好的人，也不可能每回都成为赢家。语失、口误，这是在职场中常常碰到的事，碰到这类情况，最好的办法是以调侃方式巧转话锋。就是对一些看似简单却不易回答的问题以“动脑筋，急转弯”手法进行似是而非的迂回性的语言应对。

运用巧转话锋术，可以使你从窘态中得以自我解脱，即使遇到一些难题让你无法作答，你也可以巧换话题，分散和瓦解对方的注意力和攻击力。

作家谌容访美期间，一次应邀到某大学演讲。大学生提出了各种各样的问题，她都给以直率的答复。当时有人问：“听说您至今还不是中共党员，请问您与中国共产党的私人感情如何？”显然，提这样的问题是别有用心的，回答不好会使人处于尴尬的局面。谌容笑了笑，敏捷地说，“你的情报很准确，我确实不是中共党员。但是，我的丈夫是个老共产党员，而我们共同生活了几十年，尚未有离婚的迹象，可见，我同中国共产党的感情有多深。”

巧妙而又得体的回答，赢得了一片热烈的掌声。

2. 吹此捧彼

我们曾听到有些人发出类似的感慨：在职场说话不能说得太绝，说得太绝，没了余地，那是给自己断了后路。说话留点余地，一旦遇到突如其来的情况，要改口也就不那么困难了。当你忘乎所以地只顾把自己吹得天花乱坠时，可别忘了身边随时会有人听了心里不平衡而站出来向你发难。假如你在说完自己后，再为迎合对方的平衡心理而顺便捧对方几句，你就容易过关。

3. 左顾言他

在职场经常会遇上难以解答的事，甚至有时候还会让你猝不及防。而这时候，你明知问题本身就是陷阱，你该作什么选择呢？要要小花招吧——顾左右而言他。

某公司市场助理韩小姐遇到老板这样的问话："你觉得薪水够用吗？"她不知老板的用意何在，于是张嘴就是一句心里话："我不敢说不够用……"

身处职场、公关这种花钱的部门，老板自然会担心你大手大脚。他看似不经意的一问，却是在"考验"你的理财观。

有些老板喜欢听手下说薪水不够，因为他以为抓住了你的"软肋"，对你施以小恩小惠你就会甘心为他服务。但有的老板则会由此想开去："不对嘛，一个小姑娘，开销这么大？花自己的钱都这样，花公司的钱不就更……"韩小姐事后颇有感触地说："遇到此类事，最好是顾左右而言他。"

4. 以谬制谬

当对方无理挑事时，恰当地抓住对方语言的破绽，以其人之道还治其人之身，这种即时的以谬制谬术只要用得贴切合理，就会让人哑口无言。

某城市汽车站候车室内，有个男青年一口飞痰吐在洁白的墙壁上，车站管理员小彭见状，便上前指责说："喂，同志，'请勿随地吐痰'的标语你看到了吗？"那青年道："看到了，但我的痰是吐在墙上，不是吐在地上啊。"小彭说："照你这种说法，那么我有痰就可以吐到你的衣服上了，因为衣服也不是地上啊。"男青年哑口无言。

口才策略：

对于这样的青年，你和他讲道理显然是徒劳的，要个小花招，借对方的荒唐逻辑来以谬制谬，从而准确而有力地驳倒对方诡辩的逻辑。

以“糊涂”的言辞，扭转被动局面

假装糊涂是要你不糊涂装糊涂。在平常处世交往中有些事情收缩性大、变通性强，这时你就应该用“糊涂”的言辞缓解矛盾，摆脱被动局面。

假装糊涂的情况大体有两个方面：一个是闪烁其词，也叫闪避法；一个就是所答非所问。现实生活中，人们在进行言辞交往时，经常会碰到一些自己不能回答或不便回答的问题。对此，又不好不予理睬，拒而不答。这时，只有想方设法地闪避一下，才是上策。一般说来，当你对别人的问题采取闪避回旋的策略后，别人就不会不知趣地穷追不舍。

原中国对外贸易部部长吴仪反应快、口才好，面对记者咄咄逼人的交锋式采访，她从不发憷，应答时往往幽默机敏，挥洒自如，媒体无不为她的风采所倾倒。1995年，全国人大八届三次会议期间，大会安排时任外经贸部长的吴仪答记者问，当记者招待会接近尾声时，一位外国记者突然站起来，手里拿着几张盗版的光盘，以此作为证据，责难中国并没有认真地保护知识产权。会场的空气紧张起来。只见吴仪从容地回答：“感谢你为我们提供了线索。请把这些VCD交给我，我们将据此查办。请注意，中国政府十分重视对知识产权的保护工作，而且，我们也正在加紧打击侵犯知识产权的行为，请放心，此类案件我们发现一起，就坚决查处一起，决不心慈手软，决不姑息养奸。”

面对记者“责难”，无论是“否定”还是“承认”都极为不利，她使用了“闪避”技巧，巧妙地把话题由“侵犯产权”转移到“打击盗版”上来。随后借题发挥，强调打击盗版的“决心”。坚定有力的回答，把中国政府对“知识产权”保护问题的态度明确无误地传达给媒体。吴仪在记者面前，处变不惊，灵活应变，表现出一位政治家非凡的机智。

闪避是言语交际中从礼貌的角度出发的，它的要求是：对别人所问，应当回答，但答要答得巧妙，迂回地达到躲闪、回避别人问话的目的。既要让别人不致难堪下不了台，又要维护自己不能答、不便答的原则。另外，交往中，如果对方提出的问题比较敏感，或者波及某种“隐私”不好回答，然而，面对客人又不得不答，这里也可以假装糊涂来回答。这是一种既不使对方感到尴尬，又能反客为主的应变技巧。

美国安全特别助理基辛格博士，谈吐幽默，足智多谋，是一位善于应付尴尬场面的外交家。1972 年 5 月，他随尼克松总统访苏结束后，便前往德黑兰作短暂的停留。在到达德黑兰的当天晚上，伊朗首相邀请基辛格去看舞女帕莎的表演。帕莎的高超舞艺使基辛格看得出了神。

演出结束后，他又和帕莎交谈了许久才回到住所。第二天，在总统的座机上，美国《纽约时报》记者马克斯·费兰克尔向基辛格打趣：“你喜欢她吗？”对于如此唐突和不怀好意的戏弄，一般人一定会窘态百出。而基辛格不假思索，一本正经地回答：“她是个媚人的姑娘，而且对外交事务有着浓厚的兴趣。”这位记者会意错了，兴奋地追问：“这是真的吗？”基辛格更加详细地说：“这还有假？我们一起讨论了限制战略武器的方案，我费了好些时间向她解释怎样把 SS 导弹改装在 VV 级潜艇上。”

那位记者听到此时，才感到上了当。

假装糊涂的妙处在于真则假之，假则真之，正话反说，反话正说，先是迷惑对方，然后能体面地从困窘中“拔”出来。确实，在千变万化的生活中，什么样的怪问都可能碰到，而对付这些怪问的最佳方案，就是作出迅速灵巧的变通，切不可被原问困死陷于被动。

口才策略：

在各种各样的社交活动中，女人可能会遇到各种不同的窘况，这时不要惊慌失措，不妨“假装糊涂”，来化险为夷。

将错就错，哪里说破哪里缝

社会交往中难免有语言失误的现象发生。在失言后要掌握好随机应变的技巧，以设法挽回因失言造成的难堪或者尴尬局面。

“人有失足，马有失蹄。”在交际过程中，无论凡人名人，都免不了发生言语失误。虽然其中原因有别，但它造成的后果却是相似的，或贻笑大方，或纠纷四起，有时甚至不堪收场。人失言了可以用妙语去弥补。只要你有技巧，就可以弥补得天衣无缝。

在一次婚宴上，来宾争着向新人祝福。有一位女士激动地说道：“走过了恋爱的季节，就步入了婚姻的漫漫旅途，你们现在就好比是一对旧机车……”其实她本想说“新机车”，却一时口误，霎时举座哗然。这对新人的不满更是溢于言表，因为他们都是各自离异，历尽波折才成眷属的，自然以为刚才之语隐含讥讽。那位女士发觉言语出错，连忙住口。她的本来意思是要将一对新人比作新机车，希望他们能够少些摩擦，多些谅解。但语既出口，若硬改过来，反而不美。她马上镇定下来，不慌不忙地补充了一句：“你们现在就好比是一对旧机车装上了新的发动机。”此言一出，举座称妙。继而，她又深情地说道：“愿你们以甜美的爱情为润滑油，开足马力，朝着幸福美满的生活飞奔吧！”餐厅顿时掌声雷动。

交际中，失言是难免的语言现象。谁都不想说错话，但当错话已确从自己口中迸发出来后，又该怎么办呢？又该如何防止失言呢？曲解词意，将“歪”拉“正”，不失为随机应变的好技巧。因此，说话要学会巧妙地转移话题和分散别人的注意力。说错了话，要学会巧妙地转移话题，把别人的注意力吸引到其他方面。比如用幽默或玩笑的方式转移目标，把关于人事的纠纷转到某种事物上边，把个人紧张的话题变成轻松的玩笑等。

这就要求应变者在情急之中，从容自若，调整思维。巧妙的回答往往不就事论事，而是换几个角度，别出心裁，为自己打圆场，但又不偏离问话的限制。在人际交往中，任何女人都有可能口误或说出不得体的话。在这种情况下，如果不及时补救的话，那么就会授人以柄，让对方不快，也会造成尴尬局面，从而把自己的形象和声誉给影响了。但是，在说错话以后，如果我们能来个将错就错，借题发挥，把错话说“圆”，则可以轻松地摆脱窘境。

苏联中央电视台的女播音员瓦莲金姆·列昂节耶娃在五六十年代红极一时，享有很高的声誉，这和她在电视播音中善于随机应变、现场发挥分不开。一次她主持少儿节目，她还没开口，那只准备给观众看的鹅就叫了起来。这可怎么办？她即兴发挥道：“小朋友们，你们听见了吗？咱们今天请的客人已经等得不耐烦了，那么节目就开始吧！”观众笑得前仰后合，唯一没笑的就是坐在摄像机前的列昂节耶娃。

列昂节耶娃有一次向观众介绍一种摔不破的玻璃杯，几次准备试镜都很顺利。不巧，正式播出时竟摔得粉碎。如果她当时目瞪口呆，必然要出洋相。列昂节耶娃镇定地说了句幽默的话，一下子使自己摆脱了窘境。列昂节耶娃是怎么说的？她说：“看来发明这玻璃杯的人没考虑我的力气。”

谁都免不了发生言语失误，那么，能不能采取一定的补救措施或者矫正之术，去避免言语失误带来的难堪局面呢？回答是肯定的。在实践中，遇到失言这种情况，有三个补救办法可供参考：

1. 移植法

就是把错话移植到他人头上。如说：“这是某些人的观点，我认为正确的说法应该是……”这就把自己已出口的某句错误纠正过来了。对方虽有某种感觉，但是无法认定是你说错了。

2. 引申法

迅速将错误言辞引开，避免在错中纠缠。就是接着那句话之后说：“然而正确说法应是……”或者说：“我刚才那句话还应作如下补充……”这样就可将错话抹掉。

3. 改义法

巧改错误的意义。当意识到自己讲了错话时，干脆重复肯定，将错就错，然后巧妙地改变错话的含义，将明显的错误变成正确的说法。

口才策略：

女人在生活中，总有说话不当的时候，发生这些事时，最重要的就是镇定自若，处变不惊，积极地寻找适当的补救方法，尽可能地弥补你的口误。

第9章

诙谐幽默，妙语连珠女人更加迷人

女人天性中就有乐观的因素存在，幽默是发自内心地对人生的豁达理解。女人的生活中不能缺少幽默，现代女性需要幽默，就如同鱼需要水，树木需要阳光。一个具有幽默口才的女人，不仅能使自己心情愉快、笑口常开，也会让他人在欢笑声中变得亲近。女人的幽默能沟通心灵，是和他人建立良好关系的不可或缺的黏合剂。

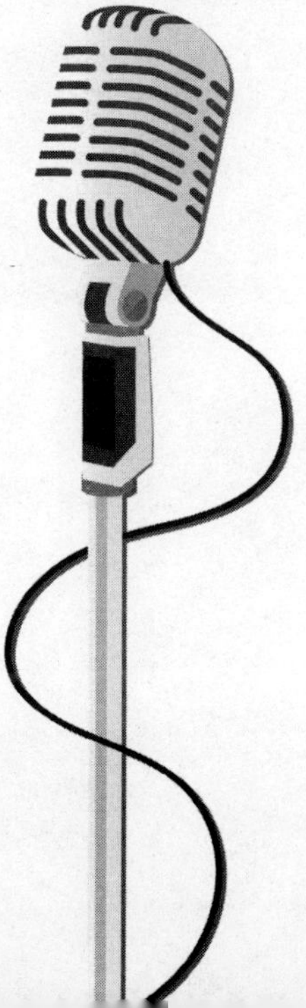

语言幽默让生活更轻松

说话幽默，体现了一种待人宽容、小事糊涂的语言沟通要求。幽默能够引发喜悦，带来欢乐。幽默是人们精神生活的一个重要方面。

幽默，是一种行为的特性。它是以一种愉悦的方式让别人获得精神上的快感。美国一位心理学家说过："幽默是一种最有趣、最有感染力、最具有普遍意义的传递艺术。"幽默的语言，能使社交气氛轻松、融洽，利于交流。同时，说话幽默，也体现了一种待人宽容、小事糊涂的语言沟通要求。幽默的力量，绝不仅仅在于博人一笑而已，它能润滑人际关系，祛除忧虑愁闷，以及营造一个办事的宽松氛围。

心理学家凯瑟琳说过："你能使周围的每一个人甚至是整个世界的人，都对你有好感。只要你不只是到处与人握手，而更是以你的友善、机智、幽默去传播你的信息，那么时空距离就会消失。"幽默能够引发喜悦，带来欢乐。幽默可以改善女人自己的人格和品质。幽默在文明社会中已经成为女人们精神生活的一个重要方面。

作家冯骥才访问美国时，一个非常友好的华人全家来访，双方相谈甚欢。突然，冯骥才发现客人的孩子穿着鞋子跳到他洁白的床单上，这是非常令人不愉快的事。但孩子的父母并没有发现这一点。冯骥才若有任何表示不满的言辞或表情，都可能会导致双方的尴尬，这时幽默感帮了冯骥才的大忙。他非常轻松愉快地对孩子的父母说："请把你们的孩子带到地球上来。"主客双方会心一笑，问题圆满地解决了。

从语言的运用上说，冯骥才只玩了个"大词小用"的花样，把"地板"换成了"地球"，如此一来，这句话的幽默效果就凸显出来了。

幽默语言可以对人们的生活作出恰当的喜剧性反应，它通常会产生极大的趣味性、娱乐性的效果，有时它还可以减少那些不愉快的情绪，给生活带来不同的乐趣。幽默的女人之所以语言风趣，是因为她们的内心永远都是豁达开朗的。一个人只有具备乐观的信念，才能对于一些不尽如人意的事泰然处之。幽默是一个人对待生活态度的反映，是对自身力量充满自信的表现。

身为女人，我们更应该懂得幽默。幽默的女人有一种生活的热情，她的快乐能感染身边的人。她能让人忘掉所有的不开心，也能化解人与人之间的矛盾。乐观与幽默是一对亲密的朋友，生活中如果多一点趣味和轻松，多一份快乐与幽默，就没有克服不了的困难。懂得幽默的女人，一定是乐观向上的女人。

桃丽丝是一家大公司公共关系的协调人，在一年半之中，她连续雇用、训练并失去了三位秘书，三位都离职他就。

“我是怎么回事？”她开始怀疑自己，“为什么我连一个秘书也保不住？”

有一位同事帮助她看清了自己。“这三位秘书都是在公共关系方面找到更好的工作，你应该感到骄傲，因为你帮她们往上爬。”

“我的困扰就是在于入错行了，”桃丽丝自己打趣说，“我应该去当老师。但是我又教得太好了，下次我不会把秘书训练得这么好。”

一个女人，只有对自己的前景充满希望，才能发出由衷的笑声。即使暂时处于逆境，也要对生活充满信心，在生活中发掘幽默，用快乐来熨平生活留下的伤痕。万事开头难，而幽默就是一个良方，巧妙地运用它可以让苦药不再苦口，在令人一笑的同时打开局面，获得想象不想的最佳效果。《爱的能力》作者艾伦·弗罗说：“如果你希望有所成就，希望引人注目，希望社交成功，那么你就应该学会和别人来点幽默，让大家一起笑。”

懂幽默的女人必定是乐观的，她心胸开阔，哪怕是走到人生的低谷，她也会微笑面对，在她的笑声中，人们可以听出她的希望；懂幽默的女人必定是开朗自信的，她不一定会向所有的人敞开心扉，但她懂得与人分享她的喜怒哀乐，她不会把事情憋在心中，每天郁郁寡欢。

口才策略：

要学会幽默，不论是幽默的表达，还是幽默的应对，女人的生活中需要幽默的语言，它会使你的生活更有乐趣。

幽默感为女人增添不同凡响的魅力

幽默能显示出一个女人的风度和素养。幽默不仅能给人以欢乐和愉快，同时也可以提高个人的语言魅力。女人的独特个性取决于幽默感。

大家都喜欢跟幽默的女人交往。因为懂得幽默的女人更容易接近，给别人一种亲切感。懂得幽默的女人，身边的人自然会被她睿智的内心世界所吸引，而淡忘了她的外在条件。她散发出来的魅力磁场异常迷人，使周围的人愿意向她靠拢。

幽默能显示出一个女人的风度、素养和魅力，能让人在忍俊不禁、轻松活泼的气氛中工作、生活和学习。幽默是一种高深的说话艺术，幽默不仅能给周围的人以欢乐和愉快，同时也可以提高个人的语言魅力，为谈话锦上添花。

要想在别人心中留下好印象，幽默风趣也是重要因素。幽默能够迅速消除人与人之间的陌生感，并在对方心中留下好印象。所以，在人际交往中，不妨多多尝试幽默，它不仅可以弥补你口才方面的不足，还能成为你与他人沟通的助推器，帮助提升你的人气。

抗战胜利后，张大千要从上海返回四川老家，行前好友为他设宴饯行，并特邀梅兰芳等人作陪。宴会开始，大家请张大千坐首座。张大千风趣地说："梅先生是君子，应坐首座；我是小人，应陪末座。"

梅兰芳和众人听了都不解其意。于是张大千解释说："不是有句话讲'君子动口，小人动手'吗？梅先生唱戏是动口，我作画是动手，我理该请梅先生坐首座。"

满堂来宾听后为之大笑，并请两个人并排坐了首座。张大千自称为"小人"，好似自贬，实则"醉翁之意不在酒"，是对梅先生尊重的表示，它既表现了张大千的豁达胸怀和谦虚美德，又制造了宽松和谐的交谈氛围。

女人在与别人交往中难免会发生一些不必要的摩擦。如果在这些情况下从容地开个玩笑，紧张的气氛就能消失得无影无踪，而且听众还会被你的魅力吸引，被你的宽广胸怀感动，最后真正接受你。在人际交往中，我们轻松幽默地开些得体的玩笑，可以松弛神经，活跃气氛，营造出一个适于交际的轻松愉快的氛围，因而幽默的女人常常受到人们的欢迎与喜爱。

有生活经验的人都会认识到幽默对于人生的重要性。幽默使人以宽容、谅解的眼光来看问题。它会使人以愉悦的方式表达真诚和善良。它像一座桥梁拉近人与人之间的距离，填补人与人之间的鸿沟。其实很多时候，女人的幽默不仅可帮别人摆脱困境，也同时给自己一个台阶下。这个时候女人所赢得的称赞，往往不是在夸耀你的语言功夫，而是为了赞美你的个性魅力。最重要的是，你因此而化解了很多矛盾，也赢得了很多朋友。

著名的电视人杨澜，在担任《正大综艺》节目主持人时，曾被邀请为某市的一次大型文艺晚会担任主持人。出人意料的是，在演出晚会到中途时，杨澜不小心在下台阶时摔了下来。在这种大型场合出现如此情况，确实令人尴尬。但杨澜非常沉着地爬了起来，凭着她主持人特有的口才，对台下的观众说："真是马有失蹄，人有失足呀！我刚才的狮子滚绣球的节目滚得还不熟练吧？看来这次演出的台阶不是那么好下哩！但台上的节目会很精彩的，不信，你们瞧他们。"

杨澜这段自我解嘲式的即兴话语非常成功，不但使自己摆脱了难堪，更显示出了她非凡的口才，以至于她话音刚落，会场就立刻爆发出热烈的掌声。

幽默能够迅速消除人与人之间的陌生感，并使你在对方心中留下好印象，幽默是将生活中的各种令人烦恼的问题以轻松诙谐的语言表达出来。幽默是女人成功社交的捷径，幽默是女人的一种能博得好感、赢得友谊的好方法。也许你无法得到速成的爱，但是凭借幽默的力量，你能使你的人际关系充满温暖与和谐，甚至得到陌生人的尊敬，这就是幽默的魅力。

口才策略：

生活中，幽默的男人不少，其实，女人也应该具有幽默感。具有幽默感的女人都有一种不同凡俗的魅力，能自如地展现自己的自信，能在自己身边凝聚众多的朋友。幽默感被公认为是人的性格中最有价值的私有宝物。一个女人假如没有了幽默感，就像春天没有美丽的花朵，一盘菜没有调料。从一定意义上来说，女人的独特个性都取决于自身的幽默感。

幽默不仅是技巧，更是一种说话智慧

幽默能体现女人机灵深邃、轻巧机智的独特气质。幽默中蕴涵着一种宽容以及灵活的人生姿态。幽默的女人，会令人感受到她厚实的天性和无穷的智慧。

恩格斯说过：“幽默是具有智慧、教养和道德上优越感的表现。”在现代的生话中，男人需要幽默，表现他运筹帷幄、决胜千里的魅力；女人需要幽默，体现她机灵深邃、轻巧机智的独特气质。巧妙地运用含蓄幽默的语言，看起来是轻描淡写，实际上却说出了问题的关键。丘吉尔说过的一句话最让人难忘：“英国在许多战役中都是注定要被打败的，除了最后一仗。”这既表明了英国的力量，也表明了含蓄幽默的力量。

不论女人从事的是什么行业，不论你是经理或职员，幽默的力量都能为你的工作增色不少。它能帮助你含蓄而豁达地表现自己，帮助你成功地与他人交往和沟通，帮助你在逆境中将困难一一化解。风趣幽默的语言往往能产生“四两拨千斤”的力量，达到举重若轻、一言九鼎的交际效果。女人在与人交往的过程中，不妨适时使用一下幽默，相信定能达到你想要的交流效果。

一次，一位女作家到某大学讲演时，对于学生提出的各种问题，她都作了坦率的解答。这时，一位学生递上一张纸条，上面写着：“既然文学要真实地反映社会生活，那你为什么总唱赞歌，不唱悲歌呢？难道社会没有阴暗面吗？”读完这一尖锐的问题，女作家想了一下，便问那位女生：“你喜欢拍照吗？”见女生直点头，女作家反问道：“你脸上有光滑漂亮的时候，也有长痘痘不干净的时候，那你为什么不在脸上长痘的时候去拍照呢？”这一问，引得周围的人都情不自禁地笑了。

幽默通过创造一种快乐而友好的气氛来减轻你身旁的烦恼。僵硬表达使他人感到不舒服，而微笑和机智却能熄灭怒火、减轻沮丧、抚慰绝望。幽默可以促进人们更好地沟通和理解，它不仅会把快乐停留在你的身边，更重要的是还能让别人感到高兴。幽默感的确可以提高一个女人受欢迎的程度。

女人的幽默表达能沟通心灵，拉近人与人之间的距离，是和他人建立良好关系的不可或缺的黏合剂。尤其当一个人要表达内心的不满时，如果能使用幽默的语言，别人听起来也会比较顺耳；当一个人需要把别人的态度从否定改变为肯定时，幽默是最具说服力的语言；当一个人和他人关系紧张时，即使在一触即发的关键时刻，幽默的语言也可以摆脱不愉快的窘境或消除矛盾。

幽默是缓和尴尬局面的智慧和机智。人在生活中避免不了失望、挫折以及失败等情况，如果我们承受挫折的忍耐力不够充足，焦虑以及恐慌就会主宰我们的身心。假如一个人有了幽默感，他就会用幽默机智的能力来克服这一切困难。有时由于他人的妨碍，我们无法把工作做好，同时对此人又不允许直言冒犯，这时，采用委婉的幽默方式便可达到自己的目的，运用幽默的力量便能清扫成功大道上的障碍。凭幽默力量来获取成功，以幽默而友善的方式代替批评，对工作上出了毛病的同事，以笑来化解尴尬。若能如此，你和你的同事将都是赢家。

口才策略：

幽默不仅是一种说话技巧，更是一种智慧，这种智慧中蕴涵着一种宽容、谅解以及灵活的人生姿态。幽默的女人，说出话来虽让人感到如憨似傻，却因心境豁达，反而令人感受到她厚实的天性和无穷的智慧。如果女人都能拥有一份旷达朗润如万里晴空的心境，她们说的话，也就完全能够达到无意幽默，却“幽默自现”的境界。

巧用幽默，妙语解困境

人们在社交场合中，往往会遇到令人发窘的问题和尴尬的处境。这时，一些幽默技巧的运用，可以让自己摆脱尴尬，甚至还会给对方以回敬。

女人在社交场合中，往往会遇到令人发窘的问题和尴尬的处境，那怎样才能做到遇事不惊乱，从狼狈难堪的境地中解脱出来呢？运用急中生智的幽默是最好的方法。幽默是社会活动的必备礼品，是活跃社交场合气氛的最佳“调料”。会说话的女人会巧妙地用幽默轻轻拂去可能飘来的一丝不快，改变人们的心情和处境，建构起特有的幽默氛围，巧妙得体地摆脱自己遇到的尴尬场景。

在日常生活中，人们会参加许多社会活动，在这些活动中可能会遇到各种不同的窘况，当你面临这种窘况，而一时又找不到应对措施的时候，这时你就可以想出一句幽默语言，来帮助你摆脱窘境。但要做到这一点，需要冷静、乐观、豁达，使自己的精神处于一种自由的、活跃的状态，说出机智而又幽默的语言，帮助自己或他人解困。

一位女钢琴家一次在美国迈阿密州的福林特城演奏，结果发现到场的观众不到五成。这让她既失望，又尴尬。但她并未因此就取消演奏，而是以幽默的语言打破了僵局。女钢琴家微笑着走上舞台，对前来的观众说：“我想这个城市的人一定很有钱，因为我看到你们每个人都买了两三张票。”话音一落，大厅里立即充满了笑声。

善于使用幽默的女人，她们常常能将窘迫的情境化为乌有，这实在令人羡慕。英国思想家培根说过：“善谈者必善幽默。”幽默女人的魅力就在于：话不需直说，却让人通过曲折含蓄的表达方式心领神会。幽默感可以提高我们的身心素质，它可以帮我们减轻自身的压力、缓解你的紧张、化解日常生活中的小事以及你的愤怒，它能化干戈为玉帛。随着一句玩笑，一切的烦恼和悲伤以及疲劳都会消失，让我们再次充满了生机和活力。除了这些之外，幽默还可以帮助你在人际关系上与他人和睦地相处。

幽默还可以消除尴尬的场面。真正的幽默可引来会心的一笑，带来欢笑与快乐。适当的幽默能帮助女性与他人建立和谐的关系，赢得别人的信任和喜爱。一个女人无论从事什么工作，无论处在何种地位，与人交往都是不可避免的。幽默不仅能帮女性更好地与他人进行有效的沟通和交往，还能帮助她们处理一些特殊的人际关系问题，让她们能顺利地摆脱困境。

英国大文豪萧伯纳的剧本《武器与人》首次公演即获得巨大成功。观众们要求萧伯纳上台接受群众的祝贺。当萧伯纳走上舞台，准备向观众致意时，突然有人对他大声喊叫：“萧伯纳，你的剧本糟透了，谁要看？收回去，停演吧！”观众们大都以为萧伯纳肯定会气得发抖。哪知道，萧伯纳非但不生气，还笑容满面地向那个人深深地鞠了一躬，很有礼貌地说：“我的朋友，你说得很好，我完全同意你的意见。”说着，他转向台下的观众说：“遗憾的是，你我两人反对这么多观众能起到什么作用呢？你我能禁止这个剧本演出吗？”萧伯纳话音刚落，全场就响起了一阵快乐的笑声，紧接着是观众对萧伯纳暴风骤雨般的掌声。那个挑衅者只好灰溜溜地逃出了剧场。

幽默可以松弛紧张的情绪，也可以让人找到适当的台阶下。对于善意的责难，要保持平静，不可动怒，我们可以采用幽默的办法轻松化解。女人的幽默是非常可贵的，特别在气氛非常紧张和处于严肃的场合时。一个适当的幽默玩笑可以松弛紧张的气氛，好比打开了一道闸门，压力就此倾泻而出，换来的是融洽的气氛。

口才策略：

事实上，当交流陷入尴尬的境地时，无论是名人还是普通人，无论是随机应变还是荒诞的推理，一些幽默技巧的运用，都可以让自己摆脱尴尬，甚至还会给对方以回敬。这就是幽默的超级效用。

以自嘲的方式，营造轻松的交际氛围

以自嘲的方式自谦，容易营造轻松的交际氛围，不但不会在事实上贬损自己，而且能够充分展示自己在智力上的优势，令对方刮目相看。

自我解嘲，指以自我嘲弄的形式，自贬自抑，堵住别人的嘴巴，摆脱窘境，从而争取主动的一种舌战谋略。自嘲时，自暴其丑显示了一个人的大度和坦诚。勇于暴露自己的问题，揭露自己的短处，这样的人往往被人视为可信的人。自嘲术的使用，使女人能轻松、愉快地正视自己的弱点，摆脱困境，增强自信心、自尊心；在论辩中，又可使气氛活跃。

幽默的一条重要原则，就是宁可取笑自己，绝不轻易取笑别人。海利·福斯第曾经说过：“笑的金科玉律是，不论你想笑别人什么，先笑自己。”自嘲，也是自知和自信的表现，本身也是一种幽默。矜持的女性也不妨放下架子适时采用，定能收到奇效。

1990 年，中央电视台邀请台湾影视艺术家凌峰先生参加联欢晚会。当时，许多观众对他还很陌生，可是他说完那句妙不可言的开场白后，一下子被观众认同并受到了热烈欢迎。

他说："在下凌峰，我和文章不同。虽然我们都获得过'金钟奖'和最佳男歌星称号，但我以长相难看而出名。一般来说，女观众对我的印象不太好，她们认为我是人比黄花瘦，脸比煤炭黑。"这一番话戏而不谑，妙趣横生，令观众捧腹大笑。

这段自我解嘲的开场白，给人们留下了非常坦诚、风趣、幽默的良好印象。不久，在"金话筒"之夜文艺晚会上，只见他满面含笑地对观众说："很高兴见到你们，你们很不幸又见到了我。"观众报以热烈掌声。至此，凌峰的个人形象迅速提高，凌峰的名字传遍祖国大地。

凌峰使观众由陌生到熟悉，由熟悉到喜欢，很大程度上要归功于他那幽默的开场白。他借助于自己的长相，不惜自嘲，但又自嘲得很有分寸，很有水平，因此为自己树立了良好的社会形象。

人际交往中，在人前蒙羞，处境尴尬时，用自嘲来对付窘境，不但能很容易找到台阶，而且多会产生幽默的效果。所以说自我解嘲是一种很高明的脱身手段。一位胖子摔倒了，可以说："如果不是这一身肉挡着，还不把骨头摔折了？"换成瘦子，又可说："要不是身量轻，这一摔就成了肉饼了！"自嘲时要对着自己的某个缺点猛烈开火，这样才容易妙趣横生。冲这份气度和勇气，别人也不会让你孤独自笑，一般会陪你笑上几声的。

在社交中，自嘲作为一种工具，自有独特的功效。善于自嘲的人总能受到别人的欢迎。笑自己的长相，或笑自己做得不很漂亮的事情，会使我们变得较有人性，并给人一种和蔼可亲的感觉。你以取笑自己而令他人一起笑，会帮助他人喜欢你，尊敬你，甚至钦佩你，因为你的幽默力量证明你有人性。

在《编辑部的故事》热播之后，葛优大红大紫，成为中国影视界最富票房号召力的明星。面对成绩和赞誉，葛优并没有沾沾自喜，也不想当"葛大爷"或"丑星"。一次，葛优出席《上一当》的电影首映式，一位记者采访他："正是因为好多女性看中了你的幽默和潇洒，才觉得你是够档次的爷们儿。现在市面上的女同胞都亲切地叫你丑星'葛大爷'。"葛优听罢忙说："不敢，别这样称呼，让我折寿。虽然头上秃了点，还算个潇洒青年，再说，观众是上帝呀，咱不能把辈分颠倒了。若是'上帝'经常来电影院欢度时光，那我情愿喊他们'大爷'……我称不上'丑星'，也不想当什么'明星'。那玩意儿晚上还有点儿亮，到白天就看不见了。"

葛优非常明白一个道理，追逐在他身边的这些堆满笑容的娱乐记者，无异于一颗颗不知何时就会引爆的人际地雷，所以在答记者问时，他采用了幽默诙谐的自谦，比较符合其在荧屏上的形象，延续了他在电视剧中带给观众的风趣印象，令在场的娱乐记者倍感亲切。此外，葛优这一番话充分显示了他的机智与才华，让记者和观众在感到亲切之余，又不由生出敬重之意。

口才策略：

女人自嘲，能增添情趣。在一些交际场合，运用自嘲可以增添乐趣，融洽气氛，增进彼此的了解和友谊。自嘲是自信者使用的艺术。自嘲谁也不伤害，最为安全，你可用它来活跃谈话气氛、消除紧张；在尴尬中自找台阶，保住面子；在特别情况下含沙射影，刺一刺无理取闹的小人。由此可见，适时适度地自嘲，不失为一种良好修养，一种充满魅力的交际技巧。自嘲，能制造宽松和谐的交谈气氛，能使自己活得轻松洒脱，使人感到你的可爱和人情味，有时还能更有效地维护面子，建立起新的心理平衡。

用幽默的谈吐化解各种矛盾

幽默是人际沟通的洗涤剂。幽默能使激化的矛盾变得缓和，从而避免出现令人难堪的场面，化解双方的对立情绪，使问题更好地解决。

不论在任何时候，任何场合，幽默都能帮助善于与人交流的女人打开人与人沟通的大门。只要你稍微留意一下，生活中到处都可以发现许多不易为人察觉的幽默。在日常生活中，一句妙言、一则笑话或者是一段小故事就能够让我们消除紧张、化解矛盾、摆脱尴尬、永葆和谐。正如爱默生所讲："如果你想统治这个世界，就必须使这个世界有趣。"

生活中尴尬局面是不可以避免的，假如你这时能来点幽默，就能在很短的时间内整理好热烈的气氛，摆脱窘境。就像富兰克林·罗斯福所说的那样："幽默是人际沟通的洗涤剂。幽默能使激化的矛盾变得缓和，从而避免出现令人难堪的场面，化解双方的对立情绪，使问题更好地解决。"

某西餐馆内顾客和服务员之间的一段对话是这样的：

顾客："我要的菜还没有做好吗？"

服务员："你点了什么菜？"

顾客："炸蜗牛。"

服务员："噢，我去厨房看一下，请您稍等片刻。"

顾客："我已经等了半小时啦！"（生气地说）

服务员："这是因为蜗牛是行动迟缓的动物……"（两人都笑了）

当时的语境是，餐馆的出菜时间太长，引起了顾客的不满。如果服务员是这样回答——"菜没有烧好，这是没有办法的"，那么顾客的反应将是：争吵、退钱、找经理，甚至会"干起来"。显然，那位服务员是注意了语言艺术，故意用一种"走题"的方法，造成一种语言和现实分离的诙谐氛围，促使产生"笑料"，让那顾客转怒为笑。当双方发生矛盾摩擦时，幽默语言会成为一种"润滑剂"，减小摩擦，同时令双方获得一种精神上的快感。

一般来说与人有一点摩擦是很正常的现象。但是我们要懂得如何把这种摩擦降到最低限度，应该学会运用幽默，及时化干戈为玉帛。当你与他人交谈时，如果说话过于严肃，就会在你们之间形成一种难以沟通的气氛，你们之间也就很难轻松愉快地放开思想交谈。但是，如果你在交谈过程中适时说一坐幽默的话，那么你们的交谈气氛会更融洽，沟通也更富有成效。

著名评剧女演员新凤霞曾举办过一次"敬老"宴会。宴会邀请了齐白石、老舍、梅兰芳、欧阳予倩等文艺界的著名前辈。已经92岁高龄的齐白石老人由他的看护陪同前来。白石老人坐下后，就拉着新凤霞的手，目不转睛地看着她。过了一会儿，看护担心这样会使晚辈难为情，就以带有责备的口气对白石老人说："你总是看别人做什么？"白石老听了很不高兴，说："我这么大年纪了，为什么不能看她？她生得好看。"老人说完，脸都气红了。

看护一句话惹恼白石老人，大家也非常紧张。这时，新凤霞巧妙地接着白石老人的话题说：“您老看吧，我是演员，我不怕人看。”新凤霞幽默的话，使白石老人心情舒服了好多，刚才紧张的气氛，顿时变得活跃起来。在大家的提议下，新凤霞当场拜白石老人为干爹。白石老人高兴地笑了。

幽默是润滑剂。在人与人之间，当矛盾发生时，只有那些缺乏幽默感的人才会把事情弄得越来越僵；而幽默者却不同，幽默在某些情形下会产生一种神奇的效果。幽默的谈吐无论在日常生活中，还是在重大的社交场合，都是不可缺少的。它能使严肃紧张的气氛顿时变得轻松、活泼，它能让人感受到说话人的温厚和善意，使其观点变得容易让人接受。

口才策略：

在适当的场合，以幽默的谈吐来增强交际的生动性和亲切感，已被看成是一个女人的优点，可见，学会说幽默的话是何等重要。女人在社交活动中，不论你只是其中的普通一员，还是身居要职，善于运用幽默的力量，总能让自己获益匪浅。一个女人不仅要善于幽默地调侃他人，也要能接受他人的幽默调侃，如此才能赢得友谊，成功建立社交关系。在社交活动中游刃有余，赢得成功。

运用幽默的艺术，要掌握其中的诀窍

幽默是一种优美的、健康的品质，恰到好处的幽默更是智慧的体现，你若想运用幽默这门艺术，就得掌握其中的诀窍。

女人的生活因为幽默而更有趣味，有趣味的生活会让女人更加愉快。幽默是一种优美的、健康的品质，恰到好处的幽默更是智慧的体现，当你掌握了幽默这门社会交往的艺术时，你会发现，它可以在商务场中让你与人愉快沟通，并能发挥想象不到的作用。那么该怎样说好幽默的话呢？

1. 使用双关语言

所谓双关，即利用语音或语义上的联系，有意使某一词语牵涉两个事物，从而具有双重意义，造成一种言在此而意在彼或亦此亦彼的效果，营造活跃气氛，使对方心悦诚服地接受你的要求。

传说李鸿章有一个远房亲戚，胸无点墨却热衷科举，一心想借李鸿章的关系捞个一官半职。他在考场上打开试卷，竟无法下笔。眼看要交卷了，便灵机一动，在试卷上写下“我乃李鸿章中堂大人的亲妻（戚）”，指望能获主考官录取。主考官批阅这份考卷时，发现他竟将“戚”错写成“妻”，提笔在卷上批道：“所以我不敢娶你。”“娶”与“取”同音，主考官针对他的错字，来了个双关的“错批”，既有很强的讽刺意味，又极富情趣。

2. 正话反说

说出来的话，所表达的意思与字面完全相反，就叫正话反说。字面上肯定，而意义上否定；或字面上否定，而意义上肯定，这也是产生幽默感的有效方法之一。

有个倒卖香烟的德国商人到法国做生意。一天，他在巴黎的一个集市上大谈抽烟的好处。突然，从听众中走出一个老人，径直走到台前。那位商人吃了一惊。

老人在台上站定后，便大声说道：“女士们，先生们，对于抽烟的好处，除了这位先生讲的以外，还有三大好处哩！”德国商人一听这话，连向老人道谢：“谢谢您了，先生，看你相貌不凡，肯定是位学识渊博的老人，请你把抽烟的三大好处当众讲讲吧！”

老人微微一笑，说道：“第一，狗害怕抽烟的人，一见就逃。第二，小偷不敢去偷抽烟者的东西。第三，抽烟者永远不老。”

台下听众惊作一团，商人更加喜不自禁，要求解释的声音一浪高过一浪。

老人把手一摆，说：“请安静，我给大家解释。”商人格外振奋地说：“老先生，请您快讲。”

“第一，抽烟人驼背的多，狗一见到他以为是在弯腰捡石头打它哩，能不害怕吗？”台下笑出了声，商人吓了一跳。

“第二，抽烟的人夜里爱咳嗽，小偷以为他没睡着，所以不敢去偷。”台下一阵大笑，商人大汗直冒。

“第三，抽烟人很少长命，所以没有机会衰老。”台下哄堂大笑。此时，大家一看，商人已不知什么时候溜走了。

3. 有意曲解

所谓曲解，就是歪曲、荒诞地进行解释，以一种轻松、调侃的态度，对一个问题进行宽泛的解释，将两个表面上毫不沾边的东西联系起来，造成一种不和谐、不合情理、出人意料的效果，从而产生幽默感。

经理见一个烟鬼总是在工作时抽烟，便想了个办法，在墙上写了几个大字：

“工作时不准抽烟！”

谁知这烟鬼依然如故。经理只好当面指指墙上对他说：“先生，呶。”

“看见了，经理。”烟鬼说，“您瞧，我从来都是在抽烟的时候放下工作的。”

4. 夸张

将事实进行无限制的夸张，造成一种极不协调的喜剧效果，也是产生幽默的有效方法之一。

马克·吐温有一次坐火车到一所大学讲课。因为离讲课的时间已经不多，他十分着急，可是火车却开得很慢，于是幽默的作家想出了一个发泄怨气的办法。

当列车员过来查票时，马克·吐温递给他一张儿童票。这位列车员也挺幽默，故意仔细打量，说：“真有意思，看不出您还是个孩子哩。”

幽默大师回答：“我现在已经不是孩子了，但我买火车票时还是孩子，火车开得实在太慢了。”

火车开得很慢确是事实，但绝不至于慢到让一个人从小孩长成大人。这里便是将慢的程度进行了无限制的夸张，产生了特殊的幽默效果，令人为之捧腹。

口才策略：

凡事都要有个分寸，幽默也要适“度”。如过了度，则其效果肯定也会适得其反。因此，应掌握恰如其分的尺度，还要因时、因人、因地和因内容而定，避免误入禁区。

第 10 章

言为心声，细心揣度把话说到要处

语言交际是一种建立在心理接触基础上的人际交往，心理因素对语言交际的影响最大，最直接，也最关键。我们在与别人交谈时，一定要揣测对方心理，注意使自己的语言贴近对方，尽可能地消除心理障碍造成的隔阂。会说话的女人在不同的场合与不同的人交谈时，都能把话说到对方心坎里，赢得对方的好感与认同。

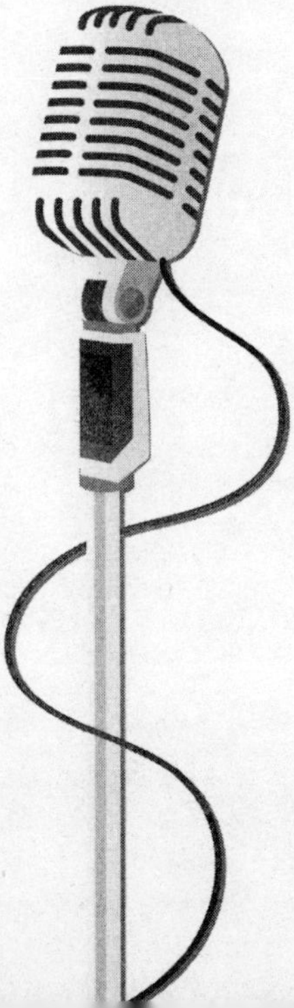

女人说话的魅力在于真诚

说话的魅力并不在于说得多么流畅，而在于是否善于表达真诚！当你能够用得体的话语表达出你的真诚时，你就赢得了对方的信任。

说话是一个传递信息的过程，所以女人要提高自己的说话水平，增强自己的语言魅力，并不完全在于说话者本人能否准确、流畅地表达自己的思想，还在于她所表达的思想、信息能否为听众所接受并产生共鸣。也就是说，要将话说好，关键还在于如何拨动听者的心弦。

说话不是敲击锣鼓，而是敲击人的“心铃”。而敲击人“心铃”的最好方法就是真诚的态度。曾经打败过拿破仑的库图佐夫，在给叶卡捷琳娜公主的信中说：“您问我靠什么魅力凝聚着社交界如云的朋友，我的回答是‘真实、真情和真诚’。”女人讲话如果只追求外表漂亮，缺乏真挚的感情，开出的也只能是无果之花，虽然能欺骗别人的耳朵，却不能欺骗别人的心。

美国总统林肯非常注意培养自己说话的真诚情感。林肯说过：“一滴蜂蜜比一加仑的胆汁能吸引更多的苍蝇。人也是如此，如果你想赢得人心，首先让他相信你是最真诚的朋友。那样，就像有一滴蜂蜜吸引住他的心，也就是一条坦然大道，通往他的理性彼岸。”

1858年，林肯在一次竞选辩论中说：“你能在所有的时候欺瞒某些人，也能在某些时候欺瞒所有的人，但不能在所有的时候欺瞒所有的人。”这句著名的格言，成了林肯的座右铭。

讲话华而不实，只追求外表漂亮，开出的只能是无果之花。若缺乏真挚而热烈的情感，只是用“人工合成”的感情，虽然能欺骗别人的耳朵，却永远骗取不到别人的心。因为心弦是不会随随便便地让人拨动的。著名的演说家李燕杰说：“在演说和一切艺术活动中，唯有真情，才能使人信服。”

若要使人动心，必先使自己动情。女人只有用一颗真诚的心与人交往，才能换来彼此的心灵相通，驱除人为的隔膜，坦诚以待。真诚是一笔宝贵的财富，拥有这笔财富的女人将是这个世界上活得最自在的人，同样，女人的语言魅力源于真诚。

“化妆品女皇”玫琳·凯年轻时曾经有过这样的经历：用真诚和赞美，为一位想轻生的女孩子带来了光明。

一天，她在海边看到了一位坐着的女孩子，脸上写满了忧郁与哀愁，还挂着泪痕。玫琳·凯微笑着走上前去，问她：“您好，我叫玫琳，能跟你说几句话吗？”女孩子并不愿意理她，依然在那里感受着落寞。玫琳·凯继续温柔地说：“虽然你心情非常糟糕，但你依然很美。你有什么伤心痛苦的事情，可以跟我说说吗？”

女孩想了一会儿，就真的跟玫琳·凯倾诉了起来。而玫琳·凯给她的一直是真诚的眼神、用心的倾听和适当的点头。玫琳·凯的聚精会神，让女孩子感觉到了一种关注和理解。最后，女孩子还说，自己今天来海边，就是想结束自己的生命的。因为自己爱上的那个人，事业有成后就把自己抛弃了。

玫琳·凯听了后，不但为她感到欷歔、忧伤，还气愤地大骂那个男人有眼无珠。最后，她真诚地鼓励女孩：“你看你长得多漂亮，连我这样的女人都喜欢，更何况是男人呢！所以，你一定要振作起来。你一定会找到一位责任心强且很有爱心的男人的。”

最后，女孩用极其感激的语气对玫琳·凯说：“从来没有人和我说过这么多话，我感觉自己到今天才算是真正地发现了自己。我现在才相信，活下去会是很美好的。”

具有真情实感，能够平等待人，虚怀若谷，这样的人说的一字一句就如滋润万物的甘露，点点滴入听众的心田。真诚，不论对说话者还是对听话者来说都非常重要。若不真诚待人，等于欺人、愚人，若轻信他人不实之词，可能会耽误大事，造成不良后果。

口才策略：

由此可见，真诚的语言，不论对说者还是对听者来说，都至关重要。说话的魅力，不在于说得多么流畅，多么滔滔不绝，而在于是否善于表达真诚。最能赢得人心的女人，不见得一定是口若悬河的女人，而是善于表达自己真诚情感的女人。

反复推敲，掌握适宜的说话技巧

与人接触的工具当然是说话，说话技术与我们一生的升沉荣辱大有关系。凡是有心的女人，都得把它当作重大课题好好地研究一番。

说话是一门艺术，是一门值得推敲的艺术，尤其是在女人的人际交往过程中，说话的好与坏关系交往的功效。与人说话，有种种不同的方式。这些方式，就其本身而言，无所谓好坏，也无所谓得失。而从听的人方面看，却有合与不合的问题：合则听从，不合则拒绝。对方如果听从，便是你的成功；若是拒绝，便是你的失败。

问题不在于你说了什么，而在于你是怎样说的。舌头是天底下最有威力的武器，它可以打动别人，破除你成功路上的障碍，也可以伤害别人，为你增添阻碍，所以学会利用舌头是人生的必修课。你只有认真听，仔细想，反复推敲，才能掌握住适宜的说话技巧。也只有这样，说话者才能如愿达到自己的目的。

在周末，许多青年男女伫立街头。他们中间有不少人是等待与情侣相会的，有两个擦鞋童，正高声叫喊着以招徕顾客。其中一个说：“请坐，我为您擦擦皮鞋吧，又光又亮。”另一个却说：“约会前，请先擦一下皮鞋吧。”

结果，前一个擦鞋童摊前的顾客寥寥无几，而后一个擦鞋童的喊声却收到了意想不到的效果，一个个青年男女纷纷让他擦鞋。

这究竟是什么原因呢？其实原因很简单，分析一下就可以得出答案。我们听到第一个擦鞋童的话，尽管他的话礼貌、热情，并且附带着质量上的保证，但这与此刻青年男女们的心理差距甚远。因为，在黄昏时刻破费钱财把鞋擦得又光又亮，显然没有多少必要。显然人们从这儿听出的印象是“为擦鞋而擦鞋”的意思。而第二个擦鞋童的话就与此刻男女青年们的心理非常吻合。“月上柳梢头，人约黄昏后”，在这充满温情的时刻，谁不愿意以干干净净、大大方方的形象出现在自己心爱的人面前呢?

一句“约会前，请先擦一下皮鞋”，真是说到了青年男女的心坎上。可见，这位聪明的擦鞋童，正是传送着“为约会而擦鞋”的温情爱意。一句“为约会而擦鞋”一下子抓住了顾客的心，因而大获成功。

一般情况下，我们在说话之前，要经过一番慎重的考虑，要知道，我们强调的不是说了多少话，而是要通过说话最终达成什么目的。所以，在说话之前，一定要确立说话的目标；另外，还要学会察言观色，善于把握对方的心理，充分考虑到说什么话，如何说，什么时候说。确定了这几点，再开始说话，才能收到良好的效果。另外，我们还要充分考虑说话的对象是什么样的人，然后再酌情说话，这样才能避免一些不必要的敌对情绪，成为一个到处受欢迎的人。

与人说话要先明白对方的个性，他喜欢婉转的，应该说智慧的话；他喜欢率直的，就应该说激切的话；他喜欢有学问的，那么就说高雅的话；他若是喜欢琐事的，便要说浅近的话；他喜欢诚恳的，那么就应该说平实的话。说话方式与对方个性相符，自然能一拍即合。与人交谈是人际交往中最直接的方法，你只有认真听，仔细想，反复推敲，才能掌握住适宜的说话技巧。

口才策略：

总而言之，一个聪明可人的女人说话前一定要看准对象、有的放矢，你的倾诉对象是愿意倾听你的人吗？如果所遇非人，还是不说为好；此时，是说话的恰当时机吗？如果不是，不如另择时机。想不到吧，一个女人的可爱并不是完全由她的脸蛋来传达的，话语得当、谈吐清雅，更能为她的魅力天平增加重重的砝码。

恰到好处地提问，从而达到交谈的目的

与人交谈时，掌握问话的技巧，恰到好处地提问，就能达到交谈的目

的。善于设问，往往能够切中要害，从而收到设想的效果。

女人与人交谈时，掌握问话的技巧，恰到好处地提问，就能逐步探明对方的本意，从而达到交谈的目的。开始时，应让对方回答一些较容易回答的问题，然后渐渐地提出一些不能用“是”或“不是”回答的问题，如：“你喜欢什么？”“为什么喜欢呢？”继续地提出这类问题，对方即使是很厌烦，但仍然必须以自己的话来回答，当然这样也能较具体地把对方内心的话反映出来。在社交中特别想知道对方的意图时，这个方法可以有效地达到目的。

你跑到海鲜酒楼里，点菜时问服务员：“今天的龙虾好不好？”这等于白说，因为他一定会说好，除非你是一个熟客。倘若你另用一种方法：“今天有什么好的海鲜？”那么效果就会完全不同，你就可以吃到真正好吃的海鲜了。

在美国的一些冰果店，因为一些客人喜欢在喝可可时放个鸡蛋，所以服务员在客人要可可时必问一句：“要不要鸡蛋？”某心理学家应邀到一家冰果店里去研究如何发展营业时，关于问鸡蛋一事，他就说不应问“要不要加鸡蛋？”而是“要一个还是两个鸡蛋？”这样问法，多做一个鸡蛋的生意是绝对有把握的。

一开始就抓住关键，切中要害，并由此设问，以问题引路，自问自答，引出一段解释，从而清楚地消除听者的疑问。这个方法也是工作和生活中常用的解释疑问的方法。如果要使你的意见被别人同意，你必须牢牢地记住：使对方立即说“是”。

有一个叫亚力森的西屋公司推销员，他花了很大的劲，才卖了两台发动机给一家大工厂的工程师。他决心要卖给他几百台发动机，因此几天后又去找他。没想到那位工程师说：

“亚力森，你们公司的发动机太不理想了。虽然我需要几百台，但我不打算要你们的。”

亚力森大吃一惊，问：“为什么？”

“你们的发动机太热了。热得我的手都不能放上去。”

亚力森知道，跟他争辩是不会有好处的，急忙采用另一种策略。他说：

“史密斯先生，你要的发动机的热度，不应该超过有关标准，是吗？”

“是的。”

“电器制造公会的规定是：设计适当的发动机可以比室内温度高出华氏72度，是吗？”

“是的。”

“那你的厂房有多热呢？”

“大约华氏75度。”

“这么说来，72度加75度一共是147度。把手放在华氏147度的热水塞门下面，想必一定很烫手，是吗？”

亚力森得到了第三个“是”，紧接着他提议说：“那么，不把手放在发动机上行吗？”

“嗯，我想你说得不错。”工程师赞赏地笑起来。他马上把秘书叫来，为下一个月开了一张价值35000美元的订单。

一开始就让他说“是”，能使他忘掉你们争执的焦点，愿意去做你建议他做的事。当你跟别人交谈的时候，千万不要以讨论不同的意见作为开始，而是要以双方同意的事作为开始。奥佛斯屈教授在他的《影响人类的行为》一书中说：“当一个人说‘不’时，他所有的人格尊严都已经行动起来，要求把‘不’坚持到底。因此，使对方采取肯定的态度，是一件特别重要的事。”

善于设问，往往能够切中要害，更有效地解决问题，从而收到设想的效果。设问，就是原本没有疑问而自提自问，是明知故问。设问后，可以自问自答，也可只问不答。这确是一种非常简单的技巧，但是它被许多人忽略了。许多女人，一开口就愚蠢地提出别人不能接受的事物，使别人立即采取反对的态度，因而弄得无法实现自己的目标。有一些女人，则在这方面取得了一个又一个的成功。

口才策略：

设问用得好，能引人注意，诱人思考，把谈话内容变得更加吸引人。可以说，“设问”是沟通过程中最能打动人心的秘诀。

懂得语言艺术的女人看场合说话

你若想受人欢迎，获得良好的人际关系，就必须在什么场合说什么话，否则就会破坏交际效果。

在不同场合中，人们对他人的话语有不同的感受、理解，并表现出不同的心理承受能力。比如，在小场合和大场合，家庭场合与公众场合，人们对于批评性说法的承受能力有明显的差异。一个懂得语言艺术的女人绝不会在公众场合中使用指责性的语言说话，她会换一种更为合适的方式。在社交场合说话，一般来说要注意以下几个方面：

1. 要在思想上强化场合意识

一些女人看似伶牙俐齿，口若悬河，但常常把事情办砸，完全是自己场合意识修炼不足的表现。这些女人遇事时往往心里有什么嘴上就说什么，完全不顾场合环境，结果有意无意地就冒犯了他人。如果一个人不分场合地说话，那不仅不会有好的人际关系，还可能因此吃大亏。你若想受人欢迎，获得良好的人际关系，就必须在什么场合说什么话，否则就会破坏交际效果。

美国总统里根一次在国会开会前，为了试试麦克风是否好使，张口便说："先生们请注意，五分钟之后，我对苏联进行轰炸。"一语既出，众皆哗然。里根在错误的场合、时间里，开了一个极其不当的玩笑。为此，苏联政府提出了强烈抗议。这说明，在庄重严肃的场合里是不宜开玩笑的。

说话必须要讲究场合，不注意这点，说一些不适宜场合气氛情境的话，往往会与初衷适得其反。

这个事例说明，有些人说话所以惹恼人，并不是他们不会说话，而是场合观念淡薄。所以，对于这些人来说，当务之急在于增强场合意识，懂得不同场合对说话内容和方式的特定限制和要求，时时不忘看场合说话。

2. 要充分利用特定的场合讲话

正因为受特定人际关系和场合心理的制约，有些话只能在某些特定场合说，换一个场合就不行。同样一句话，在这里说和在那里说也有不同的效果。因此，在人际交往中，说什么，怎么说，一定要顾及场合、环境，才有利于沟通。不顾及场合的心直口快是不值得提倡的。

克林顿之所以能当上总统，与他的绝佳口才有很大的关系。在1992年10月15日第二次电视辩论中，辩论现场只设一个主持人，候选人前面都没有讲桌，只有张高椅子可坐，克林顿为了表示他对广大电视观众的尊敬，一直没有坐，并且在辩论中减少了对布什的攻击，把重点放在讲述自己任阿肯色州州长12年间所取得的政绩上。克林顿的这种以柔克刚、彬彬有礼的做法，立即赢得了广大电视观众的好感。

最后一次电视辩论中，克林顿潇洒的姿态，敏捷的论辩与幽默机智的谈吐使他大出风头。他在对布什的责难进行了有效的反驳以后，很得体地对广大电视观众说："我既尊敬布什先生在白宫期间的为国操劳，又希望选民能鼓起勇气，敢于更新，接受更佳人选。"话音刚落，掌声雷动。

充分利用特定的交际场合，可以为你增添无穷的魅力，从而使你的社交能力进一步加强。

3. 要自觉摆脱谈吐上的习惯性

女人的言行往往带有一定的习惯性。这种习惯性使他们说话时来不及考虑就脱口而出，造成与场合的不协调。

口才策略：

所以，一个聪明的女人必须要有意识地摆脱自己口语表达上的惯性，养成随境而言的良好表达习惯。在与人交往的过程中，要把交际对象、交际场合、交际时间等多种相关因素都考虑进去，想一想如何表达自己又不失礼数，说话适地适时，从而使你获得更好的表达效果，达到沟通最优化。

形象生动的语言，最易打动人心

在社会交往中，要想打动别人，用形象生动的语言可以把简单的事情具体化，把枯燥无味的事说得生动活泼，从而吸引听众。

古人有诗云：“绿阴不减来时路，更添黄鹂四五声。”在众人熟悉的绿阴如画的景色中，又传来黄鹂的欢快叫声，别有一番情调，更能吸引人心。同理，如果女人能在平实的言谈中，巧妙地渗入一些新的东西，就能使自己的言谈充分体现迷人魅力和积极影响。

著名作家李准曾经这样说过：“我的看家本事是：三句话叫人落泪，三分钟过戏，把读者的心放在我手心里揉，叫他噙着眼泪还得笑！”

在常香玉舞台生涯五十周年庆祝大会上，文艺界名流同来祝贺。专好插科打诨的电影导演谢添一把拉住李准说：“李准，我想当众试试你！你说三句话，能让常香玉哭一场，我才服你！”

李准皱皱眉，看看众人，为难地说：“香玉，咱们能有今天，多不容易啊，论起来，你还是我的救命恩人哩！我十来岁那年，眼看逃荒的难民群到了西安，眼看人们都要饿死了，忽然有人喊，大唱家常香玉放饭了，河南人都去吃吧！哗——人们一下子都涌去了！我捧着粥，泪往心里流。想，日后见了这个救命恩人，我给她叩个头！

“老李！你……别说了！”常香玉猛然打断李准的话，捂住脸，转过身，满脸泪水滚下来，把手绢打湿了……李准针对常香玉特有的心理体验，运用形象生动的语言进行带有强烈感情色彩的描述，产生了极大的感染力。有了这样的说话本事，自然更容易让别人接受你。

如果把说话比作一篇文章，则话的内容就是这篇文章的骨架，而感情色彩即是文章的修饰部分。假如没了修饰，文章则会干巴巴的毫无情趣可言，想用它打动人更是不可能了。所谓巧言妙语就是要富于感情，如此方能打动人心。因此，女人要想语言形象生动须做到如下几点：

1. 选用有色彩、有形象的语词

色彩词和形象词可将听觉形象转化为视觉形象，而视觉形象留给人的印象往往比听觉形象留下的印象更深刻。

如日本三洋公司的井植薰说：“我在公司的人才培养上，采用的是‘水涨船高’的办法。水就是全体公司职工，首先是把水位提高，船是浮在水面上的出色人才，水涨高了，船才能更高。‘水落石出’是企业在人才培养问题上无所作为的一种结果，水流干了，露出来的几位突出人才，充其量只是一般的肯干的干部。”拿水涨船高与水落石出相比，对比强烈，形象鲜明，效果集中，对对比双方的精心选择以及对这种语言技巧的高超运用，由此可见一斑。

2. 运用比喻、拟人、夸张等各种修辞手法

这些修辞手法可用浅显通俗的事物或道理来说明比较复杂、抽象的事物或深奥难懂的道理。

用假托的故事或自然物的拟人手法来说明某个道理或教训，常常带有讽刺或劝诫的性质。如联想集团总裁柳传志提出的“鸵鸟理论”就是一个很有趣的寓言故事，他说：当两只鸡一样大的时候，另一只肯定觉得你比他小；当你是一只火鸡，人家是一只小鸡，你觉得自己大得不行了吧，小鸡就会觉得咱俩一样大。只有当你是只鸵鸟的时候，小鸡才会承认你大。所以千万不要把自己的力量估计得过高。这种浅显而新颖的语言形式，丝毫不影响其中所包含的道理的严肃和深刻，反而更有启发性，更为人所津津乐道。

3. 要注意寓理于事，将深刻的道理寓于具体事实之中

那种干巴巴的说教，往往使听者乏味。要学会运用典型的事例阐明事理，增强语言的魅力。

口才策略：

说话是一门语言艺术，不仅要求语言准确、通俗，还要求语言生动活泼。所谓生动，就是指语言要充满生气与活力，要能够吸引人和感动人。纵观当今讲坛，很多人在语言表达时，艰涩干瘪，板滞空泛，让听众感到枯燥乏味。究其原因，就是缺乏生动感，过于僵硬。所以，女性想要从说话上吸引对方，那就谨记上面几点技巧，努力修炼自己的语言吧！

说话有亲和力，会带来更多的人际资源

良好的人际亲和力既可以让女人获得更多的友情，又能为女人带来更多的人际资源，让她们获得意想不到的良好机会与前途。

亲和力本质上是一种爱的情感，只有发自肺腑地爱别人，才能真正地亲近对方，关心对方，才能获得对方的认同、信任和喜欢。拥有较高的亲和力，才会拥有宽广的胸怀。

拥有良好的人际沟通能力和亲和力是每个女人梦寐以求的。良好的人际亲和力能够为女人们带来很多好处，它既可以让女人获得更多的友情，感受到人与人之间的关爱与温暖，又能为她们带来更多的人际资源，让她们获得意想不到的良好机会与前途。

英国一个著名的芭蕾舞童星埃利，只有12岁，不幸由于骨癌准备截肢。手术前，埃利的亲朋好友，包括她的观众闻讯赶来探望。这个说：“别难过，一定有机会慢慢站起来！”那个说：“你是个坚强的孩子，一定要挺住！”埃利一言不发，默默地向所有人致谢。

她很想见到戴安娜王妃，她优美的舞姿曾得到戴妃的赞美，夸她像“一只洁白的小天鹅”。

经过别人转达她的愿望，戴安娜王妃终于在百忙中赶来了。她把埃利搂进怀里说：“好孩子，我知道你一定很伤心，痛痛快快地哭吧，哭够了再说。”埃利一下子泪如泉涌。自从得了病，什么安慰的话都有人说了，就是没有人说过这样的话，埃利觉得最能体贴理解她的就是这样的话！

据说，戴安娜经常说自己智商不高。但这个故事让我们相信她的情商一定很高，这种独有的天赋让她的形象在人们心中永远那么慈善温柔，颇具亲和力。

一位真正的成功女人一定有一个好口才，而之所以有一个好口才，关键是她掌握住了语言亲和力。所以要想提高自己的口才能力必须提高自己的语言亲和力。我们应该从以下3方面着手：

1. 配合别人的感受方式

每个人都用各种各样不同的方式来感受这个世界，一般说来有三种主要的感受方式：视觉型、听觉型与触觉型。

一般情况下，视觉型的人比较喜欢的是快节奏，说话很快，思考也很快，喜欢阅读图表，而且行动力强；听觉型的人喜欢的是比较有秩序的生活，说话较慢但很有条理，喜欢交谈与聆听，行动力稍次；而触觉型的人很重视感觉、爱好舒适，说话有时是不看对方的，速度也比较慢。

知道了这些之后，那么我们在与别人交谈的时候，就可以观察一下对方是什么型主导的，之后配合他的特性来进行沟通，然后增加口才方面的能力。

比如，对那种说话速度极快的人，要强调行动与成果；对那些说话时要分成一、二、三个要点的人，要强调逻辑与条理；而对于那种慢吞吞的人，要多谈谈某种产品会带来什么样的感受。

这个技巧需要不断地练习才会更好地掌握。

2. 配合别人的兴趣与经历

人际关系大师卡耐基在书中就写道："我们要对他人真诚地感兴趣，聆听对方的谈话，就对方的兴趣来谈论以及鼓励他人谈论他自己。"当我们对他人真诚地感兴趣的时候，自然而然就会去关注他的一举一动。那么他的每一个细节都有可能是我们与他交谈的切入点。

比如：你在公车上看到有一个人提着束特别的盆栽。你就可以说："哇！您的花真漂亮。它叫什么名字呢？"假如对方愿意说的话，局面就这样打开了，你就可以继续同他谈下去。但你要作的准备是，避免谈论自己的欲望，鼓励他人多谈论一下他自己。

这样，在交谈中你会得到很多关于他的信息，这就是进一步交往的时机了。

3. 使用"我也"的句子

如果对方的经历或见解中有跟你类似的部分，你可以多使用一些具有神奇力量的短语，它就是"我也……"

例如："啊，您去过泰山啊，我也去过呢！是去年8月的事了。您是几时去的呢？""哦，你也认同爱就是要给对方自由，我也这么想的。""你同意产品的质量是最重要的对吧？我也这么想，因此您可以比较一下我们的产品与其他同类产品的质量。"

有了这几条，你的语言亲和力就很快建立起来了。

口才策略：

世界上最容易成功的人，是那些说话有亲和力的人，而不是那些性情狂暴、孤僻、自大的人，这种人非但不能赢得别人的认可，而且会彻底毁掉自己。所以，我们在与他人谈话时，语言要有亲和力，言谈举止要流露出真情实感，要热情洋溢、情真意切、话贵情真。

提出否定意见，要用转折句

不管遇到任何事，都不要跟别人争辩，别老是指责别人错了，而要有一点方法技巧，采取必要的让步。其实，如何提出不同意见是大有讲究的。

在讨论棘手的问题或商量复杂的事情时，彼此有不同的意见和观点，这是难免的。不同的意见和观点往往是建立在否定他人意见之上的，女人如果方法不巧妙，很可能会使人处于尴尬境地，甚至得罪了人。

如果你一上来就指责别人错了，常会激起对方的逆反心理，使下面的谈话陷入僵局，不如用先肯定后转折的语气说话，让对方不知不觉地接受你的意见。著名的科学家波尔是一位极其尊重他人但又非常坚持真理的人。当他对别人的观点提出不同意见时，他常常预先声明："这不是为了批评，而是为了学习。"这句话后来成为一句名言被人印在一期物理杂志的封面上，作为献给波尔的生日礼物。

聪明的女人绝对不会这样说："好！我这就证明给你看！这话大错特错！"这等于是说："我比你更聪明。我要告诉你一些道理，使你改变看法。"这样说话，只会引起争端，使对方远在你开始之前，就准备迎战了。

即使在最融洽的情况下，改变别人的主意也不是一件易事，如果你要证明什么，就要讲究方法技巧，要使对方在无意中接受你的证明。如果有人说了一句你认为错误的话，而你想指出这种错误，这样说效果会更好："噢，这样的！我倒有另一种想法，但也许不对。我常常会弄错。如果我弄错了，我很愿意被纠正过来。我们来看看问题的所在吧。"

用"我也许不对"、"我常常会弄错"这一类句子，确实会收到神奇的效果。你承认自己也许会弄错，就决不会惹上麻烦。因为这样的话，不但能避免争执，还可以使对方跟你一样宽容大度；并且，他也会承认自己可能弄错。

不管遇到何事，都不要跟别人争辩，别老是指责别人错了，而要有一点方法技巧，采取必要的让步，才能改变别人的意见。因此，如何提出不同意见是大有讲究的。这里介绍几种较为可行的方法。

1. 两分法

用辩证的方法先肯定对方的意见有合理的因素，再提出自己的不同意见。比如在讨论怎样搞好集体卫生时，有人提出一个小组连着搞一个星期，而你觉得不妥，认为还是一个小组搞一天好。这时，你不妨这样说："刚才 ×× 提出的意见有一定的道理，也是一种方法，但我以为还是一个小组搞一天比较好。"接着，你可以具体说说理由。先肯定对方，再提出不同意见，这样显得公正和客观，也容易让人接受。假如硬邦邦地直说，很容易形成紧张气氛，给人家难堪而迫使人家不肯放弃自己的意见。

2. 商量法

尽量用商讨或询问的口吻，不用命令或过于绝对的语气。当你要表达不同意见时，先可用较温和的口吻来说，比如："你的意见是这样，我觉得是不是可以这样？你再想想。"或者这样说："我们能不能换一个角度来考虑？你看那样行不行？"先商量，当对方仍坚持己见时，你再用坚定的语气也不迟。商量是尊重人的表现，你非常尊重人家，即使人家不想否定自己的意见，不想接受你的意见，也会充分考虑你的意见，并给以相应的尊重。

3. 析弊法

由对方的观点推导出可能产生的不良后果，在此基础上，再提出自己的意见。你要提出不同意见，肯定对人家的意见不满意，对方的意见弊端在哪里呢？你得好好思考一番，尽可能多找一些出来，你给对方的意见找的毛病越多，否定起来就越容易，一旦人家的意见被否定了，自己的意见被人接受的把握就大了。分析别人意见的弊端要实事求是，要有理有据，不能无中生有，更不能任意扩大。

4. 借助法

借助他人的观点和做法来替代自己的不同意见。有时，自己直接说出不同意见比较为难，譬如面对的是老师、长辈或上级。此时，你可借助同类型的、对方也熟悉、或已经明确了的事例来替代自己的意见。同类型的，是指性质和类型相同的；对方也熟悉的，往往说服力强。比如你可这样说："张永他们也有过这种事，他们就是这样处理的，结果倒不错，我们是不是可以借鉴？"借助法，实际上就是用事实来说话。

口才策略：

通过迂回途径表达自己的不同意见，反而更容易被人接受，原因其实很简单，迂回的方法很容易淡化矛盾，并转移争论焦点，减少领导对你的敌意。在心绪正常的情况下，理智占了上风，他自然会认真考虑你的意见，不至于先入为主地将你的意见"一棍子打死"。

别人对你的印象好坏，由语言表达方式决定

女人在社会中与人交往，说话的内容是否得当固然重要，但是，别人对你的评价如何，你给人的印象好坏，都是由你的语言表达方式而定的。

在人际交往中，女人在与别人说话的时候，始终保持一种真诚的态度，会赢得别人对你的好感，反之，自命不凡，说话装模作样，装腔作势，将会失去很多朋友。人们最忌讳那种傲慢的腔调，趾高气扬的神情，刻板僵硬的语气。而谦逊的态度、委婉动听的语调，能给人一种心悦诚服的力量。

在奥斯卡领奖台上，著名影星英格丽·褒曼在连获两届最佳女主角奖后，又一次获得最佳女配角奖，但她对和她角逐此奖的弗伦汀娜推崇备至。"原谅我，弗伦汀娜，我事先并没有打算获奖。"谦逊的一句话就消除了对方的心理隔阂。

一句良言，一段动人的话语，会有非常大的魔力，是无可置疑的。只因它缘于说话者的内心感受，当它又一次直达人们的内心深处时，那些能

认同的人们，自然就会被动彻心弦，当然也就有了它本身所具有的魔力。

曾经连续两年当选为“最佳亚洲小姐”和“最佳太平洋小姐”的利智，不仅以美丽的仪表和姿态使人为之倾倒，更令人拍案赞叹的是她那机智灵敏的谈吐。

司仪问：“你夺冠后，如果曾与你为敌作梗的人前来献殷勤，你将怎样对待？”

利智答：“我会热情温柔地向他们说声‘多谢’！因为真正的敌人，有时也会成为真正的朋友。他们的嘲讽刺激使我更加努力，才有夺冠的今天……”

司仪问：“美，多少年不变？短暂的美，是不是美？”

利智答：“美是没有年限的。短暂的美也是美，中国古代有四大美女，她们的生命是短暂的，但她们的美名却流芳百世。”

利智的恰到好处的回答，不仅让司仪评委和广大观众，也让与她激烈竞争的对手心悦诚服，报以热烈的掌声和喝彩。

良言一句有时胜过千言万语，一句良言还可以给心灵以震撼，给灵魂以启迪，给最远的你以最近的安慰，给最孤寂的你以最真诚的问候。只要言语能与听者的内心相符合，同时还能表达出听者当时的心境，那么就会收到意想不到的效果。

的确，跟那些有修养且具有口才的人交谈，比喝了壶酒更令人兴奋，比听交响乐更能振奋精神。良好的话语可以带给人愉悦和欢畅，帮助你增加知识和修养，激发你的创造力，也可以增进人们感情的融洽。

当杨澜在主持一次知识问答节目的时候，问道：“阿拉伯某小国的公园里，往往有武士模样的人摇着铃铛走东串西，这是干什么的？”参赛者的回答各种各样，结果都是错的。最后杨澜告诉大家谜底：“这是卖茶水的人。”此时杨澜见参赛者情绪有些低落，赶快补上一句：“看来这地方的水真是太宝贵了，卖茶水的人也穿戴得这么漂亮，把我们都迷惑了。”这句话听来很平常，可一声“我们”，拉近了双方的距离，化解了参赛者由于回答错误可能带来的尴尬；一个自圆其说的道理，完全消除了参赛者心中的不快，也避免了可能出现的冷场。

可见，跟不同的人讲话要使用不同的讲话方式，不仅要让别人听得懂，更要让别人听得舒服，在语言上，要保持和他们同步。以对方喜欢的方式和他沟通，你的谈话将会让人无法抗拒。因此，你要充分发挥与他人沟通的技巧，以尊敬、友善的态度面对别人，同时也要让别人充分感觉到你为他付出的努力。

口才策略：

人际沟通的高手总能从对方的身上找出一些优点，并称赞对方；而一般或比较差劲的人总能从对方身上看到很多的缺点，并暗示给对方。所以，我们要想获得对方的好感，就要时刻练习如何在最短的时间里找出对方更多的优点，并大声地告诉别人。赞美是一切人际沟通的开始，俘获人心最有效的方法就是不断地去赞美他，以赞美为首要手段，辅以人际沟通的其他技巧，那么，你将无所不能。

善于倾听，是成熟女人最基本的素质

善于倾听，是成熟女人最基本的素质。倾听以了解他人，倾诉而被人了解，从双方的共同点开始沟通，始终要记住，沟通的关键是倾听。

说话是人与人之间传递思想、交流情感最基本的手段。但真正会说话的女人不仅是会说，还会听。掌握良好的听与说的技巧，在倾听中响应，是联络情感、满足需求必不可少的人际桥梁。

多听，有时候也是一种积累，听别人谈成功，说失败，那就是在为自己将来储蓄财富。听和说是不能分开的两个环节，只听不说的人不能成功，只说不听的人也不能成功。在工作中每个人都需要和别人沟通，但是听的多还是说的多，就要看我们拥有怎样的态度。做一个先听后说的人，会让沟通更顺利。

在一次推销中，推销大师吉拉德与客户洽谈顺利，正当马上就要签约成交时，对方却突然变了卦。当天晚上，按照客户留下的地址，吉拉德找上门去求教。客户见他满脸真诚，就实话实说：“你的失败是由于你没有自始至终听我讲的话。就在我准备签约前，我提到我的独生子即将上大学，而且还提到他的运动成绩和他将来的抱负。我是以他为荣的，但是你当时却没有任何反应，而且还转过头去用手机和别人通电话，我一恼就改变主意了！”

此一番话重重提醒了吉拉德，使他领悟到“听”的重要性，让他认识到如果不能自始至终倾听对方讲话的内容，认同客户的心理感受，难免会失去自己的客户。倾听时，要注视对方，表现出全神贯注的神情。且不可左顾右盼，或死死盯住对方。无论对方谈话内容如何，都不能拉长脸，或露出鄙夷的神态。身体要向对方微微前倾，适当地运用一些表示恳切的微小动作，如点头、微笑、轻声附和，避免呆若木鸡的神情。要让别人把话说完。能听到最后才是会听的，不要匆忙地打断对方的谈话。

成功的女人不仅仅是一位口齿伶俐的说客，而且也是一位出色的听众。在交际过程中，需要你运用聆听的技巧，找到自己所需要的信息。每个人都喜欢自己的话有人听，特别是认真耐心仔细地听。我们若掌握了这一人性特点，让别人畅所欲言，并适当反应，以表示关心与重视，就能赢得别人的好感与善意的回报。

卡夫娜是美国自然食品公司的“推销冠军”。一天，她还是和往常一样，把芦荟精的功能、效用告诉顾客，女主人并没有表示出多大的兴趣。卡夫娜立刻闭上嘴巴，开动脑筋，并细心观察。

突然，她看到阳台上摆着一盆美丽的盆栽，便说：“好漂亮的盆栽啊！平常似乎很难见到。”

“你说得没错，这是很罕见的品种。它叫属于兰花的一种。它真的很美，美在那种优雅的风情。”

“确实如此。但是，它应该不便宜吧？”

“这个宝贝很昂贵的，一盆就要花 800 美金。”

“什么？我的天呐，800 美元？那每天都要给它浇水吗？”

“是的，每天都要很细心地养育它……”

女主人开始向卡夫娜倾囊相授所有与兰花有关的学问，而她也聚精会神地听着。

最后，这位女主人一边打开钱包，一边说道：“就算是我的先生，也不会听我嘀嘀咕咕讲这么多的，而你却愿意听我说了这么久，甚至还能够理解我的这番话，真的太谢谢你了。希望改天你再来听我谈兰花，好吗？”

随后，她爽快地从卡夫娜手中接过了芦荟精。

显然，善于倾听无形中起到了褒奖对方的作用，仔细认真地倾听对方的谈话，是尊重对方的前提，能够耐心地听说话者诉说，就等于告诉对方“你说的东西很有价值”、“你是一个值得我结交的人”。无形中，说者的自尊得到了满足。于是，说者对听者就会产生一个感情上的飞跃，认为“听话”者能理解自己，并欣慰于自己终于找到了一个可以倾诉的机会。如此，彼此心灵间的交流就使得双方的感情距离缩短了。

口才策略：

善解人意是各行业里成功人士最重要的一项人格特质。“喜欢说，不喜欢听”是人的弱点之一，如果女人在与别人见面时，能够掌握这一人性弱点，让别人畅所欲言，就会事半功倍。

第 11 章

能说善道，尽情沟通女人马到成功

当今社会，不求人办事是不可能的。求人办事时如能轻车熟路地驾驭语言，那么多难办的事都能办成。语言是交际的工具，运用语言是一门学问。有的女人缺少“嘴”上的功夫，以致很难把事情办好；而有的女人则深谙说话之“术”，能得体地运用语言准确地传递信息、表情达意，有的人甚至能点“语”成金，使所言收到奇佳的表达效果。

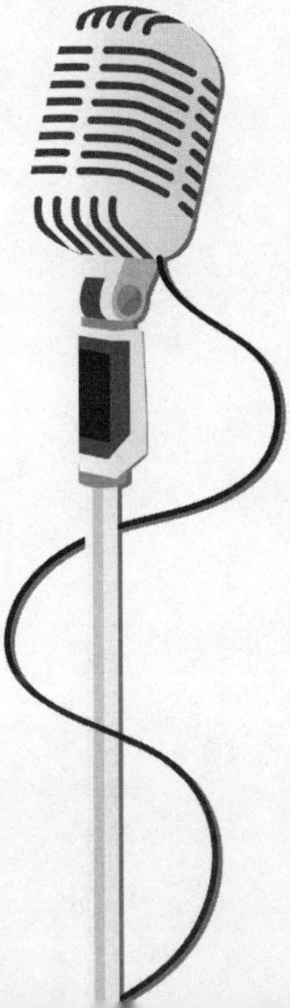

说话有礼是求人的敲门砖

会说话的女人在向别人提出办事要求时，特别注意使用礼貌语言。彬彬有礼的语言是最好的敲门砖，可以让对方于不经意间，向你敞开心扉。

说“礼”话即说一些有礼貌的客气话。女人在各种社在场台，与各种不同的人打交道时，都需要适当地说一些客气话。“礼”话说得恰当，可让人感到你知情达理和富有教养，同时也能让对方如沐春风、身心通泰，从而实现谈话的目的。

人们日常拜访和会晤，按其性质可分为公务访晤与私人访晤。无论是公务性的访晤还是私人性的访晤，都须用“礼”话开头。“礼”话得体，即可赢得对方的认可和首肯，事情就已经成功了一半，也为自己营造了一个投机和谐的谈话环境。

1. 缩小请求

尽量把自己的要求说得很小，以便对方顺利接受，满足自己的愿望和要求。例如：“你帮我解决这一步就可以了，其余的我自己想办法。”

我们确实经常发现，女人们在提出某些请求时往往会把大事说小，这并不是变着法儿使唤人，而是适当减轻给别人带来的心理压力，同时也使自己便于启齿。

2. 谦恭请求

通过抬高对方、贬低自己的方法把有关请求等表达出来，显得彬彬有礼、十分恭敬。例如：“您老就不要推辞了，弟子们都在恭候呢！”请求别人帮助，最传统有效的做法是尽量表示虔敬，使人家感到备受尊重，乐于从命。

每个人都有好为人师的本质，特别是自认为经验丰富和取得了一些成就的人。当女人用“求教”的方式向对方提问题时，就可以把心与心之间的距离拉得很近。当你求教之后再进行你的正题，向对方提出你的真实意图，往往能收到奇效。

3. 自责请求

首先讲明自己知道不该提出某个请求，然后说明为实情所迫不得不讲出来，令人感到实出无奈，例如：“真不该在这个时候打搅您，但是实在没有办法，只好麻烦您一下。”

在人际交往中，要知道在有的时候、有些场合打搅别人是不合适的，不礼貌的，但有时又不得不麻烦人家，这就应该知道表示不妥，求得人家谅解，以免显得冒失。

4. 体谅请求

首先说明自己了解并体谅对方的心情，再把自己的要求或想法表达出来。例如：“我知道你手头也不宽裕，不过实在没办法，只好向你借一百元。”求人的重要原则就是充分体谅别人，这不仅要在行动中体现出来，而且要在言语当中表示出来。

5. 迟疑请求

首先讲明自己本不情愿打扰对方，然后再把有关要求等讲出来，以缓和讲话语气。例如：“这件事我实在不想多提，可你一直忘了替我办。”在提出要求时，如果在话语中表示自己本不愿意说，这样就会显得自己比较有涵养。

6. 述因请求

在提出请求时把具体原因讲出来，使对方感到很有道理，应该给予帮助。例如：“隔行如隔山，我一点儿也不知道人家那边的规矩。你是内行，就替我办了吧！”在提出请求时，如果把有关理由讲清楚，就会显得合乎情理，令人欣然接受。

7. 乞谅请求

首先表示请求对方谅解，然后再把自己的愿望或请求等表达出来，以免过于唐突。例如：“恕我冒昧，这次又来麻烦你了。”请求别人原谅，这是礼貌语言交际最有效的方法，女人们常常使用这种方式来进行交流。显得比较友好、和谐。

口才策略：

女性应该明白，礼貌和教养对于社交中的人来说是必不可少的，它是装饰人类或其他一切的优良品质和天资。礼貌不用花钱，却能赢得一切。礼貌使有礼貌的人喜悦，也使那些受人以礼相待的人们喜悦。

把话说好才能把事儿办成

办事时的语言沟通，要预先想好词掂好句，先说什么后说什么，怎么说和说到什么程度，都应该有个讲究，要知道，只有把话说好，才能把事办好。

女人借助一定的表达方式把自己要办的事说出来，这是一种语言的艺术。

1. 自我推销：有好印象后再套关系

初次见面时让人对你留下深刻的印象，是非常重要的。和陌生人见面时，要先作好自我介绍。当你们见面，目光相对，互露微笑之后，接下去就是“我叫……”的自我介绍，这种介绍的要点就是要讲清楚自己的名字和身份。如果对方因没有搞清你的名字而叫错你，彼此一定会觉得很尴尬，很容易造成不愉快的场面。因此，自我介绍时，除了要讲清楚自己的名字和身份外，最好能附带一句比如“张，弓长张”这样的说明不但不会使对方发生误解，还可以加深印象。

非常重要的一点是必须记牢对方的名字，最好的办法就是找机会说出对方的名字，帮助记忆，在讲话中时常提到对方的名字，让对方一定会觉得你很重视他，而感到愉快，促进感情交流。

2. 套近乎儿：拉近感情后再谈正事

托人办事之前首先要通过语言拉近与对方的距离，俗称“套近乎”。套近乎就是要在交际双方的经历、志趣、追求、爱好等等方面寻找共同点，诱发共同语言，为交际创造一个良好的氛围，进而赢得对方的支持与合作。套近乎是交际中与陌生人、尊长、上司等沟通情感的有效方式。外交史上有一则轶事：

一位日本议员去见埃及总统纳赛尔，由于两人的性格、经历等相距甚远，总统对这位日本议员不大感兴趣。日本议员为了不辱使命，搞好与埃及当局的关系，会见前进行了多方面的分析，最后决定以套近乎的方式打动纳赛尔，达到会谈的目的。下面是双方的谈话：

议员：阁下，尼罗河与纳赛尔，在我们日本是妇孺皆知的。我与其称阁下为总统，不如称您为上校吧，因为我也曾是军人，也和您一样，跟英国人打过仗。

纳赛尔：唔……

议员：英国人骂您是“尼罗河的希特勒”，他们也骂我是“马来西亚之虎”，我读过阁下的《革命哲学》，曾把它同希特勒《我的奋斗》作比较，发现希特勒是实力至上的，而阁下则充满幽默感。

纳赛尔：呵，我所写的那本书，是革命之后，三个月匆匆写成的。你说得对，我除了实力之外，还注重人情味。

议员：对呀！我们军人也需要人情。我在马来西亚作战时，一把短刀从不离身，目的不在杀人，而是保卫自己。阿拉伯人现在为独立而战，也正是为了防卫，如同我那时的短刀一样。

纳赛尔：阁下说得真好，以后欢迎你每年来一次！

此时，日本议员顺势转入正题，开始谈两国的关系与贸易，并愉快地合影留念。日本人的套近乎策略产生了奇效。

3. 打破冷场：气氛和谐后再谈正题

俗话说：“酒逢知己千杯少，话不投机半句多。”托人办事也是如此，要开动脑筋，注意观察，迅速找到共同点，以此作为一种契机，与受托对象进行和谐投机的谈话。

有一位女记者去采访一位科学家，到了科学家那儿，女记者看到墙上挂着几张风景照，于是就谈起了构图呀，色调呀，原来这位科学家爱好摄影，他兴致勃勃地拿出了他的相册，谈话气氛非常融洽。正是由于这种气氛，使后面的正题采访进行得非常顺利。

一次，这位记者去采访一位女教师，行前有人说她很倔，说不好三言两语就把人打发了。记者到学校去找她，她正在跟传达室的人发脾气。记者一听她说话的口音是浙江人，心里暗暗高兴，因为她也是浙江人。后来，她们的交谈就从家乡谈起，越谈越热乎，这一段题外话也为正题作了很好的铺垫。

口才策略：

实际上采访和托人办事差不多少，记者的经验可供各位办事者借鉴。

双方的心是相通的，交谈是和谐的，进而才能缩短距离。因此，女人和陌生人的交谈，千万不要把话讲完，把自己的观点讲死，而应是虚怀若谷，欢迎探讨。

言辞中的技巧，关系到事情的成败

求人办事时，同样的一句话用不同的方法和语言表达出来，效果是不完全一样的。运用一些说求人话的技巧，才能使被求者乐意答应自己的请求。

一般地，会办事的女人都很会说话，会不会说话有时决定着事儿能不能办成。言辞中的技巧运用得当与否，会关系到事情的成败。

1. 用真情打动人

这一般用于比较大的或较为重要的事情上。把对人的请求融入激情的语言表述中，或申述自己的处境，以表示求助于人是不得已之举；或充分阐明自己所请求之事并非与被请求者无关，以使对方不忍无动于衷、袖手旁观。真正以心换心，以情激情地“巧言”、“善言”了，还会有做不成的事吗?

人们最愿意与有感情、富爱心的人交往，当然也最愿意与他们合作，谈生意。当然，这还归功于口才的“魔力”，没有好口才是说不动对方的，人与人之间有了良好的感情做前提，难办的事、尴尬的事也会变得好办、办得顺利了。

2. 先恭维、赞扬对方，达到办事的目的

女人求人办事之前先对所求的人作恰到好处、实事求是地称赞。及时说点好话，就与所求的事有关的方面称赞一下对方，也不失为一种求人的好办法。

一位催款小姐到某公司催款已有数次，都没得分文。后来，催款小姐发现了这位总经理经不起吹捧、爱面子的弱点，于是对“症”下起药来。在以后与总经理的交谈中，催款小姐对欠款公司的发展、规模讲得有根有据，头头是道，总经理越听越高兴，索性自己滔滔不绝地讲起“治厂经”。催款小姐见时机成熟，便恭维说：“总经理，像您这样稳重成熟，思考周密，一般人在您这个年龄很难做到啊！”一句话又引起对方把自己的经历和盘托出。最后转入正题，催款小姐叹道：“难呐，就像我催款一样，总也不见效，对上面不好交账。您这么有能耐的人，给我把款子办了，有为难之处吗？”总经理先是重复了领导班子有统一意见，不能随便支付欠款的话，但他沉思了一会儿，爽快地拍板说：“你也跑了好几趟了，很不易，下个周一，你找王经理拿款吧！我给他打个招呼就行了！”终于，坚冰迎刃而解。

3. 应有“互利”意识，并向对方郑重承诺

这是指在求人时不忘表示愿意给对方以某种回报，或将牢记对方所提供的好处，即使不能马上回报对方，也一定会在对方用得着自己的时候鼎力相助。配以“互利”的承诺，让对方觉得他的付出值得，同时也会对求助者多一份好感。

美国钢铁大王安德鲁·卡内基有一次为了竞标太平洋铁路公司的卧车合约，与竞争对手布尔门铁路公司铆上劲儿了。双方为了得标，不断削价竞争，已到了无利可图的地步。

一天，卡内基遇上了布尔门，卡内基主动上前向布尔门打招呼，并说：“我们两家公司何必要互挖墙脚呢？”接着，卡内基向布尔门说，恶性竞争对谁都没好处，并提出彼此尽释前嫌，携手合作的建议。

布尔门沉默了半天，说：“如果我们合作的话，新公司的名称叫什么？”

卡内基一下明白了布尔门的意图。于是，卡内基果断地回答：“当然用‘布尔门卧车公司’啦！”这样，两人很快就达成了合作协议，布尔门和卡内基在这笔业务中，都大赚了一笔。

4. 借助第三者，寻求“过渡”

倘若向要好和熟悉的人求助，可以直截了当、随便一点。但有时求助于关系一般的人、生人或社会地位较高的人时，则常常需要一个“导入”过程，往往需要寻求第三者帮忙。例如，推销员在推销一种健康器材时，最简单的就是用身边的例子：“某某买了一台”，“某某最爱用的化妆品，就是某某牌的”。这样说容易获得别人的信任。

口才策略：

此外，女人在求人办事之前，要对所要求助的人有一个全面的了解，以

防在与人谈话时无意间冒犯对方。一旦冒犯对方，你的辛苦便会付诸东流。

女人说求人的话要循序渐进

说求人的话不能心急，要循序渐进，一点一点地引别人接受，这既是说话办事的小办法，也是嫁接成功的大原则。

美国斯坦福大学社会心理学家弗利特曼和弗利哲两位教授，曾同学校附近一位家庭主妇巴特太太做了个有趣的实验，他们打了个电话给她：

“这儿是加州消费者联谊会，为具体了解消费者之实况，我们想请教几个关于家庭用品的问题。”

“好吧，请问吧！”

于是他们提出了一两个例如府上使用哪一种肥皂等简单问题。当然，这个电话，不仅仅只是打给了巴特太太。

过了几天，他们又打电话了：“对不起，又打扰你了，现在，为了扩大调查，这两天将有五六位调查员到府上当面请教，希望你多多支持这件事。”

这实在是件不好办的事，但也被同意了，什么原因呢？只因为有了第一个电话的铺路。相反地，他们在没有打过第一个电话，而直接有第二个电话要求时，却遭到了拒绝。他们最后以百分比作为结论。前一种答应他们的占 52.8%，后一种只有 22.2%。

据此可知，向人有所请托，应由小到大，由微知著，由浅及深，由轻加重才是。循序渐进是求人成事一个很好的方法。求人成事往往不会一帆风顺、一求即成。有时，由于我们所提的要求比较高，对方一下子很难接受，在这种情况下，一种有效的方法是引诱对方先同意一个很小的要求，一旦同意了这个小要求，就有可能进一步同意更大的要求。

东北军阀张作霖喜欢搓麻将，在玩牌中，发生过一件趣事：

那是张作霖在北洋政府当政的时候，有一个政客，想在东北谋一个美差，曾经请了个有势力的大老板，把他推荐给张作霖，张也表示同意委以重任。可一等再等，委任状迟迟不下来，急得那个政客像热锅上的蚂蚁。

说来也巧，他有一次遇到了一位旧友，此人正好是张作霖的顾问。这位政客把自己的处境告诉了他，请求他催催张作霖。哪知那顾问一个劲摇头。“不好办啊。他是一个多疑的人，本来也许会给你个差使，这样一来，非但不给，搞不好还会招来祸殃呢！”

不过，顾问到底是顾问，他见政客一脸的失望，竟也为朋友想出个主意：“老头子近来很高兴打牌，我就借某总长家里，请张作霖来吃饭打牌。打牌时你也来，一定要让老头子赢得满意。到那时候，我自有妙计。”

一切照顾问的计划进行，那天，张作霖的牌风极顺，要什么牌就来什么牌，他高兴地一个劲儿地乐！打过牌后，张作霖要吃筒烟提提神，那顾问就附在烟榻旁烧烟。两人边吃边聊，顾问捧他：“大帅，您这牌可打得太棒了！”

张作霖吸了口烟，笑道：“哪里，碰运气罢了！”那顾问话锋一转：“今天那一位可输苦了！他也不是个富有的人，这次到北京来，是想谋一个差事的。”

张作霖听了把烟枪一搁道：“他是你的朋友，那就把支票还给他得了！”说着就去口袋里掏支票。那顾问连连摆手说：“使不得，使不得，他也是个要面子的人，输了的钱，他绝不会收回的。他在前清也是个京官，还有些才干呢！大帅要可怜他，就周全周全他，给他个什么职司，他就感激不尽啦！”

张作霖突然想起了什么似的，拍拍脑袋道：“噢，想起来了，某老也曾经推荐过他的，那我就成全了他吧！”

不出一个星期，那个政客就到东北去做官了。

这位政客拐弯抹角求人求官的良苦用心能给我们以启发，也就是说，求人办事，有时不可直来直去，那样多半会碰钉子。日常生活中也有这种情况，比如想要找人办事，又怕人家拒绝，因为一旦拒绝就不好再找别人出面了，这时最好的办法就是人为地制造一种机会让对方顺气，然后借着机会把自己的意思提出来，让对方在高兴的时候爽快地答应你的要求。

口才策略：

这种类似的求人术在现实生活中也经常被用到。一位精明的推销员，当她向一位不耐烦的人推销化妆品而遭到拒绝时，她没有就此罢休，而是很快提出了一个让人容易接受的条件，说："先生，只给我五分钟时间就好。"事实上，那位先生不只让出了五分钟，而是十分钟或二十分钟，更重要的是那位先生最后不得不掏出口袋里面的钱。这正是这种求人术的绝妙之处！

从对方的角度出发，把话说到关键处

要获得对方的认同，就必须要关怀对方的利益，关注对方的兴趣。从对方的立场出发，往往会更容易达到自己的目的。

一位著名的心理学家说："只要你对别人真心地感兴趣，那么，你在接下来的两个月里所得到的朋友，会比一个要别人对他感兴趣的人，在两年内所结识的人还要多。最会说话的女人，往往是最善于说对方感兴趣的话的人。最会办事的女人，往往是做了让对方感动的事的人。"

被公认为"魔术师中的魔术师"的哲斯顿，在他那个时代里，用精彩的表演让超过6千万的人买票进场看他的演出。其成功的秘诀就是懂得如何从关怀观众的角度出发，懂得表现人性。他说，"许多魔术师会看着观众，而对自己说：'坐在台下的那些人都是一群傻子和笨蛋，我可以把他们骗得团团转。'"而哲斯顿的方式却不同，他每次上台，就会对自己说："我很感激，因为这些人来看我的表演，就是我的衣食父母，是他们让我能够过上很舒适的生活，因此，我要把我最高明的手法，表演给他们看。"

说话也一样，只有从关怀对方的角度出发，才能赢得对方。如果女人想让自己说出来的话具有价值，或者能够带来价值，那么，你就需要记住一条适用于广泛领域，也适合于说话上的一条"黄金定律"。其内容是，你想别人如何对待你，你就首先如何对待别人。我们要获得别人的支持，我们就必须先去替别人着想，对别人作出自己力所能及的支持。

著名人际关系专家戴尔·卡耐基每季度都要在纽约的某家大旅馆租用大礼堂20个晚上，用以讲授社交训练课程。有一个季度，他刚开始讲课时，忽然接到通知，房主要他付比原来多三倍的租金。而这个消息到来以前，入场券已经印好，而且早已发出去了，其他准备开课的事宜都已办妥。很自然，他要去交涉。

卡耐基找到经理，说："我接到你们的通知时，有点震惊，不过，这不怪你。假如我处在你的位置，或许也会写出同样的通知。你是这家旅馆的经理，你的责任是让旅馆尽可能地多盈利。你不这么做的话，你的经理职位难以保住，也不应该保得住。假如你坚持要增加租金，那么让我们来合计一下，这样对你有利还是不利。如果你把我撵跑了，我势必再找别的地方举办训练班。这个训练班将吸引成千上万的有文化、受过教育的中上层管理来听课，对房主来说，这难道不是起了不花钱的活广告作用了吗？事实上，假如你花5000元钱在报纸上登广告，你是不可能邀请到这么多人亲自来你的旅馆参观的，可我的训练班给你邀请来了。这难道不合算吗？"

讲完后，卡耐基告辞了："请仔细考虑后再答复我。"

第二天卡耐基收到一封信，通知他租金只涨50%，而不是300%。

从对方的立场出发，为他分析出事情的利弊，对方便会主动地按照你的思路走下去，从而达到你的目的。卡耐基之所以成功，在于当他说"如果我是你，我也会这样做"时，他已经完全站到了经理的角度。接着，他站在经理的角度上算了一笔账，抓住经理的心理：盈利，使经理心甘情愿地把天平砝码加到卡耐基这边。

无论是什么情况，要获得对方的认同，就必须要为对方着想，关怀对方的利益，关注对方的兴趣。如果你对别人指手画脚，有时会激起他们的逆反心理，导致事情走向你所希望的结果的反面。而若是从对方的立场出发，将他的思路引导到你的思路上来，让他站到你所搭建的舞台上，往往会更容易达到自己的目的。

口才策略：

如果女人要使别人信服你，那你首先就要真诚地尽力站在对方的立场上看事情。如果我们托人办事、借别人出面出力去做成我们筹划的事，这种策略肯定是应该首先考虑的：以对方的眼光和情感作为切入角度，引导他"变成"自己，这样，他自然会乐意爽快地"替"你把事情给办好了。按照对方的观点去想问题，站在他人的立场去说话，女人的事业和人际一定会顺风顺水。

掌握说服的方法，就易达到理想的效果

在生活中，随时可能遇到要说服别人的情况，如果不掌握方法，说服就难以达到理想效果。你只有掌握说服的方法，才能达到说服的目的。

在生活中需要说服的对象有很多，他可能是你的亲人、你的上司、你的顾客、你的朋友、你应聘的主考官……女人只有掌握说服的方法，才能达到说服的目的。

1. 争取同情，以弱克强

渴望同情是人的天性，如果女人想说服比较强大的对手时，不妨采用这种争取同情的技巧，从而以弱克强，达到目的。

有个出租车女司机把一男青年送到指定地点时，这个男青年掏出尖刀逼她把钱都交出来，她装作害怕的样子交给歹徒300元钱说："我今天就挣这么点儿，要嫌少就把零钱也给你吧。"说完又拿出20元找零用的钱。见女司机如此爽快，歹徒有些发愣。女司机趁机说："你家在哪儿住？我送你回家吧。这么晚了，家人该等着急了。"见司机是个女子，又不反抗，歹徒便把刀收了起来，让女司机把他送到火车站去。

见气氛缓和了，这位女司机又不失时机地启发歹徒："我家里原来也非常困难，咱又没啥技术，后来就跟人家学开车，干起这一行来。虽然挣钱不算多，可日子过得也不错。何况自食其力，穷点儿谁还能笑话咱呢！"见歹徒沉默不语，女司机继续说："唉，男子汉四肢健全，干点儿啥都差不了，走上这条路一辈子就毁了。"火车站到了，见歹徒要下车，女司机又说："我的钱就算帮助你的，用它干点正事，以后别再干这种见不得人的事了。"一直不说话的歹徒听罢突然哭了，把300多元钱往女司机的手里一塞说："大姐，我以后饿死也不干这事了。"说完，低着头走了。

在这个事例中，女司机巧妙地争取同情，以弱克强，最终达到了说服对方的目的。

2. 善意威胁，以刚制刚

很多人都知道用威胁的方法可以增强说服力，而且还不时地加以运用。这是用善意的威胁使对方产生恐惧感，从而达到说服目的的技巧。

在一次集体活动中，当大家风尘仆仆地赶到事先预定的旅馆时，却被告知当晚因工作失误，原来订好的套房中竟没有热水。为了此事，女领队约见了旅馆经理。

旅店经理说，锅炉工回家了，他无能为力。领队说："您有两个办法，一是把失职的锅炉工召回来；二是您可以给每个房间拎两桶热水。当然我会配合您劝大家耐心等待。"这次交涉的结果使得经理派人找回了锅炉工，30 分钟后每间套房的浴室都有了热水。威胁能够增强说服力，但是，女人在具体运用时要注意以下几点：态度要友善，威胁程度不能过分，否则会弄巧成拙。

3. 投其所好，以心换心

站在他人的立场上分析问题，能给他人一种为他着想的感觉，常常具有极强的说服力。要做到这一点，知己知彼十分重要，唯有这样才能从对方立场上考虑问题。

某精密机械工厂将其生产的新产品的部分部件委托小工厂制造，当该小厂将零件的半成品呈示总厂时，不料全不符合该厂要求。由于迫在眉睫，总厂负责人只得令其尽快重新制造，但小厂负责人认为他是完全按总厂的规格制造的，不想再重新制造，双方僵持了许久。

总厂厂长见了这种局面，在问明原委后，便对小厂负责人说："我想这件事完全是由于公司方面设计不周所致，而且还令你吃了亏，实在抱歉。今天幸好是由于你们帮忙，才让我们发现竟然有这样的缺点。只是事到如今，事情总是要完成的，你们不妨将它制造得更完美一点，这样对你我双方都是有好处的。"那位小厂负责人听完，欣然应允。

口才策略：

习惯于顽固拒绝他人说服的人，经常都处于"不"的心理组织状态之中。对付这种人，如果一开始就提出问题，绝不能打破他"不"的心理。所以，你得努力寻找与对方一致的地方，先让对方赞同你远离主题的意见，从而使之对你的话感兴趣，而后再想法将你的主意引入话题，而最终求得对方的同意。

迂回问话，绕个圈子巧试探

求人办事不能直来直去，如果事情超出对方能力范围，就会令对方很难堪。如果女人能掌握迂回问话的技巧，则会让你开口不难，办事更不难。

当女人有求于人的时候，不明深浅要套出对方的实情的时候，要以情分打动人心的时候，如果先兜个圈子，巧妙探探对方口风，那么事情更容易办成。

1. 以虚话套实话

做老实人说老实话，应是为人的一条准则，但直炮筒子未必处处受欢迎，特别当连自己也不明白要说的是不是实话时，那该怎么办呢?

张婕托好友王局长为自己办件事，忽然听说他被捕“进去了”，又不知真假，就到张家探望。确实只有局长夫人在家，满脸愁容。张婕开口道：“王局长怎么没在家呀?”果然王夫人长叹一声：“唉！心脏病又犯了，昨天送进医院了……”

原来如此！如果张婕实话询问王局长是否真的被捕了，那场面会如何?张婕是这样设想的：如果王局长真的被捕了，其夫人自然会实情相告。虚虚实实，转换自如，毫不唐突。

2. 拐个弯才能达到目的

有时，一些话自己说出来会显得尴尬，这时，诱导对方先开口无疑是上上之策。

王萍准备借助于朋友赵某的路子做笔生意，在她将一笔巨款交给赵某的第二天，赵某暴病身亡。王萍立刻陷入了两难境地：若开口追款，太刺激赵某的未亡人；若不提此事，自己的局面又难以支撑。

帮忙料理完后事，王萍是这样对赵夫人说的：“真没想到赵哥走得这么早，我们的合作才开始呢。这样吧，嫂子，赵哥的那些关系户你也认识，你就出面把这笔生意继续做下去吧！需要我跑腿的时候尽管说，吃苦花力气的事情我不怕。”

表面上看，她丝毫没有追款的意思，还义气感人，其实她明知赵妻没有能力也没有心思干下去，话中又加上巧妙的提醒：我只能跑腿花力气，却不熟络那些门路；困难不小还又时不我待。

结果呢？赵妻反过来安慰他道："这次出事让你生意上受损失了，我也没法干下去了，你还是把钱拿回去再找机会吧。"

3. 幽上一默一举两得

轻松幽默的话题，往往能引起感情上的愉悦；只要有可能，最好能把庄重严肃的话题用轻松幽默的形式说出来，这样对方可能更容易接受。

陈静在一家外资企业打工，在较短的时间内，连续两次提出合理化建议，使生产成本分别下降。洋老板非常高兴，对她说："年轻人，好好干，我不会亏待你的。"

陈静当然知道这句话可能意义重大，也可能不值一文。她想要点实在的，便轻松一笑，说："我想你会把这句话放到我的薪水袋里。"洋老板会心一笑，爽快应道："会的，一定会的。"不久她就获得了一个大红包和加薪奖励！

面对老板的鼓励，如果陈静不是这样俏皮，而是坐下来认真严肃地提出加薪要求，并摆出理由若干条，岂不太煞风景，甚至适得其反。

4. 用柔和的语调

以商量的口气把要求办的事儿说出来不失为一种高明的办法。如："能不能快点把这事儿给办一下？"

装作自己没把握，把请求、建议等表达出来，给对方和自己留下充分的退路。例如："你可能不愿意去，不过我还是想麻烦你去一趟。"

催问别人时也要注意用语的分寸，应多用请求语气；千万不可用"怎么还不处理呀""这个月底前必须处理"等责问句或命令句。如果改换另一种询问口气，可能效果会好得多。

口才策略：

不能有急躁情绪，要耐心地、不厌其烦地登门拜访，申诉你的理由和要求。别指望很快就能得到答复和处理，要有长期作战的心理准备。即使受了冷遇，碰了钉子，只要问题能处理，受点委屈也是值得的。

第 12 章

把话说得温暖人心，赞美他人的心理策略

赞美是人们的一种心理需要，是对他人尊敬的一种表现。恰当地赞美别人，会给人以舒适感，同时也会改善女人的人际关系。所以在沟通中，女人必须掌握赞美他人的技巧。恰如其分的赞美会赢得对方的信任和好感；但把赞美弄得过白过滥，变成了拙劣的吹捧，只会弄巧成拙。

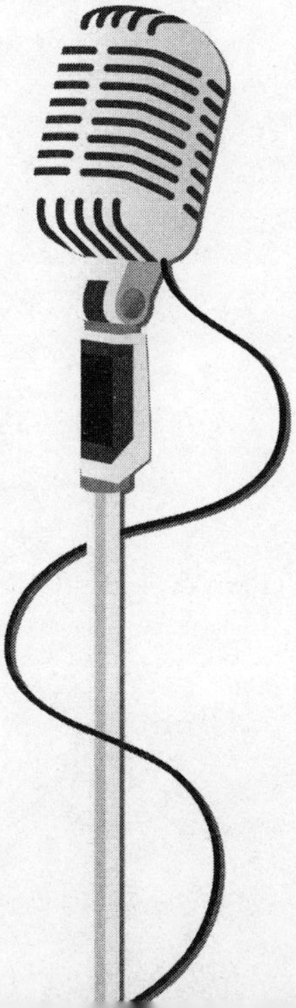

说赞美话要从他人痒处下手

喜欢受赞美是人的天性之一。用诚恳的态度，热情洋溢的话语来直接赞美对方，能迅速博得对方的好感，从而产生共鸣，深入交往。

喜欢听好话受赞美是人的天性之一。女人用诚恳的态度，热情洋溢的话语来直接赞美对方，不仅能表现自己的涵养、友善，迅速博得对方的好感，而且能使对方感到自我价值被人赞同、认可，从而产生共鸣，渴望与其拉近关系，深入交往。总体来说，要想学会正确的赞美方式，一般都要注意以下几点：

1. 赞美须情真意切

赞美要有发自内心的真情实感，这样的赞美才不会给人虚假和牵强的感觉。带有情感体验的赞美既能体现人际交往中的互动关系，又能表达出自己内心的美好感受，对方也能够感受到你对他真诚的关怀。

虽然人人都喜欢听赞美的话，但并非任何赞美都能使对方高兴。能引起对方好感的只能是那些基于事实、发自内心的赞美。相反，你若无根无据、虚情假意地赞美别人，他不仅会感到莫名其妙，更会觉得你油嘴滑舌、诡诈虚伪。例如，你见到一位其貌不扬的小姐，却偏要对她说："你真是美极了。"对方立刻就会认定你所说的是虚伪之至的违心之言。但如果你着眼于她的服饰、谈吐、举止，发现她这些方面的出众之处并真诚地赞美，她一定会高兴地接受。

2. 赞美要抓住对方的长处

赞扬能够鼓励他人前进。心理学家马斯洛认为，荣誉感和成就感是人的高层次的需要。一个人具有某些长处或取得了某些成就后，他还需要得到社会的承认。赞美的作用，就是承认他人的长处和成就。当他的行为受到称赞，就会受到鼓舞，发挥更大的积极性，继续努力前进。

琴德太太刚雇好一个女佣，告诉她下星期一开始来工作。然后，琴德太太打电话给那女佣以前的女主人，询问女佣以前的工作状况，那太太称这个女佣并不好。

星期一女佣来上班的时候，琴德太太并没有把女佣以前女主人的话告诉她，而是彻底地夸奖了女佣一番。琴德太太告诉女佣，她以前的女主人说她诚实可靠，会做菜，会照顾孩子。唯一的缺点就是太随便，不将房子打扫干净。但是琴德太太认为她说得没有道理，她说她从女佣的穿着来看，她是一位爱干净的人，她肯定会把房子收拾得和自己一样整洁干净。而且，她认为她们之间会相处得很好。

后来，她们果然相处得非常好，女佣要顾全她的名誉，所以琴德太太所讲的，她真的做到了。她把屋子收拾得干干净净，她宁愿自己多费些时间，辛苦些，也不愿意破坏琴德太太对她的好印象。

任何人都愿意竭尽所能地保持自己在别人心目中的形象。所以，如果要影响一个人的行为，不妨给他一个美好的名誉引导他，使其为了保全自己的名誉而极力表现，从而激发出他的潜能和对生活的热情，让他成为一个真正出色的人。

口才策略：

在社交场合，无论对男人还是对女人，有效的赞美都非常重要，可以让彼此的沟通事半功倍。所以，培养随时赞美他人的习惯，往往可以让你的社交如鱼得水。正所谓“日日耕耘才会有收获”，赞美他人也是如此。

赞美他人的3个要点

恰当地赞美别人，会给人以舒适感，同时也会改善我们的人际关系。赞美别人时审时度势，掌握一定的技巧，会事半功倍。

赞美别人是一小笔投资，只须片刻思索找到别人的优点就能得到意想不到的回报；赞美也是与他人沟通情感、表示理解支持的最好方式。任何人都想听到赞美自己的话，而不愿意听到批评的话。女人赞美对方恰如其分、恰到好处，会让对方感到很舒服。

1. 雪中送炭更有效

生活中，最需要赞美的不是那些早已功成名就的人，而是那些因被埋没而产生自卑感或身处逆境的人。他们平时很难听到一声赞美的话语，一旦被人当众真诚地赞美，便有可能振作精神，大展宏图。因此，最有实效的赞美不是“锦上添花”，而是“雪中送炭”。

此外，赞美并不一定总用一些固定的词语，见人便说“好”。有时，投以赞许的目光、做一个夸奖的手势、送一个友好的微笑也能收到意想不到的效果。

2. 赞美要注意善言的时机

赞美中认真把握时机，是十分重要的。尤其是恭维，应当切合当时的气氛、条件，有着一定的“时效”约束。当你发现对方有值得赞美、恭维的地方时，要善于及时大胆地赞美、恭维，千万不要错过时机。不适时机的恭维，无异于南辕北辙，结果只能事与愿违，起不到应该起的效果，甚至还会产生一定的副作用。同时，你还应该记住：当你的朋友发现他自己的某种不足而正要改正时，你却对他的这种不足之处大加赞赏，绝不会令你的朋友满意的。

3. 间接赞美比直接赞美更有效

所谓间接赞美就是借第三者的话来赞美对方，这样比直接赞美的效果往往要好得多。有一个员工，在与同事们午休闲谈时，顺便说了上司的几句好话：“陈强这个人很不错，办事公正，对我的帮助尤其大，能为这样的人做事，真是一种幸运。”没想到这几句话很快就传到陈强的耳朵里去了，这免不了让陈强的心里有些欣慰和感激。而同时，这个员工的形象也上升了。连那些“传播者”在传达时，也顺带对这个员工夸赞了一番：这个人心胸开阔，人格高尚，真不错。

口才策略：

在背后说别人的好话，会被人认为是发自内心、不带私人的动机。其好处除了能给更多的人以榜样的激励作用外，还能使被说者在听到别人“传播”过来的好话后，更感到这种赞扬的真实和诚意，从而在荣誉感得到满足的同时，增强了上进心和对说好话者的信任感。

说好职场中的赞美话

职场中，如果能对你的上级、下属或者是同事进行真诚的赞美，对于创造一种融洽的人际关系，提升员工的工作主动性都将起到积极的作用。

美国著名作家、幽默大师马克·吐温曾说过："一句赞美的话能当我十天的口粮。"赞美对于赞美者来说，是一种给予。赞美，首先就是你对他人成绩的认可，一种高度肯定的评价，一种对他人价值的赞誉。在赞美中，对方获取了一种优厚的精神报酬。

1. 从否定到肯定的效果好

很多人在赞美别人的时候总是平铺直叙，效果很不好。如果能尝试采取从否定到肯定的赞美方法，效果很就会好得多。看看以下两句评价同事的话，你就会明白赞美的技巧是多么的重要。一般的说法是"我像佩服别人一样佩服你"，从否定到肯定的说法则是"我很少佩服别人，你是例外"。

2. 赞美别人引以为荣的事情

每个人跟你谈到他自己引以为荣的事情的时候，往往希望能得到听众的肯定和欣赏，希望得到热烈的回应。因此，当别人谈到自己得意的事情的时候，我们不妨给予适当的赞美。

乔治·伊斯曼是世界上最有名望的商人之一。当时，纽约高级座椅公司的总裁亚当斯想得到伊斯曼所盖的两幢大楼的座椅订货生意。于是，他约定拜见伊斯曼。

进入伊斯曼的办公室时，亚当斯满脸诚恳地说："伊斯曼先生，我一直很羡慕您的办公室，我在这之前还没有见过比这更漂亮的办公室呢。"

伊斯曼回答说："这间办公室很漂亮，是吧？当初刚建好的时候我对它也是极为欣赏。可如今，我每来这儿时总是盘算着许多别的事情，有时候甚至一连几个星期都顾不上看这个房间一眼。"

接下来，伊斯曼带亚当斯参观了那间房子的每一个角落，他把自己参与设计与监造的部分一一指给亚当斯看。他还打开一只带锁的箱子，从里面拉出他的第一卷胶片，向亚当斯讲述他早年创业时的奋斗历程。

在离开伊斯曼家时，亚当斯获得了那两幢楼的座椅生意。

3. 赞美要翔实、具体

在日常生活中，人们获得显著成绩的时候并不多见。因此，交往中应从具体的事件入手，善于发现别人哪怕是最微小的长处，并不失时机地予以赞美。赞美用语愈翔实具体，说明你对对方愈了解，对他的长处和成绩愈看重。让对方感到你的真挚、亲切和可信，你们之间的人际距离就会越来越近。如果你只是含糊其辞地赞美对方，说一些“你工作得非常出色”或者“你是一位卓越的领导”等虚空的话语，不仅会引起对方的猜度，甚至会产生不必要的误解和矛盾。

一位举止优雅的妇女对一个朋友说：“你今天晚上的演讲太精彩了。我情不自禁地想，你当一名律师该会是多么出色。”这位朋友听了这意想不到的评语后，高兴得红了脸。正如安德烈·毛雷斯曾经说过的：“当我谈论一个将军的胜利时，他并没有感谢我。但当一位女士提到他眼睛里的光彩时，他表露出无限的感激。”

口才策略：

赞扬对方的时候，往往细微之处显真情，当同事、朋友或下级感受到你对他优点的切实了解时，你也就获得了他们的信任、真诚相待及工作上的积极支持。

赞美员工的诀窍

在现代社会，要想让员工尽心竭力为公司服务，金钱奖励是一种办法，但收服人心，善于表扬，常会收到意想不到的结果。

赞美员工，不仅要符合赞美的基本要求，而且需要领导掌握具体的赞美方法和艺术。只有赞美方法运用得当，才会起到事半功倍的效果。赞美方法不当，就可能起到消极作用。

1. 有明确指代和理由的称赞

称赞时若能说出理由，可以使对方领会到你的称赞是真诚的。

美国“化妆品皇后”玫琳·凯的成功之道，是她善于用赞美来激励自己的员工。

玫琳·凯公司里的一位推销员，虽然很有能力，但由于她经验不足，因此两次展销会上都没有卖出什么东西。在第三次展销会上，她终于卖出了35美元的东西。虽然在大多数人眼中，这数目少得可怜，但玫琳·凯反而表扬她说：“你卖出了35美元，比前两次强多了，真是了不起！”老板诚恳的赞扬，令这位推销员心里热乎乎的。通过自己的努力，她终于成为了一名著名的推销员，财富与名望都不断地增加。

2. 对事不对人的称赞

这种称赞，可以增强对方的成就感。如：“你今天在会议上提出的维护宾馆声誉的意见很有见地。”这种称赞比较客观，容易被对方接受。同时也使对方感到领导对他的称赞是真诚的。要是我们把赞美的焦点放在了别人所做的事情上，而不是他们本身，他们就会更容易接受你的称赞，而不会引起尴尬。例如，“玛丽，你的书写得真好”要比“玛丽，你真棒”让人容易接受；而“杰克，你昨天在大礼堂的演讲非常精彩”比“我实在找不出一位比你更好的演讲家了”要让杰克觉得自豪。

3. 充分肯定付出的劳动

某局局长很善于适时称赞科员们。他知道，称赞的力量是巨大的，称赞可以激励科员们不断努力、再创佳绩。

财务科会计小王在全市财会人员珠算竞赛中获得二等奖。局长高兴地说：“这次获奖，是你平时努力的结果。这就叫功夫不负有心人。没有日常的努力，是不可能取得这么好的成绩的。”

办公室秘书小高在一次竞赛中获得年度新闻稿件一等奖。拿回证书后，局长立即给予了小高较高的评价：“小高，不错！你的那篇稿子我拜读过，文笔流畅，观点突出。好好努力，会很有发展的。”

这种称赞使下属认识到了自己的价值，从而对自己充满信心，同时还使下属领会到领导对自己付出心血的肯定，产生“知己感”。

4. 随时称赞，语气明确

该称赞的时候即称赞，而且称赞中不要夹杂批评的语言，这种称赞与

“趁热打铁”同理，易被对方接受，起到鼓励的作用。

员工某项工作做得好，老板应及时夸奖，如果拖延数周，时过境迁，迟到的表扬已失去了原有的味道，再也不会令人兴奋与激动，夸奖就失去了意义。

口才策略：

一句普普通通但真挚诚恳的赞美之语，对员工而言也许能够成为莫大的鼓舞与激励。赞美使人的努力得到他人的肯定与赞同，获得心理上的满足与鼓舞，也就赋予了人们积极向上的力量。

恰当地赞美领导

领导与下属的关系是建立在工作与利益基础之上的，这就使得下属对领导的称赞不同于对其他类别的人的称赞。因而在赞美领导时要把握好称赞的技巧。

一句恰当的赞美犹如在点心中夹着一块奶酪，使人甜在心里。因此，适度的赞美是得到领导的青睐、缩短与领导的距离的重要方法。值得注意的是，赞美是有分寸的，赞美领导时稍不注意就会变成了“拍马屁”。有的人虽然在称赞领导方面一向很“积极”，却不注意方式，不仅领导不喜欢听、不敢接受，就连同事听了也反感，不仅没收到效果，反而还得罪了别人。赞美实在是一门微妙的艺术，女性下属赞美领导时，有以下讲究。

1. 赞扬语言要正确

赞扬领导最好以“公众”的语气赞美，同时把自己的赞美融入进去。比如，某报社的魏主编的一篇稿子在 ×× 报上发表，小张不失时机夸赞：“魏主编，大家都在学习你的报道呢！我们都认为您报道的角度独到，大家都要向您请教呢！”魏主编听后很高兴。

赞扬领导要尽量使用“中性”词，切不可滥用形容词和副词，否则容易使领导者感到你言过其实，而且感到你比较虚浮，言不由衷。例如，一位领导同志经常自己动手写稿，偶尔让秘书帮他准备稿子时，他也是事先把稿子的“路子”告诉秘书，供执笔人参考。因此，秘书经常对他说：“像您这样当领导，我们都快失业了。”“人家都说写稿子是苦差事，可是为您写稿子是美差事。”由于赞扬恰如其分，这位领导每次都愉快地接受了。如果秘书说“你真有水平”，“别的领导都比不上你”，那么这位领导一定接受不了，也不会有好的结果。

2. 赞扬方法要正确

对领导者值得赞扬的优点，也要讲究赞扬的方法。直接赞扬和间接赞扬可以并用。直接赞扬，主要是指对领导者个人“有话直说”，当面赞扬。如领导刚作完报告，他主动询问你对报告的印象，那你就可以使用恰当的语言实事求是地进行直接赞扬，切不要以“还可以”、“凑合”之类的话应付了事。间接赞扬，是指对领导者采用迂回的方法进行赞扬。你可以把大家听完报告后的反映转告给领导，这既是直接赞扬，又是间接赞扬。

3. 内容选择要正确

赞扬领导时，最要紧的是赞扬领导者真正在乎的事情。领导不在乎的事情，你喋喋不休地赞扬，难免遭到讨厌。比如：新任职的领导的第一次公开讲话；领导作出的被实践证明是完全正确的决策；领导近期所取得的某项工作的成功；领导者子女的“金榜题名”等等，这些事情常常是领导者很“在乎”的事情，可以恰当赞扬。

例如：某局钱局长喜欢开车，常常自己驾车，并乐于谈论车技。一次局长司机小孙不慎在驾车过程中扭了腰，钱局长让小孙坐车，自己开车。当时正值车辆运行高峰，路上交通拥挤，但钱局长的车开得稳而不慢，这时小孙开口说：“局长，想不到您的车技这么好，在这种情况下开得这么快，比专业司机还棒。”这句由衷赞美之辞使钱局长非常高兴，并时常夸小孙有眼光。

口才策略：

职场需要赞美，作为下属，为了让工作顺利开展，你必须和领导搞好关系，而让领导知道你发现了他身上的闪光点往往让领导很受用。想要“高帽”戴得好，也是有技巧可循的，要不落俗套，才会让对方受用。循规蹈矩、墨守成规的赞美只会让对方感到毫无新意可言，起不到真正赞美的作用。

把握好赞美话的分寸

人不分男女，无论贵贱，都喜欢听合其心意的赞誉。然而，颂扬不当，恰似明珠暗投，更有甚者，反而激起反感，这便是因为懂得赞美却没有掌握赞美的分寸。

赞美如煲汤，火候是关键。赞美对方恰如其分，恰到好处，会让对方感到很舒服；但赞美得多了，会过犹不及，使得赞美没有新鲜感。真正会赞美的女人，非常懂得在赞美时控制好火候，将强弱分寸都拿捏得很得当，张弛有度，收发自如。具体来说，赞扬他人时应注意以下几个分寸：

1. 要得体不要过于夸张

在赞美他人时适当地夸张一点能够有利于表达自己的感情，对方也乐于接受，但过分地夸张就有阿谀奉承、溜须逢迎之嫌。言不由衷或言过其实，都会令对方怀疑赞扬者的真实目的。

法国作家大仲马，一次到全国最大的商店了解售书情况。书店老板知道这个消息后，决定为著名的作家做件高兴的事，在所有的书架上，他只摆放大仲马的书。

当大仲马走进书店后见只有自己的书时，大吃一惊："别的书在哪里？"

"别的书？我们已经卖完了。"

显然，这位书店老板不会恭维，拍马屁拍到了马蹄上。因此，善于说恭维话是十分重要的。

在交际中，人们无疑是喜欢听善言的，但恭维并不等于善言，恭维适度才是善言。如果错误地把恭维当作善言，不分对象、不分时机、不分尺度，总是千方百计、搜肚刮肠找出一大堆的好话、赞词，甚至把阿谀当作善言，那么得到的回报就常常会事与愿违。

2. 不要说外行话

赞美他人是对他人的认可和肯定。所以在赞美时，不能说外行话，要慎重选择赞美的角度，不要不懂装懂，落下笑柄。

有的赞美本来已经使对方很满意了，可赞美者为了显示自己的水平，继续过多地去赞美，往往露出马脚，反而让对方感觉不好。所以，赞美别人时应有所保留为好，千万不要打肿脸充胖子，硬充内行。

行家比你要懂得多，没有必要在赞美时说得过细。比如：对书法家，称赞他们字写得好，可以说“你的字写得太好了，什么时候指点指点我。”这样即可，没有必要说他的字好在哪里。

3. 要避开套词俗语

独具慧眼的赞美者善于发现别人发现不到的优点、长处。比如，面对一幅油画作品，几乎所有的人都异口同声地叹道：“真是太绝了！”“我再练十年恐怕也赶不上！”油画家对这样的恭维早就习以为常了。独有一位与众不同者说道：“常言说，画如其人。您的画运笔沉稳，是和您刚正不阿的秉性、对人生与社会的深刻思考分不开的。”谈画论人，独辟蹊径，避开了套词俗语，令人耳目一新。他的赞美与众不同，技高一筹。

口才策略：

肤浅的赞美让人感到乏味与空洞，受到你赞美的人也丝毫引不起一种荣耀；而见解深刻的赞美让被赞美者产生了认同感，被赞美者会产生与你积极沟通与交流的愿望。

第 13 章

把话说进心里去，让对方不知不觉接受你的说服

女人掌握说服的艺术与技巧至关重要。说服人要换位思考，灵活巧妙，把话说到点子上。正面讲道理，对方听不进去时，可以从侧面下手，打开突破口。说服的过程是说服者对被说服者攻心的过程，也是被说服者心理渐变的过程。掌握说服技巧，并且运用得恰当巧妙，就能取得理想的说服效果。

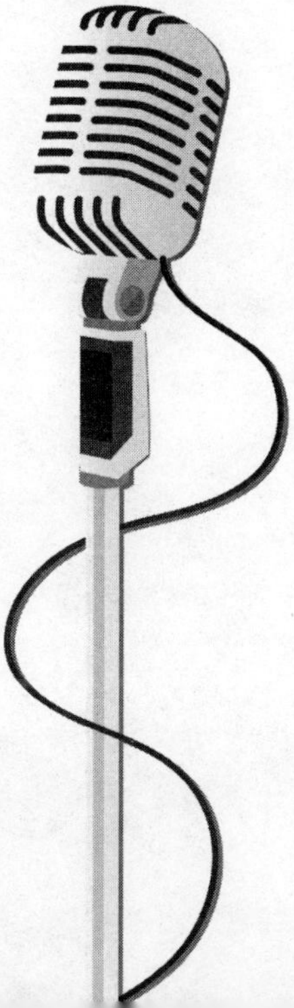

说服他人有技巧

要想有效地说服别人，争取到别人的赞同，仅仅观点正确还不够，还要掌握一些说服的方法技巧。

懂得如何说服别人，可以使彼此互相了解、亲近，也可以使彼此互相合作，凝聚出风雨同舟、众志成城的巨大力量。对一位成功女士来说，运用语言说服、影响别人往往是一件轻而易举、快乐又有趣的事情。

1. 动之以情晓之以理

这是谈话时的常用技巧，当对方态度或思想上一时转不过弯来时，你切不可急躁，而应该态度和蔼，对对方动之以情，晓之以理，引导他提高认识，辨明真相。

在球王贝利很小的时候，有一次，他偷偷地抽烟，被前来看望他的父亲撞见了。

晚上，贝利的父亲问他："你今天抽烟了？"

"抽了。"小贝利红着脸，低下了头，准备接受父亲的训斥。

但是，父亲并没有这样做。他说："孩子，你踢球有几分天赋，如果你勤学苦练，将来或许会有点儿出息。但是，今天你抽烟了。也许你会说，我只是第一次，我只抽了一根，以后不再抽了。但你应该明白，有了第一次便会有第二次、第三次……天长日久，你会渐渐上瘾的，你的身体就会不如从前，而你最喜欢的足球可能因此渐渐地离你远去。"

说到这里，父亲问贝利："你是愿意在烟雾中损坏身体，还是愿意做个有出息的足球运动员呢？你已经懂事了，自己作出选择吧！"

说着，父亲从口袋里掏出一叠钞票，递给贝利，并说道："如果不愿做个有出息的运动员，执意要抽烟的话，这些钱就作为你抽烟的费用吧！"说完，父亲走了出去。

小贝利仔细回味着父亲那深沉而又恳切的话语，不由得掩面而泣，过了一会，他止住了哭，拿起钞票，来到父亲的面前。

“爸爸，我再也不抽烟了，我一定要做个有出息的运动员！”

至今，贝利仍旧不抽烟。

2. 提出具体的资料

在说服的过程中，不能只讲大道理，但并不是就可以不讲“理”，如果将道理讲得具体生动，引人思索，让他们觉得是这么个理儿，就能一步步循序渐进地将道理说明白。使用具体的例子，提供可靠的资料，比一味空谈道理更容易使人信服。

一家百货公司遇到一位顾客要求退回一件外衣，她已经把衣服带回家并且穿过了，只是她丈夫不喜欢。她坚持说“绝没穿过”，要求退换。

售货员检查了外衣，发现明显有干洗过的痕迹。但是，直截了当地向顾客说明这一点，顾客是绝不会轻易承认的，因为她已经说过“绝没穿过”，而且精心伪装穿过的痕迹。这样，双方可能会发生争执。于是，机敏的售货员说：“我很想知道是否你们家的某位成员把衣服错送到干洗店去。我记得不久前我也发生过一件同样的事情，我把一件刚买的衣服和其他衣服一起堆放在沙发上，结果我丈夫没注意，把那件刚买的衣服和一大堆脏衣服一股脑儿塞进了洗衣机。我怀疑你是否也遇到这种事情——因为这件衣服的确看得出已经被洗过的明显痕迹。不信的话，你可以跟其他衣服比一比。”

顾客看了看证据——知道无可辩驳，而售货员又已经为她的错误准备好了借口，给她一个台阶下，于是顺水推舟，收起衣服走了。

说理以攻心为上策

说服的过程是说服者对被说服者攻心的过程，也是被说服者心理渐变的过程。运用“攻心”的说服技巧，在实践中往往能取得理想的说服效果。

每一个女人都处在一定的社会关系中，几乎每时每刻都要与别人打交道，经常会遇到劝导别人的事情，我们每个人都是劝导者和被劝导者。为协调人际关系，把各种事情办好，就必须灵活把握和运用好说理的方式。

1. 婉转道来

说理的语言，如果想做到具有很强的穿透力，使对方听起来趣味盎然并受到启迪和感化，就必须适当地多运用一些生动形象的比喻，转个弯儿将自己所要说的目的婉转地表达出来。

大夫登徒子对楚王说："宋玉这个人非常好色。望大王不要带他出入后宫！"楚王以登徒子的话去问宋玉。

宋玉回答说："我体貌闲丽，这是天生的；至于好色，臣根本没有这么回事。"

楚王问："既然你不好色，那为什么会有这样的传闻呢？"

宋玉说："天下的美女，最美丽的要算我邻居家的女子了。她嫣然一笑，就能倾倒所有的公子哥儿。但是这位女子攀上墙向我张望了三年之久，至今我还没有回应她对我的爱慕。登徒子则不然，他的妻子躬身驼背，走起路来歪歪斜斜，就是这么一副模样，登徒子还是爱得不得了，跟她一次又一次地生了五个孩子。请大王仔细分析一下，到底谁是好色之徒。"

楚王听后连连点头，夸赞宋玉品行端正。

2. 层层释疑

人对某一事物不理解，想不通，往往会疑虑重重，这就需要游说者善于把道理说透。但消除别人的疑虑并不是一件很容易的事情，需要一点一点地层层递进，穷追不舍，把道理讲明白、讲透彻。

张仪游韩说齐，拉拢燕、赵，由于他善于操纵说服技巧，所以，总能抓住关键，一语中的。

张仪前往韩国，游说韩王说："韩国地处险恶的山地，国家所储备的粮食不够两年吃的，现有士兵不过二十万人，而秦国却有百万大军。山东各国的军队只有在披戴甲胄的情况下才能参加战斗，而秦国士兵却敢于丢掉甲胄、赤足露身去追杀敌人，这与把千钧的力量加在鸟蛋之上没有什么不同，山东各国的军队必定没有好下场。大王不服从秦国，秦国必然发兵，那么大王的国家就被分割了。替大王着想，不如亲附秦国而攻打楚国，把战祸转嫁到楚国身上，从而讨得秦国的欢心。"

韩王心悦诚服地听信了张仪的策略。

总之，说服的过程中运用“层递渐进”的说服技巧，从理论上讲，符合心理学的基本规律，在实践中往往能取得理想的说服效果。

3. 心理共鸣

在你尝试说服他人、对另一个人有所求的时候，最好先避开对方的忌讳，从对方感兴趣的话题谈起，不要太早暴露自己的意图，而要让对方一步步地赞同你的想法，不自觉地认同你的观点。

口才策略：

攻心是说服最基本的要点之一，是巧妙地诱导对方的心理或感情，以使被说服者信服的策略。如果说服的一方特别强调自己的优点，企图使自己占上风，对方反而会加强防范心。所以，应该先故意点破自己的缺点或错误，暂时使对方产生优越感，而且注意不要以一本正经的态度表达，才不会让对方乘虚而入。

唤醒角色心理的说服术

在社会生活中，每个人都会产生不同的角色心理意识。要说服某个人，就应该极力唤醒他的角色心理意识，使之自觉地改正错误。

在社会生活中，每个人都扮演着一定的角色。在各种不同的场合，他就应该产生不同的角色心理意识。要说服人，就应该极力唤醒他们的角色心理意识，使之醒悟，认识到自己的过失，自觉改正错误。下面介绍几种常用的唤醒对方角色心理意识的说服术。

1. 切中要害的点拨

要成功说服别人，必须给说服对象设置很体面的台阶，使说服对象既不感到难堪，又不感到唐突，自然就很容易改变自己的做法。只要在说服别人的过程中能够照顾到对方的自尊心，对方通常都不会再坚持己见。

齐景公让人养了很多老鹰和猎犬。有一次，负责养老鹰的烛邹不小心给逃走了一只。齐景公大怒，要把烛邹杀掉。晏子听说后连忙说：“烛邹有三条大罪，不能轻饶了他。让我先数说他的罪状再杀吧！”景公点头称是。

晏子就当着齐景公的面，指着烛邹，一边扳着手指数说道：“烛邹，你替大王养鸟，却让鸟逃了，这是第一条大罪；你使大王为了一只鸟的缘故而要杀人，这是第二条大罪；杀了你，让天下诸侯都知道我们大王重鸟轻士，这是你的第二大罪。三条大罪，不杀不行！大王，我说完了！请杀死他吧！”齐景公听着听着，听出了话中的味儿。停了半晌，才慢吞吞地说：“不要杀了，我已听懂你的话了。”

2. 循循善诱的劝导

唤醒对方的角色心理意识是一种行之有效的说服术。它是从角色心理学的角度激发对方潜意识中的“良知”，促进其尽快产生与之相应的角色心理意识，以适应新的角色要求。这种独特的攻心说服术，在人际交往中具有很强的应用性。

小南是一位小学语文教师，她不满某些社会现象，甚至在课堂教学中有时也甩开教学内容，大发其牢骚。很显然，她缺乏教师这个角色应有的心理意识。校长了解这种情况后，与她进行了一次诚恳的交谈。校长说：“你对某些社会不良风气反感，对教师经济待遇低表示不满，这是可以理解的。心中有气，尽管对我发吧，但是请你千万不要在课堂上发牢骚。这才是一个称职的教师应该做的。”听了校长的一番语重心长的话，小南认识到当教师确实不能随意把这种牢骚满腹的心理状态表现出来，不然，会对学生产生不良的影响。从此以后，再也没有听说她在课堂上发牢骚了。

3. 旁敲侧击的暗示

在社会生活中，有些人一时忘记了自己充当的某种角色，使言行出现了偏差。要说服这类人，可以用旁敲侧击的暗示手法，来唤醒他们的角色心理意识，使之幡然猛醒。

一位青年妇女抱着孩子上了火车，车上人很多，而她身旁，一个小青年占着两个位子佯睡。孩子哭闹着要座位，而且就要坐小青年的座位。母亲略思了一下，温和地说：“好孩子，叔叔累了，等叔叔休息一会儿，他会让给你的。”话音刚落，小青年就主动地起身让了座。设想，如果这位青年妇女直接说“你起来，让给小孩”，不但不能说服小青年让座，反而可能会引起双方的争执。

口才策略：

唤醒说服在口语交际中的功能的确不可忽视，它可以从心理上激发对方潜意识中的“良知”，使之意识到自己年龄的、性别的、角色的心理特征，意识到自己的社会责任，从而促使其自我批评、自我监督、自我鼓励、自我修养、自我完善，达到认识上的新境界。

说服下属的高招

在工作中，领导者与下属对某些事情的看法难免有不一致的时候，为了推动工作的进展，你应该学会说服他人的实用技巧。

对一位成功的领导者来说，运用语言说服、影响别人往往是一件轻而易举、快乐又有趣的事情。他们很清楚地了解沟通、说服的成功关键所在：说服别人不光是靠纯熟的表达技巧，还要加上一套健全的说服“策略”。因此，当女人准备进行说服之前，不妨从大处着眼，根据情况，先制定适合的“策略”，方为上策。

1. 推心置腹，动之以情

领导者的说服工作，在很大程度上，可以说是情感的征服。只有善于运用情感技巧，才能打动人心。领导在劝说别人时，应推心置腹，动之以情，讲明利害关系，使对方感到领导的劝告并不抱有任何个人目的，没有丝毫不良企图，而是真心实意地帮助被劝导者，为他的切身利益着想。

2. 求同存异，缩短差距

同级之间、上下级之间或多或少都会存在“共同意识”，作为领导，为了有效地说服同事或下属，你应该敏锐地把握这种共同意识，以便求同存异，缩短与被劝说对象之间的心理差距，进而达到说服的目的。

假如领导与下属在一开始没有掌握全部事实的情况下发生了分歧，作为领导，为了劝服下属，他可以这样给下属铺台阶：“当然，我完全理解你为什么会这样设想，因为你那时不知道那回事。”或者说：“最初，我也是这样想的，但后来当我了解到全部情况后，我就知道自己错了。”为人置梯，可以把被说服者从自我矛盾中解放出来，使他体面地收回先前的立场。这样，部下定会顺着你给出的梯子，走下他固执的高楼，并且还会因为你保全了他的脸面而对你心存感激。

3. 先行自责，间接服人

当你作为一个领导，欲将某一困难的工作任务交付同事或下属时，有时明知可能不为对方接受，要说服他十分困难，甚至还会引起他的非难，但此事又太重要，实在非他莫属。这时，你不妨在进入主题之前先说一句："现在我要向你说这么一句话，虽然明知你会感到不愉快！”对方听了以后，便不好意思拒绝或非难你，因为你毕竟是领导。先行自责，就等于在对方的手脚上加了枷锁，使他无法拒绝你，从而接受你的难题，达到间接说服人的目的。

4. 克己忍让，以柔克刚

当下属与自己的意见和看法相左时，作为领导，切忌用权力去压倒下属。高明的方法应该是克己忍让，对对方礼让三分，以柔克刚，让事实来“表白”自己。一旦领导这样做，其高风亮节必然会激起下属的羞愧之心，下属会打心底里由衷地佩服领导的度量，在无形中便接受了规劝与说服。这种容忍的风范和“四两拨千斤”的说服技巧常常能赢得下属真诚的拥护与尊敬。

口才策略：

俗话说：“人同此心，心同此理。”很多领导者在说服下属的过程中失败了，并不是因为他们没有把道理讲清楚，而是由于他们没有设身处地、将心比心地为下属着想。如果换个位置，多站在下属的立场进行说服，沟通起来就会容易许多。

劝阻别人的话也有禁忌

为什么有的人怀着一片诚意，苦口婆心地进行说服，到头来不仅得不到对方感激，反而受到周围舆论的讥讽和指责呢？其根本原因是犯了劝导说服的禁忌。

如果正面说服别人有一定的难度，不妨暂且远离话题，向对方谈论另一件看起来与之毫不相干的事，再诱导对方归纳出其中蕴涵的道理，然后由此理渐渐切入彼理，进行以此类推，回到原来所论，对方只得依常理而服气。

1. 忌急于求成

人们常说，善弈棋者，每每举一反三。做别人的思想工作也好比下棋，也要珍视这“二步棋”的做法，要耐心细致，再三斟酌。如果条件不具备就急于求成，不前思后想，总想一劳永逸，其结果往往事倍功半，成效甚微，甚至将矛盾激化。

2. 忌激化矛盾

为了使你的道理能让对方接纳，切记不可伤害对方的自尊心，即使你非常有理，也不可居高临下、气势汹汹，用嘲讽甚至侮辱的语言进攻对方，这样你不仅不能说服对方，反而会引起在场的其他人的反感，这就决定了你只能是争论中的失败者。

大量的说服事例表明，因说服而使矛盾更加激化的情况，主要有两类：

第一类是强化了对方本来就不该有的消极情绪，从而火上浇油，扩大了事态。

第二类是“惹火烧身”。因说服方法不当，激怒了对方，使对方把全部的不满和怨恨情绪都转移到了你身上，你成了他的对立面和“出气筒”。

经验告诉我们：要成为一个有修养的说服者，就要有涵养、有博大的胸怀和宽厚仁义的气质。遇到上述情况绝不可为了顾全自己的面子而反唇相讥，以牙还牙，使玉帛变干戈。

3. 忌不分场合

如果不分场合，信口开河，不管人前人后，指名道姓地施行对人说服，结果往往不佳，搞不好还会出现与说服动机相反的结果。

如果被说服者情绪低落、悲观沮丧，可以多肯定对方的成绩、优点或能力，消除其抵触情绪，有意识地“肯定”对方，使其获得一种优越感，荣誉感，这样往往使其为之心动。

有位大学毕业生分配工作不肯到偏远地区去，一位负责分配的领导先对那个地区的经济发展条件说了一通，然后语重心长地说：“那个地区确实穷啊，长此下去，老百姓真要穷得没裤子穿了，但只要你一到那里，他们就有了希望，凭你的知识和才华，一定能使当地经济起死回生，你是那儿老百姓的救星呐！”

听了这番抬举他的话，这位学生真是被说动了，他感到了责任的重大。

4. 忌官腔官调

要克服官腔官调，最主要的是应该增强普通人的意识，以普通人的姿态出现在人们面前，彻底改变那种高高在上、唯我独尊、发号施令的作风。还必须注意坚持实事求是的态度，慎用套话，加强语言表达能力的培养。

口才策略：

说服别人要和蔼耐心，热心而充满诚意，俗话说伸手不打笑脸人，谁都不会憎恶笑容可掬、亲切有礼的人，所以在亲近别人前先得使自己做到这一点。

运用这些方法，不仅使你的语言具有魅力和感染力，而且在这样的交流环境中，别人就会被你的亲近力折服，从而愿听从你的安排，俯身为你做事。

第 14 章

说好贴心话，女人要懂的安慰心理策略

给予不幸者以安慰是一个女人有爱心的体现。安抚他人需要细心揣摩其心理，通过言语交流，力图使自己抚慰人心的话能为对方所接受，同时也希望对方能向你倾诉肺腑之言，畅谈内心的真实想法。因此，在劝慰别人时要掌握说话的技巧，有技巧的安慰是驱散心灵阴云的阳光，是从忧愁走向愉悦的跳板。

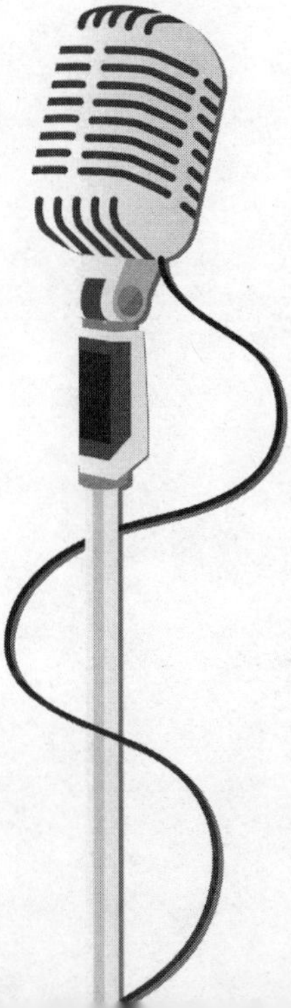

学会安慰别人

给予不幸者以安慰是一个女人的美德。如果你能站在对方的角度说话，掌握了说话的技巧，那么，他就会对你这个人欣然接纳，说话者也就会如愿达到自己的目的。

人生的道路崎岖不平，逆境往往多于顺境，人们往往要面临一些突如其来的打击。身处逆境，面对不幸，当事人不仅需要自我调节，坚强起来，战胜不幸，也迫切需要别人的安慰。一个痛苦两个人分担就会变成半个痛苦，亲切的安慰如雪中送炭，能给不幸者以温暖、光明和力量。

总之，安慰的话要说得贴切，说得让人欣慰，说得让人心存感激。那么，女人应该如何安慰别人呢?

1. 用自己的真心实意打动人

安慰不幸的朋友时，通常使用的问话是:“你感觉好些吗?我可以为你做点什么呢?”让对方的心中感到你在关心他，愿意帮助他，他心中就会充满暖意。如果朋友的痛苦确实太深或拖的时间太长，你可让他知道你的关切，可以对他说:“这段时间你太恼火了，让我来帮帮你好吗?”此外，亦可以使用一些常能奏效的方法，如请吃饭，去游玩等。

有些人虽也想安慰别人，却找不到恰当的话来加以安慰，而只是说:“不要担心，你会好起来的。”这话听起来欠缺感情色彩，无法打动人心。

2. 少谈自己，多关注别人

朋友身遭不幸时，要多注意别人的感情，你是去提供帮助与关心的，因此不要以自己为中心，借朋友的不幸，触景生情，引出自己的一些经历。你应说:“我可以理解你现在的心情与处境。”但你不应该说:“我当初整整一个星期没有吃饭。”对待磨难，每个人都有不同的方式，因此不要把自己的处事态度强加给或许并非与你一样感情外露的朋友。

3. 要避开别人的忌讳

正值二十芳龄的小慧，最近不知什么原因，情绪格外低落，心事重重。别人以为她要苗条，正在减肥呢，隔壁家张妈见了说:“这样下去可不行啊，当心再瘦脸都没有了。”

“脸都没有了？”这话什么意思，姑娘虽不好开口去问，但很不高兴，她忌讳自己有病。

平心而论这位大妈是出于关心小慧而说的安慰话，可是犯了姑娘的忌讳，加重了她的思想负担，所以说安慰的话不能犯忌讳。

4. 别给对方添愁

受挫失意的人需要沉思，需要经历一个正常的悲痛过程，需要说出自己的情感和美好的回忆。“他们越喜欢说出来，就越快愈合创伤、振作起来。”纽约怀特普兰的一名心理治疗专家露斯·罗森菲尔德说：“别拿你的情绪去影响他——更别指望让他接受。你需要做的就是认真倾听，接受你朋友的情感，理解这种情感。”

口才策略：

谁不会遇到点烦心事呢？当你的朋友不开心的时候，安慰他一下吧，最糟糕的是你什么也不说，可能会被误会为你漠不关心。你不必说很多，只要出口得当，一句暖人心的话就能说到对方心里去。

安慰他人的技巧

对处于困境中的人，适时地给予安慰，既是爱心的体现，也是品德高尚的表现。可以这样说，有技巧的安慰是驱散心灵阴云的阳光，是从忧愁走向愉悦的跳板。

人在生活中难免会碰到难堪或伤心事，由此引来烦恼。当人处于情绪的低谷时，除了自我调节之外，自然渴望得到别人的安慰。这并非是软弱的表现，恰恰是人的正常心理需求。

一般来讲，安慰需要注意以下技巧：

1. 摸清原委，给予安慰

在没有了解对方之前，安慰充其量只是礼节性的交往，说的话大多是客套话，比较肤浅。要使安慰话能真正说到对方的心坎上，顺耳、中听、受用，就必须弄清对方的思绪，了解烦恼从何处来。

小荣从农村转学到城里读书，由于教学进度不一，学习跟不上，十分焦急。她看到父母为供她学习含辛茹苦，更有一种负疚感。她怨恨自己不是读书的料子，常常诅咒自己脑子笨。她的教师张杰对她说："成绩跟不上，不是你脑子不好用，更不是因为你不用功，而是你原来的学校与现在学校的教学进度造成的，只要把落掉的功课补上，以你的用功劲，你会比大家学得都好。"小荣听了很高兴，也不再焦急。可见只有深入地了解了对方内心特定的苦闷"障碍"之后，安慰话才能有的放矢。

2. 根据不同的性格给予安慰

说安慰话要因人而异。有一位姑娘头一回谈恋爱遇挫，心中产生了许多懊恼。这位姑娘性格内向，不善谈，也从没有向旁人袒露过内心的秘密。单位里一个与她很要好的同事在办公室里看到她愁容不展，就当着众人的面说起安慰话："这个人有什么好，凭你这种条件，还怕找不到更好的？"没等她说完，这位姑娘就跑出办公室。这时她才感到这样的地方、这样地说安慰话有些不当。几句安慰话倒成了彼此尴尬的缘由。由此可见，即使说安慰话也要尊重人格，充分考虑到对方的性格和习惯。对性格内向的人，一般不宜在众人面前直接给予安慰；对不喜欢别人的安慰的人，一般不要随意赐予。尤其是涉及别人的隐私时，万万不可"好心办错事"，不宜在公开场合"走漏风声"。在说安慰话时，还得"看人下菜"，不同对象不同处置。

3. 多用鼓励性话语

当别人碰到困难时，说一些堂而皇之地劝慰话固然容易，但没有多少实际价值。这样的安慰属于浅层次的。比如：有一位青年爱好写作，凡是有征文比赛的活动，他都踊跃参加，屡次投稿，却一一被退回。面对着一封又一封地退稿，他有些心灰意冷。这时如果说一句"没关系，再来"，"你这样努力，总有一天会重见天日"，似有一分鼓励，但仔细想想，这样的安慰话并不能给对方以实惠。如果能同他一起仔细分析投稿不中的原因，找出关键所在，就有助于他从"山重水复疑无路"中走向"柳暗花明又一村"。这种安慰的话就事论理，实用性强，对方能从中受益，就显得很有分量和作用了。

口才策略：

所以，安慰话不在多，而在于精；不在于华丽漂亮，而在于切中要害；

不在于礼尚往来，而在于让人受用。

温暖的安慰送给需要的人

生病的人，情绪会很低落，经常会胡思乱想。你若要真正达到安慰患者的目的，就要讲究一些谈话技巧。

人在生病以后，情绪会很低落，经常会心烦意乱，胡思乱想。你如果能够将安慰奉献给他们，他们的心情就会好转些，并对你表示感激。但是，若要真正达到安慰患者的目的，就要讲究一些谈话技巧。具体来说，安慰病人的技巧有以下几个方面：

1. 要了解情况，有针对性地同病人进行交谈

了解情况，是指对病人的病情、思想状况和实际情况有所了解，以及有关疾病的基本医药卫生知识。根据患者在住院期间的不同状况来进行各种安慰。例如，有的慢性病患者由于病休时间较长，容易产生放弃思想。对此，要多给他讲一些“既来之，则安之”的道理，劝慰病人在医院安心治疗，不要有头无尾，功亏一篑。有的病人可能较多地考虑经济负担等实际问题，对此则应该劝他们着眼于健康，注意调养，并建议与单位联系争取适当补助。有的病人对自己所患疾病缺乏信心，遇到这种状况，就应该多介绍一些别人得了同类的病而经过治疗得到痊愈的事例，这样就可以减少患者及其家属的忧虑。

2. 尽量多谈一些使患者开心的问题和事情

安慰病人的目的在于让病人精神宽松，早日恢复健康。因此，在安慰对方时，绝不能与其谈论有可能增加忧虑和不安的消息与话题。在病人谈论病情和感觉时，应当认真聆听，以便从中发现一些对病人有利的因素。随时接过话题，对病人进行安慰。

3. 在交谈过程中，还要特别注意语气语调的运用

病痛在身的人，十分需要他人的安慰，因而对探望者的语气语调特别敏感。所以，探望者要努力使自己在交谈时音量适当，语气委婉，感情真挚。要尽量使患者觉得在你探望后感到心情愉快和轻松。这样，有利于减少疾病给患者带来的心理压力，有助于恢复健康。

4. 不要在交谈中以自我为中心

当你看望生病的朋友时，请牢牢记住，你是去提供帮助、表示关心的。因此要多多注意别人的感情，而不要以自我为中心。

不要借朋友的不幸，引述出你自己的类似经历。你可以说“我也碰到过这种事”或者说“我能理解你现在的心情”。对待磨难各人有各人的处理方式，所以，不要把你自己的处世态度强加给朋友。

5. 不要使用怜悯的话语

人都是有自尊的，尤其是生病以后。自尊心的敏感度更是胜过以往。你若是怜悯他，他很可能认为你是在嘲笑他，愈加觉得自己的病非同一般。所以我们要使用相反的方法。当我们看望患者时，可以说：“多幸运呀，我也想生点小病，好好地休息几天。”让患者不由自主地觉得偶尔生一点小病也是一种幸福了。

口才策略：

总之，探病是为了安慰病人，鼓励病人战胜困难，激发他们与病魔作斗争的勇气。因此，在与病人谈话时千万要作全盘细致周密的考虑，懂得什么样的话可说，什么样的话不可说。

体贴的安慰，抚平失恋的伤痛

帮助失恋者度过艰难岁月，我们应该认同他们的痛苦，并且不试着快速驱散痛苦，仅试着提供让他们越过“恐惧之河”的桥梁。

当朋友痛哭无语时，该如何按捺内心的不安与疑问，倾心聆听并安抚他的苦痛与焦虑？在这种时候，我们该“说什么”、“怎么说”？对许多人而言，目击别人的伤痛与不安，是件很痛苦的事，我们经常会想快速解决它、采取某些行动，或设法提供立即的解脱。

有些人则为了避免说错话，宁愿选择什么都不说，而错失表达关心的时机。当别人需要支持，或是自己需要求援时，却往往言不由衷，或不着边际。该如何开启“发自内心”的深层对话，而不是仅止于“绞尽脑汁”的表面对话？该如何整合身、心、灵，以自然之姿来做最有效的对谈？

帮助别人度过艰难岁月，不等同于将他们从痛苦的处境中“拯救”出来。我们应该认同他们的痛苦，让他们去感觉痛苦，并且不试着快速驱散痛苦。我们应仅试着提供让他们越过“恐惧之河”的桥梁。当朋友因失恋陷于情绪或身体的痛苦之中时，支持他们的最基本方法是：允许对方哭泣。哭泣是人体尝试将情绪毒素排出体外的一种方式，而掉泪则是疗伤的一种过程。所以，请别急着拿面巾纸给对方，只要让他知道你支持他的心意。

给予安慰并不是告诉别人“你应该觉得……”或是“你不应该觉得……”人们有权利保有其真正的感觉。安慰是指：不要对他们下判断，不要心想他们正在受苦、需要接受帮忙；安慰是指：给予他们空间去做自己并认同自己的感觉。我们不需要透过“同意或反对”他们的选择或处理困境的方法，来表达关心。

对于现在的年轻人来说，失恋似乎已成家常便饭。可是，当一份刻骨铭心的恋情就这么消逝时，无论多洒脱的人都会伤心难过。这时，你便应该开导、劝慰他！即使你一直觉得他们很不般配，迟早都会分手的，也不要这时向对方说：“你们俩本来就不配，这是迟早的事。”也许你这番话是不错，但对于当事人来说，这份爱情是用生命来谱写的，这样讲会更加伤害当事人的。

1. 耐心地听他倾诉，但不要轻率地指出两人中的任何一方有什么不对之处。你的倾听就是对他的安慰，过多地参与评判也许正好刺到对方的痛处。

2. 随时处处考虑他的境况，细心地将他带出失意的感情。周末时可邀他一起吃饭，因为习惯了过两人世界的他，可能最不能忍受的就是周末形单影只的寂寞。也可请他一起参加朋友圈的聚会。聚会一般不要太大，有四五个亲密好友就可以了。

3. 如果失恋的是你的女性朋友，不妨邀请她跟你一起逛街。开始可以借口请她帮你挑一条裙子，发展到后来可能是她也买了一堆衣服，转移了坏心情。有些女士在换上新装时，心中也会暗示自己该换一个生活状态了，这时走出失恋的阴影也就不远了。

口才策略：

或者你也可以请她吃东西，美味的食品能很好地调适内心的沮丧；或者请她帮忙，让她有事情干不至于闲得想那些事情。

第 15 章

批评的话别张口就来，女人要懂的批评心理策略

批评是生活中最难把握的一种表达方式。张嘴就来的批评，就像直接给人一巴掌一样，很少有不惹人怨恨的。因此，在批评别人时，要注意方法，讲究艺术，否则，不仅难以收到积极效果，而且还会影响彼此之间的和谐关系。女人在批评别人的时候，如果能委婉真诚地表达自己的想法，对方就会真正接受你的意见和帮助。

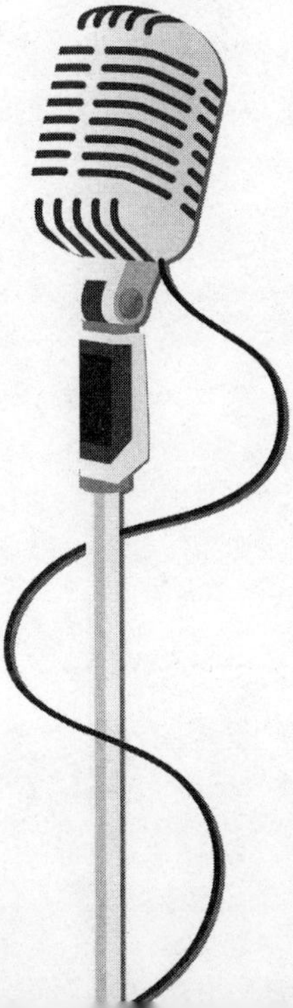

批评的目的在于提醒

批评是生活中最难把握的一种表达方式。不讲批评方式，在公众场合，倚理欺人，居高临下地指责、批评对方，这样做往往会事与愿违。

美国著名作家马克·吐温曾说：“批评只有一个目的与作用——那就是提醒犯了错误的人不要再犯。”批评别人时，要注意方法，讲究艺术，不能无视他人独立的人格和尊严，否则，不仅难以收到积极效果，而且会影响自身形象，更会影响彼此之间的和谐关系。女人要想学会正确地批评，需要注意以下几点：

1. 因人而异、对症下药

批评他人要注意根据不同对象采取不同的方法和语气。

对年轻人，批评时要语重心长，要寄予希望；对中年人，要旁敲侧击，点到即止；对长辈和上级，要巧妙提醒，声东击西，勿含蓄委婉；对那些蛮横的不讲理者，要理直气壮，以正压邪，在严厉批评之后再辅之以耐心的说服。

2. 要注意批评的态度和语言

批评人时要心平气和，做到诚恳、冷静、耐心、不能急躁，不能怨恨，更不能存心找麻烦。要使用一种温和的语言及方式。当你心中愤怒、埋怨、焦虑，并想责怪对方时，最好是先克制一下情绪，整理一下思绪，甚至可以先听听音乐，散散步，看会儿电视，等冷静时再实施批评。在实施批评时，最好先适当地表扬对方，通过提及对方的好，而使对方认为自己并非全都不对，从而改善气氛，以保护他们的自尊，使他们既愿意又有能力去改进。

几年前，史密斯先生的侄女约瑟芬去做史密斯先生的秘书，那时她才19岁，刚高中毕业，对于商业常识和生意上的事一点儿也不了解。有一段时间，她经常犯一些错误。有一次，史密斯先生真想批评她几句，但再一想，她年纪轻，阅历浅，不可太苛求，于是改用和颜悦色的方法对她说：“现在你做错了事，自然是难免的，我在你这个年纪的时候，做的错事比你多得多，所以我相信将来随着年龄的增长你一定会增长才干的，现在你比以前不是好多了吗？”先承认自己有错，然后再指出别人的错误，令人易接受。

人们做错了事，或做了件理亏的事，如果是你主动指出他的错误，那么他一定会找出种种理由加以辩解。所以，批评他人时，一定要讲究方法，态度要诚恳。

3. 要做到尊重、理解、信任被批评者

每个批评者的出发点都是善良的，都真诚地希望提醒或帮助对方改正错误，因此要做到尊重、理解、信任被批评者。

从批评的方式上说，要做到有的放矢，不可全盘否定，把别人说得一无是处，应把重点放在改善目前不足的方面。否则，对方要么“当面接受，过后照旧”，要么“表面同意，心底不服”，甚或“当面顶撞，让你无法下台”。批评要针对人的行为，而不是他或她本身。只有动机与效果达到了完美统一的批评，才是成功的批评。

口才策略：

总之，批评的方法要以教育为主，用事实教育人，用道理开导人，用后果提醒人，从而达到使对方心悦诚服地改正错误的目的。

批评别人要注意方式

在批评别人的时候，如果能委婉真诚地表达自己的想法，并给他摆事实，讲道理，他就会真正接受你的意见。

女人在批评别人的时候，如果能换一种方式，私下与其交换意见，委婉真诚地表达自己的想法，并给他摆事实，讲道理，他就会心悦诚服，真正接受你的意见和帮助。说话的方法是关键，方法不同，效果当然也不同。下面是四种有效的批评方式：

1. 启发式批评

要使对方从根本上认识到自己的错误，需要批评者从深处挖掘错误的原因，晓之以理，动之以情，循循善诱，帮助他认识、改正错误。

查理是个自尊心很强的男孩子，每次老师布置论文他都很认真地去写。但有一次老师发现查理的论文内容不好，没有写他真正理解了的东西。怎么办呢？如果直截了当地说出来，会使查理非常难堪。于是老师心生一计，他把查理找来，绝口不提论文的事。而是问查理对什么最有兴趣？查理说最喜欢狗。老师说："很凑巧，我也是个狗迷。"接着，他们从各个角度谈起了狗，竟然谈了一个半小时。到最后，查理说："我应该换个主题来写那篇论文，现在我差不多已经有了个新的构想，就是刚才我们谈论的关于'宠物'的问题，我想这次我一定能把它写好。"果然，查理的这篇论文，从"宠物热"这一角度入手，分析了现代家庭问题，写得相当出色。

查理的老师没有简单地告诉查理论文需要重写，而采取了鼓励暗示的方法，从对方身上引出话题，让他自发地畅谈，最终达到其"自我否定、自我改善"的结果。这种指导方式既不至使对方不愉快，还会激起他新的兴趣，充满自信心地改正缺点和错误，这是批评人的一种良好模式。

2. 委婉式批评

采用间接的方法，声东击西，让被批评者有一个思考的余地，其优点是不伤被批评者的自尊心。

德皇威廉二世设计了一艘军舰，自以为得意，便拿给国际上著名的造船家作鉴定。那位造船家对这份出自皇帝之手的设计提出了下述意见："陛下，你设计的这艘军舰将是一艘威力无比、坚固异常、速度超群、装备上乘、十分美丽的军舰。看来它只有一个缺点——那就是只要它一下水，就会立刻沉入海底，如同一只铅铸的鸭子。"

这位造船家的批评可谓委婉至极，一下子就指出了德皇设计图的致命弱点。一条船不管有多少优点，如果不能浮在水面上，就不能称其为船。那么，德皇的设计就等于一文不值了。造船家如果不用"委婉手法"，怎样才能使德皇改变主意呢？如果他一意孤行，又会造成怎样的后果呢？

3. 警告式批评

如果对方犯的不是原则性的错误，就没有必要"真枪实弹"地对其进行批评。这时可以用温和的话语，只点明问题，或者是用某些事物对比、影射，点到为止，起到一个警告的作用。

口才策略：

总之，批评的方法应以教育为主，用事实教育人，用道理开导人，用后果提醒人，从而使对方心悦诚服地接受批评。

批评员工的几种好方法

批评的目的在于通过适当的方式在适当的时间地点促使对方发生转变。下属犯错是难免的，领导要去批评指正。聪明的领导批评员工，总能找到恰如其分的好方法。

人们在现实生活和工作中出现错误是不可避免的，作为领导，对待员工出现的错误，我们要及时进行否定，加以纠正。领导对员工错误的否定，一定要讲究方法，不仅要让下属知道错了，而且还要让员工从你的否定中受到启示和鼓励，从而及时纠正错误，积极完成本职工作。

批评是一门艺术，但是如果只是粗暴简单地运用批评，不仅不能有效地促进下属工作的改进，反而会严重损伤下属的积极性和自信心。因此，女上司必须善于运用批评技巧，通过批评来达到目的。

1. 以褒扬的方式进行批评

过分严厉的批评不但不会改变事实，反而只会招致愤恨。给予员工亲切的言词和称赞，对建立彼此的友好关系有很大的帮助。一位公司经理说："称赞能使员工兴奋，也能使你发现对方的许多优点，而当你批评他时，他也会欣然接受。"如果你真想批评员工，不妨用这样的话开始：

"小李，你所提出的建议很好，我们从中收益许多。不过，有一点……"

"小张，自从你进入公司以来，你的业绩一直非常优异，大家都是有目共睹的，只有一点要请你改善，相信你也能够做得更好！"

2. 纠错时要维护好对方的自尊

批评之前，要尽量先创造一个尽可能和谐的气氛。做错事的一方，很可能会产生不自主的抵触情绪。即使他表面上接受，内心里却不见得赞同。所以，先让他放松下来，然后再开始你的批评，这样才能达到比较好的效果。

有一回，美国总统柯立芝批评女秘书。柯立芝对她说：“你今天穿的这件衣服真漂亮，你真是一位迷人的年轻小姐。”这话来得太突然了，因此那个女孩子满脸通红，不知所措。接着柯立芝又说：“你很高兴，是吗？我说的是真话。不过另一方面，我希望你以后对标点符号稍加注意一些，让你打的文件跟你的衣服一样漂亮。”

试想，如果柯立芝直接批评秘书，甚至贬损她，说她的工作怎样地不认真，连标点符号也随便丢掉，你再有这样的失误我就停了你的薪水等等，这样的批评效果肯定会使秘书陷入困境，她可能会因此大哭一场，甚至闹起情绪，工作效果肯定还会受到影响。

3. 批评要在私下进行

不管你批评人的动机如何单纯，对待对方的心情如何诚恳，假若批评的方式、时机不当，对方不仅不接受，还会对你抱有成见。所以，在批评别人时，一定要注意方式方法，避免使人误解或产生怒气。尤其要特别注意的是：批评要在私下进行。因为，当你当着第三人的面批评别人时，即使你的方法很得当，言辞也够含蓄，对方也不会领你的情。他会认为你是有意让自己在别人面前出洋相，有意让自己难堪。在这种情况下，他不会去考虑你的批评是否正确，更别提接受了。

口才策略：

班哲明·富兰克林年轻的时候并不圆滑，但后来却变得富有外交手腕，善与人应对，因而成了美国驻法大使。他的成功秘诀是：“我不说别人的坏话，只说大家的好处。”只有不够聪明的人才批评、指责或抱怨别人，但是善解人意和宽恕他人，需要修养和自制的功夫。

批评老板要旁敲侧击

批评老板时，要讲究语言艺术，把“忠言”用温和、友善之语代替，使批评变得“顺耳”、“悦耳”一些，从而达到更好的批评效果。

女人发现老板的缺点和错误，本着对事业负责的态度，提出批评，这本是分内的事情。但是要达到既使老板改正缺点，又不伤上下级感情的目的，就要讲究批评的技巧，把握批评的时间、地点和方式，否则将会事与愿违。

1. 多体谅，少批评

俗话说得好，乌鸦落在猪身上，只看到别人身上黑，却看不到自己也是一样的黑。每个人都只会看到别人的缺点，而看不见自己的错误和过失，结果就会造成互相埋怨、倾轧。因此，在批评老板之前，先要从对方的角度想想，为什么他要那样做。有时候，对方可能是有难言的苦衷，没有办法，然而又不愿向别人透露隐情。在此种情况下，对无伤大雅的事，例如迟到等，就应该以关心代替批评，这样会使对方更容易接受。

2. 侧面提醒

钱女士是一家比较知名的外企的总经理助理。她的顶头上司王总是搞学术、技术出身，因此对企业管理一知半解，却又直接插手技术部门的事，把管理的层级体系搞得乱七八糟，其他部门虽然表面上敢怒不敢言，但私下里无不怨声载道。

经过思考，钱女士决定侧面提醒，再次向王总建议。

她对王总说，真正意义上的领导权威包含着技术权威和管理权威两个层面，王总的技术权威牢固树立，而管理权威则有些薄弱，亟待加强。王总听后，若有所思。后来，王总果然越来越多地把时间用在管理上，企业的不稳定因素得到控制，钱女士的各项工作也顺风顺水，渐入佳境。

从钱女士的经历，我们可以得到很好的启发：侧面提醒上司，的确不失为向上司提意见的上等策略。首先，它是站在上司的立场上，出发点是善意良性的；其次，这种策略是一种温和的方式，能够充分照顾上司的自尊，易于被上司接受，效率较高。

3. 当众赞美，私下批评

每个人都喜欢听赞美的话，而且如果这种话是当众听到的，就会更加觉得有面子。反之，有关批评的话要私下说，这样除了能照顾到对方的面子外，对本身的形象也会产生好的影响。

当众赞美，私下批评，这看起来有点“两面三刀”之嫌，实际上并非如此，这样做的人，和那种表面一套、背地一套的人，有本质上的不同。

4. 要讲究批评的语调

人们常说，“一样话，两样说”，虽然是相同的一句话，但是用不同的语调说出，让人听起来感觉就会大不一样。如果你提意见时，能够站在领导的角度，试着用真心帮助领导的诚意和语言来分析问题，提出解决问题的方法，而不是为了个人的利益，或权利之间的争夺，你的意见往往会更容易被接受，因为没有一个人会做对自己不利的事情，所以在这种朋友式的融洽氛围中，有利于保持双方融洽的感情沟通。

口才策略：

无论发生什么事情，都尽量不要直接批评你的老板或上司。直接批评老板和上司是最愚蠢的做法，聪明人绝不会做这样的事。如果你直接批评上司，让上司下不来台，他就会非常的不愉快，有时甚至会故意为难你。

批评应把握的分寸

对于别人失职、失误的行为给予批评，有助于搞好工作。但是无分寸地批评他人，有时会既影响了工作，又破坏了人际关系。

女人在批评别人的时候，如果能换一种方式，私下与其交换意见，他就会心悦诚服。女人在批评他人时要注意以下几方面的问题：

1. 要实事求是，不捕风捉影

批评的前提是事实清楚，责任分明，有理有据。但是，在现实中常常见到有的领导批评他人时，事先不调查，不了解，只凭一些道听途说，或者只凭某个人打的“小报告”，就信以为真，而去胡乱批评人，结果给人留下“蓄意整人”的坏印象。

在实施批评之前，一定要细致调查、搞清事实，不能捕风捉影，听风就是雨，那样做只能使领导处于被动地位。

2. 要人格平等，不以势压人

批评他人要在平等的气氛中进行，批评才容易被接受。在批评中，无论是批评还是被批评者，他们在人格上是平等的。如果批评者摆出一副居高临下、盛气凌人的姿态，说不服就压服，动不动就说，“就这么办了。”或采用一些“必须，否则”等词语，会令对方产生逆反心理，对方就会想：“凭什么要听你的。”结果出现了对立，逼而不从，压而不服，激起反抗情绪。

3. 要沟通在先，不突然袭击

在批评他人时，最好事先打个招呼，沟通一下，让对方有一定的心理准备，在受到批评时不至于感到突然。例如：有的人做错了事，而自己又未意识到，此时可在适当时，通过与对方关系较好的人去提示一下，让其自己先反思一下。这样在批评时，对方就会有一定的心理准备，而当你直接指出其错误所在时，就比较容易接受了。

反之，如果对方事先没认识到自己的过错，在批评时就会感到突然而不易接受，同时还会怀疑批评的诚意，造成不必要的误解。

4. 要宽容大度，不吹毛求疵

有过错，批评是必要的，但并不是事事都要批评。对于那些鸡毛蒜皮的小问题、小毛病，只要无关大局，可以采取宽容态度。切不可斤斤计较、过于挑剔。否则，只会使人谨小慎微，无所适从，不求有功，但求无过，甚至产生离心作用。

5. 要和风细雨，不恶语伤人

人人都有自尊心，批评犯错误的人时要顾及他人的自尊心，不要因为批评语言的不恰当而伤害了对方。批评者应当心平气和，和风细雨。不要横眉怒目，更不要拍桌子、指鼻子，以为这样才能显示批评者的威风。实际上，这样做最容易伤害对方的自尊心，导致矛盾的激化。因此，批评他人应力戒发怒。当你怒火正盛时，最好先别批评人，待心情平静下来后再去批评。

口才策略：

你的批评是否成功，很大程度上取决于你采用的态度。善于批评的人，总是能够让对方心悦诚服地接受批评，从中使被批评者感到你批评的诚意。相反，有的人一味地挖苦侮蔑，或者以对方的缺陷为笑柄，过分地伤害他人的自尊，往往会适得其反。

第 16 章

“不”字如何巧妙说出口，女人要懂的拒绝心理策略

生活中难免要拒绝别人的一些要求，不论是哪种要求，都不宜明确直言地拒绝别人，否则会显得你不近人情。拒绝别人不能敷衍了事，适当运用一些拒绝技巧，才能保证人际关系的和谐。婉转地拒绝别人，既可以达到目的，又将对方失望与不快的情绪控制在最小范围内，不影响彼此之间的关系。

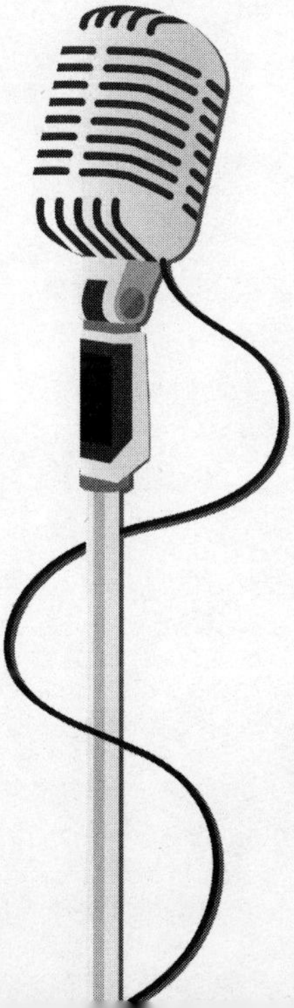

委婉拒绝的技巧

拒绝别人不能敷衍了事，巧妙的拒绝能显示出你对他人的尊重。学会说“不”，适当运用一些技巧，才能保证人际关系的和谐。

拒绝就等把对方阻挡在门外，拂却了对方的一片“好意”，有的时候会使对方很没有面子。拒绝是一种艺术，一种学问，它可以把一个女人的综合素养体现出来。当别人对你有所希求而你办不到、不得已要拒绝的时候，建议女人要用婉言拒绝的方式进行拒绝。下面一些拒绝别人的技巧，一定能帮助你摆脱困境。

1. 暗示拒绝

通过身体姿态或非直接的语言把自己拒绝的意图传递给对方。当想拒绝对方继续的交谈时，可以运用转动脖子、用手帕拭眼睛、按太阳穴以及按眉毛下部等漫不经心的小动作。这些动作意味着一种信号：我较为疲劳、身体不适，希望早一点停止谈话。显然，这是一种暗示拒绝的方法。

一位上司看上了一位女下属，晚上以加班的名义将其留在办公室。

上司：你知道吗？×小姐，我非常喜欢你。

×小姐：喜欢我什么呢？

上司：喜欢你的一切。

×小姐：我的一切包括丈夫和孩子，请问，你也喜欢他们吗？

这位女士先是不露声色地认可上司对她的喜欢，待上司上钩后，话锋一转，点出她的丈夫和孩子，表明她已有家庭，也不会做背叛丈夫和孩子的事。看似轻松应答，实是义正辞严地拒绝了上司。

她巧妙、幽默的对答，维护了自尊，表明了态度，也使这位想骚扰女下属的上司碰了一鼻子灰，无可奈何。

2. 转换话题

对方提出某项事情的请求，你却有意识地回避，把话题引到其他事情。这样，既不使对方感到难堪，又可逐步减弱对方的企求心理，达到委婉谢绝的目的。

一位精明的家庭主妇，对任何推销员都可以让他们心服口服地打退堂鼓。

她会说："哎呀，真不巧，我的儿子也是推销杂志的啊……"到这个地步，就是再顽强的推销员也会知难而退。

3. 先肯定后否定

对对方的请求不是一开口就说"不行"，而是表示理解、同情，然后再据实陈述无法接受的理由，获得对方的理解，自动放弃请求。

如果你的一位同事想把本应由他自己完成的工作转嫁到你的肩上，你千万要避免出自本能的拒绝："哎呀，您的事我可干不来。"

为了慎重起见，您不妨这样对他说："我非常愿意帮您的忙，但事不凑巧，我手头的那份工作还没干完。依我看，您的能力和素质完全可以胜任，不妨您先干起来，或许我还能帮您干点别的什么？比如说，今天我要上街买东西，您不顺便带点什么吗？"

这种带有相反建议的拒绝，合情又合理，对方还能有什么好说的呢！

口才策略：

拒绝自己义务之外不想做的事情，既是自信和自尊的表现，又是一种能力。我们在日常生活中要灵活掌握运用婉言拒绝的方法，根据不同的场合、对象，选择恰当的语言婉转地表达出自己的态度，让对方心悦诚服地接受。

拒绝非分请求的最佳方式

所谓非分请求，就是请求者所请求的事情，让自己无法接受。因而对于不合理的请求，理所当然应该坚决拒绝，但为了不伤和气，就要寻找巧妙的方式。

在日常的人际交往中，女人热情地帮助别人，对别人的困难有求必应，是应该的。但是一定要量力而行，如果遇到做不到的事情，就要学会怎么拒绝。如果直截了当地说"不"，会使寻求帮助的人感到失望和尴尬，一个合乎对方期望的回答，即使是拒绝，也能让对方很容易地接受。拒绝他人的非分请求，一般有下列方式：

1. 物理法

所谓物理法，就是以“物理条件无法更改”作为挡箭牌，来拒绝对方的要求。一般作为物理理由的是空间和时间的界限，因为这两者都具有难以为人所左右的特性，所以，当你以物理限界为由拒绝时，请求者是束手无策的。

有个衣冠不整的人来到某个大饭店投宿，柜台人员打量他的穿着后，如果说：“本店不收留可疑人物。”这很可能会引发一场纠纷。但如果说：“真抱歉，房间都已客满，欢迎下次再光临。”就不会遇到什么麻烦了。

2. 模糊法

所谓模糊法，就是用模糊语言来拒绝他人的请求，这种方法看似对请求者有了交代，但实质上信息为零，效果也为零。

1945 年，美国在日本投下了两颗原子弹后，美国新闻界谈论得突出的话题是猜测苏联有没有原子弹，以及有多少原子弹。因此，当苏联外长莫洛托夫率代表团访问美国时，在下榻的宾馆前，便被记者们团团围住了。有记者问莫洛托夫：“苏联有多少原子弹？”“足够！”莫洛托夫绷着脸仅用了一个英语单词回答。莫洛托夫回答的“足够”，就是模糊语言，它从表面上看，是回答了记者的请求，但实际上，记者们并没有得到真正的信息。莫洛托夫的拒绝可谓一箭双雕：既回避了有多少颗原子弹这个当时不便公开的秘密，又表示了苏联人民的自尊和力量。

3. 推诿法

所谓推诿法，就是以别人的身份表示拒绝。这种方法看似推卸责任，却很容易被人理解：既然爱莫能助，也就不便勉强。

小虹是个集邮爱好者，她的几个好朋友也是集邮迷。一天，有个小朋友向她提出要换邮票，她不同意换，但又怕朋友不高兴，便对朋友说：“我也非常喜欢你的邮票，但我妈不同意我换。”其实她妈妈从没干涉过她换邮票的事，她只不过是以此为借口，但小朋友听她这样一说，也就作罢了。

4. 搪塞法

搪塞法，顾名思义，就是用一些没有多少价值的东西去敷衍塞责。

第二十四届奥运会在汉城举行，第二批中国奥运代表到达汉城时，记者纷纷问李梦华：

“中国能拿几枚金牌？”“中国能超过南朝鲜吗？”

李梦华答道：

“10月2日以后，你们肯定能知道。”

记者又问：“中国的新华社曾预测能拿8至11枚金牌，你认为客观吗？”

李梦华回答得很巧妙：“中国有充分的言论自由，记者怎么想，就可以怎么写！”

避开实质性的问题，故意用模棱两可的语言作出具有弹性回答，既无懈可击，又达到了在主专问题上拒绝作出答复的目的。

口才策略：

对于不合理的请求，理所当然应该拒绝，但为了不伤和气，就要婉转地拒绝，要尽量把否定意向的表达降到最低，让对方心领神会。我们在拒绝别人时，应当注意不要损害他人的自尊。如果拒绝别人的要求，让他们丢了面子，那么他们心中产生的不满之情是在所难免的。

拒绝邀请的托辞

在人与人之间的交往中，你有权利对他人的邀请说“不”。但回绝他人常给自己带来烦恼。要想摆脱这种烦恼，就需要你掌握好拒绝的方法。

生活慢慢地让女人们学会了说不，每个女人或多或少都拒绝过别人，谁也不可能做到对任何人都有求必应。所以说，当女人面对着为难的要求，应做的就是该拒绝的就拒绝。但是，生硬的拒绝，必定会让对方感到难堪，无地自容。所以说拒绝一个人容易，而难的就是如何拒绝，怎样拒绝。简单地说，只要有点勇气和智慧，不顾忌脸面，该说“不”时就说不，你就能够轻松过关了。拒绝别人的邀请一般说来有以下几种方式：

1. 笑着拒绝，不需要理由

笑一笑，说：“不必了，谢谢你。”既然不欠别人什么，只要待他有礼貌就可以了。你没必要说明理由，除非你愿意那样做。

2. 直言不喜欢某种活动

虽然你对这个人感兴趣，但是不喜欢他提议的活动，那就直接告诉他。告诉他你喜欢什么，看他是不是也感兴趣。例如，丽与兵在一次座谈会上相识，双方颇有好感。周末，丽邀兵一起去听音乐会，可兵对听音乐会不太热衷，于是兵对丽说：“今天的天气这么好，我们到郊外玩好不好，那里空气清新，比在音乐厅里听音乐舒服多了。”丽一听说：“好啊，那我们就去郊外玩吧！”这样丽一点也没有被拒绝的感受。

3. 在感激中拒绝

你既不喜欢这个人，也不喜欢他提议的活动，但是，你却很感激他邀请你，那就把你的拒绝“夹杂”在对他的感谢中间。如果你想找点别的事情来搪塞，别人很容易识破你。但你可以这样说：“其实能和你一起聊天，我很高兴，虽然我正忙着要去加班。不过，我很感激你的邀请。”

4. 以某种行动拒绝

如果那人不理会你客气而又坚定的暗示，那就索性离去。如果某人表现得很不得体，可是只要你一直站在那里和他说话，他就以为他可能会动摇你的决心。行动胜于言语。要相信你的早期报警系统，一旦感到不舒服，就尽快离开那个人，不要等出现了问题再动身。

5. 用推托表示拒绝

如果朋友邀你晚上看电影，而你不想同他交往，但这理由又不能告诉他，你可以对他说：“这部电影是新影片，我也很想看，可是明天要上课，我还有不少作业要做，电影只好割爱了，真对不起。”用其他的事推掉不愿意做的事是最常见的方式。

口才策略：

总之，受人邀请和请托，都是交际中经常遇到的问题，拒绝是会直接影响人际关系的。掌握了拒绝的艺术，就能在最低限度内减少对方的失望，而不影响彼此的交往。

对老板也可以说“不”

在拒绝上司的时候，锋芒毕露必然会伤害人际间的感情，出现难以避免的损失。所以女人要尽量把否定意向的表达降低到最低层，让对方去心领神会。

有些女人认为，与上司交谈时，即使是上司错了也不应说“不”，否则的话就会刺伤上司的自尊心，使其难堪甚至对自己反感。其实不然，如果你一味附和上司的话，容易使其认为你的能力平庸，不可重用，而如果能巧妙地反对上司一些不合理的观点则可显示出你的才干。

但是，当你准备对你的上司说“不”的时候也应该注意，你不能直截了当地说出来，也不要以“虽然……但是……”这样的模式说出来，因为有太多人用这种模式了，以至于你一说出来他可能就会知道你这是反对他的观点，也同样会刺伤其自尊心的，而且这样会让他觉得你可能很虚伪。

女人拒绝上司时，以下的几条仅供参考：

1. 工作任务重，不胜负荷

当上司把大量工作交给你，使你不胜负荷时，你可以请求上司帮你定出先后次序：“我有 3 个大型计划，10 个小项目，我应先处理什么呢？”只要上司懂得体会你的意图，自然会把一些细枝末节的工作交给别人处理。

2. 对新任职务不感兴趣

当上司器重你并将你连升两级，但那职务并不是你想从事的工作时——你可以表示要考虑几天，然后慢慢解释你为何不适合这工作，再给他一个两全其美的解决方法：“我很感激你的器重，但我正全心全意发展营销工作，我想为公司付出我的最佳潜能和技巧，集中建立顾客网络。”正面的讨论，可以使你被视为一个注重团体精神和有主见的人。

3. 因个人原因，未能应付额外工作

告诉上司你的实际情况，然后保证会尽力把正常的事务处理好，但超额的工作则不能应付了。上班时你要全力以赴，表现极高的工作效率，假如你在家庭出现危机时仍能完成工作，上司会觉得你很敬业。

4. 对规定的工作期限有异议

当老板定下“疯狂”的工作期限时，你只须解说这项工作内容的繁重，并举例说明同样的工作量将需要老板规定的限期的几倍，给老板一定的考虑和决断的时间后，再要求延期。假若限期真的铁定不改，那就要求聘请临时员工。上司可能欣赏你的坦率，你可能被认为既对完成计划有实际的考虑，又对工作有一种积极的态度；不少上司都表示会晋升那些可以准确估计完成工作时间的员工。当然倒霉的时候也有，那就是被视为低效率。不过这样的老板早晚也会让你失望的，因为他心中没数。

5. 不想按上司的意图做非法之事

当上司要求你做违法的事或违背良心的事时，你也可以平静地解释你对他的要求感到不安，或坚定地对上司说：“你可以解雇我，也可以放弃要求，因为我不能帮这样的忙。”如果你幸运，上司会自知理亏知难而退，反之，你可能授人以柄。但假若你不能坚持自身的价值观，不能坚持一定的准则，那只会迷失自己，最终还是要影响工作的成绩，以致断送自己的前途。

口才策略：

在生活中，处处需要说“不”。在生活中善于说“不”，是摆脱一切干扰的艺术。“不”是一个情绪强烈的负面词，当我们对上司、对朋友使用它时，一定要面带微笑，语气亲切。即使是对素不相识的营销人员，也要讲究点方式方法。

掌握模糊表态的分寸

在有的时候，说模棱两可的话却有着事半功倍的效果，让人感到很有分寸感。这种模棱两可的话，就是“模糊表态”。

“模糊表态”，即是采取恰当的方式、巧妙的语言对别人的请求作出间接的、含蓄的、灵活的表态。其特点就是不直截了当地表明态度，避免与对方短兵相接式的交锋。它是一种把握分寸常用的办事方法。然而，并不是说凡事都得“模糊表态”。该明确表态的，也含糊其辞，那是十分错误的。那么，女人在遇到什么样的问题，在什么样的情况下，宜用“模糊表态”方式？又如何掌握“模糊”的分寸呢？

1. 当事态不明朗时

任何事情的发展变化都得有个过程，有的还得有一个相当长的演变过程。当事情处于发展变化初期时，实质性的问题尚未表露出来，这就难于断定其好坏、美丑、利弊、胜负。这时，就需要等待、观察、了解、研究，切不可贸然行事，信口开河。

2. 当受情势所迫时

有些事情碍于某种情势或某种关系，不便把话挑明时，你可以说："这件事比较棘手，让我看看再说。"这样给自己以后的态度留下了回旋的余地。有些经验丰富的人遇到这类问题，会用几句幽默话语，如引用一则寓言故事或一则笑话，而不作直接的回答，留给对方去思考、寻味。这可说是"模糊表态"中的高手了。

3. 当不了解对方时

让我们拿谈恋爱打个比方，有正、反两例，可资借鉴：

小王和小李平时性格都内向，且接触异性的机会少，经人介绍，他们俩相识了。初次见面，双方都有了点意思。接下来是两人交谈，这对双方来说都是一种试探。幸好他们俩都还聪明，懂得初次交往的表态艺术。

在分别时，小王对小李说："我对您的印象总的来说不错，不过还是初步的，有待以后进一步了解。"

小李也微笑着回答："我和您的感觉一样。"

这里双方的表态都是"模糊"的，既表达了愿交朋友的意向，又为自己留下了回旋余地，双方都高兴，也为以后的进一步交往打好了基础。

在进行模糊表态的时候要掌握以下三个原则：

（1）对于把握不大的事不要轻易许诺，即使许诺也不要把话说绝，应该留有余地。比如，可以多使用"尽力而为"、"尽量"等词语，避免使用"一定"、"肯定"等字眼，这样也有利于对方相信。

（2）对一些可能会拖延很长时间的事情，采取拖延性的许诺。有些事情，根据时间的变化，具体情况是会变的。如果许愿时加入一些拖延时间的概念，比如像"年底"、"下一年度"等等，根据具体情况的变化灵活应变，效果会更好。

（3）对自己主观努力所无法解决、只能在特定客观条件下才能解决的事情，许诺时应加以一定限制。例如"在符合政策的前提下""如果法律规定可以的话”等等，既能体现出自己的诚恳，又留下了余地，显示了自己的主观努力和良好愿望。

口才策略：

把话说得明明白白会给人以良好的印象，明确而坚定的表态也给人以自信的感觉。但我们在表态或许诺时如果总是轻易地使用“绝对”、“一定”等字眼把话说满说死，就未必是明智之举了。话一出口就收不回来，为了防止授人以柄，适当选择“模糊表态”的方式，可为自己留余地。

开出有人情味的逐客令

要怎样对付那种说起来没完没了的常客呢？最好的对付办法是：运用高超的语言技巧，把“逐客令”说得美妙动听，做到既不挫伤好话者的自尊心，又使其变得知趣。

下班后吃过饭，女人希望静下心来读点书或做点事，那些不请自来的“好聊”分子又要扰得你心烦意乱了。你勉强敷衍，焦急万分，极想对其下逐客令但又怕伤了感情，故而难以启齿。

那要怎样对付这种说起来没完没了的常客呢？最好的对付办法是：运用高超的语言技巧，把“逐客令”说得美妙动听，做到两全其美：既不挫伤好话者的自尊心，又使其变得知趣。要将“逐客令”下得有人情味，可以参考以下方法：

1. 以写代说

有些人对婉转的逐客令可能会意识不到。对这种人，可以用张贴字样的方法代替语言，让人一看就明白。

根据具体实际情况，我们可以贴一些诸如“我家孩子即将参加高考，请勿大声喧哗”，“主人正在自学英语，请客人多加关照”等等字样，制造出一种惜时如金的氛围，使爱闲聊者理解和注意。一般，字样是写给所有来客看的，并非针对某一位，所以不会令某位来客有多少难堪。

2. 以热代冷

用热情的语言、周到的招待代替冷若冰霜的表情，使好闲聊者在“非常热情”的主人面前感到今后不好意思多登门。爱闲聊者一到，你就笑脸相迎，沏好香茗一杯，捧出瓜子、糖果、水果，很有可能把他吓得下次不敢贸然再来。你用上接待贵宾的高规格，他一般也不敢老是以“贵客”自居。

过分热情的实质无异于冷待，这就是生活辩证法。但以热代冷，既不失礼貌，又能达到“逐客”的目的，效果之佳，不言自明。

3. 以攻代守

用主动出击的姿态堵住好闲聊者登门来访之路。先了解对方一般每天几点到你家，然后你不妨在他来访前的一刻钟先“杀”上他家门去。于是，你由主人变成了客人，他则由客人变成了主人。你从而掌握交谈时间的主动权，想何时回家，都由你自己安排了。你杀上门去的次数一多，他就会让你给黏在自己家里，原先每晚必上你家的习惯很快会改变。一段时间后，他很可能不再“重蹈覆辙”。以攻代守，先发制人，是一种特殊形式的逐客令。

4. 以疏代堵

闲聊者如此无聊地嚼舌用以消磨时间，原因是他们既无大志又无高雅的兴趣爱好。如果改用疏导之法，使他有计划要完成，有感兴趣的事可做，他就无暇光顾你家了。显然，以疏代堵能从根本上解除闲聊者上门干扰之苦。

怎样进行疏导呢？如果他是青年，你可以激励他：“人生一世，多学点东西总是好的，有真才实学更能过上好生活，我们可以多学习学习，充实充实自己。”如果他是中老年，可以根据他的具体条件，诱导他培养某种兴趣爱好，或种花，或读书，或练书法，或跳迪斯科。“老张，您的毛笔字可真有功底，如果再上一层楼，完全可以在全县书法大奖赛中获奖！”这话一定会令他欣喜万分，跃跃欲试。一旦有了兴趣爱好，你请他来做客也不一定能请到呢！

口才策略：

尽管拒绝别人不是一件容易的事，可为了保证自己正常的生活习惯，该下逐客令的时候一定不要难于启齿。只不过，说话做事之前多思考一下，尽量不给人带来心理上的不悦，保持自己的优雅和风度。这样，既不会让自己的时间被荒废，又能让对方知趣而退。

第 17 章

巧妙认错，女人要掌握道歉的心理策略

在人际交往中，我们往往会在有意无意间出言不逊，开罪他人，伤害彼此的友好情谊，造成不愉快，甚至产生感情上的疙瘩。冤家宜解不宜结，你应该向对方表达出你内心深处真诚的歉意。而歉意的表达需要把握一定的技巧，才能求得对方的谅解和宽恕，弥补破裂了的关系，甚至还可以增进感情。

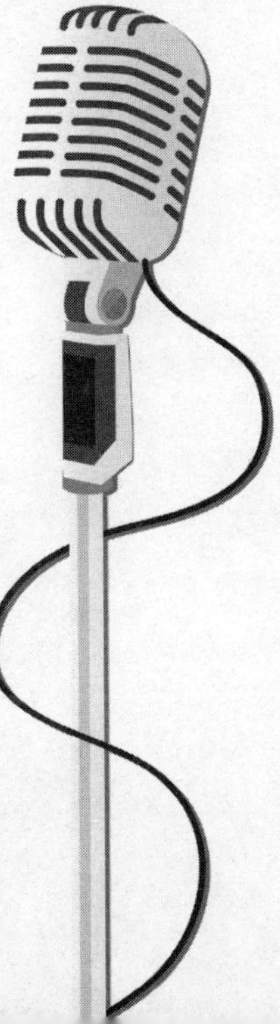

道歉比辩解更重要

人难免有做错事的时候，与人交往也难免会说错话。做错了，你就应该及时地向对方承认错误，真心道歉，以求得对方的谅解和宽恕。

在日常生活中，如果你因言行不慎而给他人带来了精神上的痛苦或经济上的损失，你就应该及时地向对方承认错误，真心道歉，以求得对方的谅解和宽恕。那么具体应该如何向他人道歉呢?

1. 勇于承担责任

如果确实是自己错了，对自己所做的事要勇于承认，不找借口，也不推卸责任。道歉不仅不是一件丢脸的事情，反而更能体现一个人良好的人品与修养。"负荆请罪"的典故中，人们不仅佩服蔺相如的"豁达大度"，更佩服廉颇"有过则改"的勇气和负荆的真诚。有人道歉"犹如琵琶半掩面"，左一个"因为"，右一个"假设"，强调种种客观因素，或将责任推到他人身上，说"要不是他……，我不会……"，而很少扪心自问是否无愧。这样的道歉自然苍白无力，无法让人生出谅解之情。道歉要有"廉颇式"的诚意，有了诚意，才会有说"对不起，我错了，请原谅"的勇气。

在向别人道歉时，可以使用自责的方式。这可以让对方明白自己向他道歉的意图，且能显示出自己豁达、率直、敢作敢当的风范。有一领导由于好发脾气，经常得罪人。后来，经人提醒之后，他学会了自责的方法道歉，赢得了人心。比如，他在下属面前发了脾气清醒后，便立即对那受窘的下属自责:"请你记住，我比平常人还要蠢！真的，以后，我一定会学会沉默。请你监督我，好吗?"此番话含有自责的意味，明白人一听就能晓得其中的认错之意。

2. 道歉要抓住时机

很难想象几十年后的"对不起"不是一句迟到的忏悔。道歉要善于把握适当的时机，应选在对方心平气和有喜事临门等心情较好的时候。"人逢喜事精神爽”，这时，他更容易接受我们的道歉，与我们握手言欢、重归于好。当然，时间宜早不宜迟。最好不要拖延时间，要马上道歉，越早越好。如果错过时机再道歉，不仅难以启齿，而且会让听者认为你没有诚意，失去应有的效果。道歉要善于选准适当的地点，最好是亲自上门道歉，或约对方到一个环境优雅安静的地方，双方都能平心静气，自然也就容易推心置腹、开诚布公地谈一谈心，化干戈为玉帛。

3. 道歉要有诚意

向人家表示歉意时要有诚意，当你道歉之后，对方的怒气或怨气肯定还没有完全消除，这时要耐心倾听对方的诉说，让对方重复发泄内心的不满。从不满到谅解总需要一个过程，切不可操之过急。如果你耐不住性子说一句：“我都道歉了，他还没完没了，那就是活该！”这样不仅会前功尽弃，还会重新激化矛盾。

著名文学家闻一多先生，因观点与鲁迅不同，与鲁迅有点过节。后来，当他发现自己错了时，鲁迅先生已经逝世了。在纪念鲁迅先生的大会上，他当众表示自己对鲁迅先生的深深歉意。他说，“反对鲁迅先生的还有一种自命清高的人，就像我自己这样的一批人。现在我向鲁迅先生忏悔：鲁迅对，我们错了。”对于闻一多这种坦诚直率的品德，与会者无不报以热烈的掌声。

口才策略：

人们常说：人非圣贤，孰能无过。做错事是正常的，但如果发现自己错了以后却不敢正视，设法逃避、掩饰，这就不是有担当的行为了。我们用心观察一下就会发现，那些闻过则改的人，往往比那些犯了错误后拼命往自己脸上抹粉、贴金的人更有出息，也更被人尊敬。

做错了，就要勇于道歉

生活中的一些女人们，她们在与同事、朋友、亲人相处的过程中，难免会因为说错话、做错事而让交际对方心生不悦，此时，你有两种选择，要么是主动承认自己的错误、向对方道歉，要么是为自己找个借口或推脱责任，哪种做法能帮你成功渡过难关？很明显是第一种，承认自己的错误会让对方看到你的诚意和友好，进而对你留下良好的印象。相反，假如你不肯主动承认错误，把话说开的话，将会给对方留下指责你的机会；而同时，双方之间的关系也会因此而产生隔阂甚至闹僵。因为对方心中这种不悦心理的存在会随着时间的推移而逐渐加深。而相反，如果我们能在犯错之后立即主动认错，对方心中的这种不快便也会随之消失，也会因为我们敢于认错的这种交往品质而留下良好的印象。《人生的弱点》中讲了这样一件事：

我住的地方，靠近纽约中心。从家里出门步行一分钟，就是一片森林。我常常带着雷斯到公园去散步；它是一只温驯而不伤人的小狗，因为公园里游人稀少，我一般不给它系上狗链或戴口罩。

有一天，在公园碰到一位骑马的警察。他严厉地拦住我们：“干吗不给它系上链子？”他训斥道，“不知道这是违法的吗？”“是的，我知道。”我连忙温和地回答：“不过我的狗从来不咬人。”“不咬人！这是你自己的想法，法律可不管你怎么想。它可能在这里咬死松鼠，也可能咬死小孩。这次我不追究，下次我再看到这只狗不系链子，不戴口罩，你就只好去跟法官解释啦！”我客气地点头，连说“遵命”。我的确照办了，可是雷斯不喜欢戴口罩，有一次我决定再碰碰运气。

这天下午，雷斯和我在一座小山坡上赛跑，突然间，糟了，我又碰上了那位执法大人，雷斯跑在前头，直向他冲去。我知道这回要倒霉了。于是不等警察开口，就抢在他前头说：“警官先生，这下你当场抓到我了。我确实有罪，触犯了法律。你在上个星期就警告过我了。”“好说，好说。”警察说话的声调意外的温和。“我知道在没有人的时候，谁都会忍不住要带这么好的一只小狗出来溜达。”“这倒是的，”我说，“但我违反了规定。”“这条小狗大概不会咬伤别人吧？”警察反而为我开脱起来，“这样吧，你们跑到我看不见的地方，事情就算了。”我向他连连道歉，带着小狗走过了山坡。

故事中，对于“溜狗”这一事件，这位警察的态度为什么会发生如此巨大的变化？因为带狗的主人的主动道歉法。假如这位带狗的主人不是主动认错，而是与警察辩解，那么，不管他怎么辩解，恐怕也不会得到警察的谅解。

从这一故事中，女人们，你可以得出，只有缺乏智慧的人才会为自己的错误寻找借口，强词夺理；而智者总能够坦率诚恳地道歉认错，取得对方的谅解。

事实上，一个人有勇气承认自己的错误，也可以获得某种程度的满足感，这不仅可以消除罪恶感和自我保护的气氛，而且有助于解决这项错误所制造的问题。卡耐基告诉我们，即使傻瓜也会为自己的错误辩护，但能承认自己错误的人，就会获得他人的尊重，而且令人有一种高贵信然的感觉。

女人们，在你的记忆里，是不是曾经因为做错某件事而没有主动承认而一直耿耿于怀？如果有，那么，你不妨敞开心扉，主动承认，相信你会获得心灵的释然。

美国著名心理学盖瑞·查普曼博士提醒说："孩子在小时候就能学会道歉的语言，随着年龄的增长，他们对道歉的重要性会有更深的领悟和理解，为今后的道德和人际关系发展奠定基础。"那么，女人们，当你做错事时，该如何向他人道歉呢？

1. 先道歉后解释

有错就应该先承认，只有诚恳的态度，才能取得对方的谅解。道歉时，千万不要找一些客观的原因为自己开脱，因为这样对方会怀疑你道歉的动机和诚意，也会加深彼此间的误会。当然，对于非要解释不可的地方，你可以先道歉再解释，才能表示自己的诚意。如："对不起，这事我做得真不对。事情是这样的……"

2. 注意道歉时的语气和态度

只有语气温和的道歉，才能显现出你的诚意。为此，你需要做到，道歉时目光柔和，友好，并多用一些礼貌用语，如"请包涵"、"请原谅"等。同时，道歉的语言切忌啰唆、重复，其实，只要表明自己的态度即可。

3. 假如你觉得道歉的话说不出口，可用别的方法代替。

比如，如果你与某个朋友产生了一点误会，对方很生气，你不好当面道歉，你可以打个电话询问："还生气呢？"即使对方以前再生气，面对你的道歉，他一般都会说："生什么气啊。"

可见，打电话致歉是个好办法，致歉的方法其实还有很多，比如书信、请客吃饭等。

4. 没有错，有时也需要道歉。

道歉的目的是为了化解人际间的冲突和矛盾，因此，有时候，即使你没有错，也可以道歉，这种情况多发生于管理工作中。比如，如果你的下属在工作中有不尽如人意的地方，那么，为了能达到让他反省的目的，帮助组织挽回一些损失，作为管理者的你应诚恳庄重地向对方或公众表达歉意，以求得谅解。

总之，在道歉的语言技巧这部分里，我们需要掌握：先道歉后解释；假如你觉得道歉的话说不出口，可用别的方法代替；道歉时的语气和态度要把握好；没有错，有时也需要道歉。

口才策略：

我们掌握了道歉的语言技巧，但是还应该根据场合、情况的不同，注意一些小事项：

①切记道歉并非耻辱，而是真挚和诚恳的表现。

②道歉要堂堂正正，不必奴颜婢膝。

③把握道歉时机，应该道歉时马上道歉，耽搁时间越久越难启齿，有时甚至追悔莫及。

敢于为自己的行为负责，才能赢得信任

人无完人，没有人会不犯错误，生活中的女人们同样如此。比如工作中，你可能出于一时疏忽或者工作能力的局限出现了某些失误。面对失误，一些女人选择逃避或者推卸；而有些女人却坦诚地面对自己的失误，

并拿出足够的勇气去承认它、弥补它。假如你是领导，会更器重哪种人？当然是后者。因为任何一个领导，都希望自己的下属能够敢作敢当，无论是成功或是失败，都能独立面对，而不是一等到出现失误，就希望别人来替他收拾烂摊子。

小夏是某公司财务科的一名职员。这天，因为工作情绪不佳，她居然一时粗心，错误地给一位请病假的员工发了全薪。

当她校对账目的时候，才发现自己这个错误。于是，她匆匆找到那位员工，说必须纠正这项错误，求他悄悄退回多发的薪金，但遭到断然拒绝。这位员工要求分期扣回他多领的薪水。双方争执不下，气愤之余的小夏平静地对那位员工说："那好，既然这样，我只能请老板帮忙了，我知道这样做一定会使老板大为不满，但这一切混乱都是我的错，我必须在老板面前承认。"

说做就做，当这位员工还在发愣的时候，小夏已经大步跨进了经理办公室。她将这件事情的整个过程告诉了经理，并告诉经理，这都是她自己的错误，并请求原谅和处罚。这位经理一直很肯定小夏的工作态度，听到小夏这么说，他倒想试探一下小夏。

于是，这位经理听完后故作大发脾气的样子，这应该是人事部门的错误，但小夏重复地说这是她自己的错误；经理于是又大声地指责会计部门的疏忽，小夏又解释说不怪他们，实在是她自己的错；但经理又责怪起与小夏同办公室的另外两个同事起来，可小夏还是固执地一再说是他自己的错，并请求处罚。最后老板看着她说："好吧，这是你的错，可×××（那位错领全薪的员工）那小子也太差劲了！"于是这个错误很轻易地纠正了，并没给任何人带来麻烦。自那以后，经理更加看重小夏了，因为她能够知错认错，并且有勇气不寻找借口推脱责任。不到半年，小夏由一名财务职员升到了财务部主管一职，在新的岗位上，她依然尽职尽责。

这则职场故事中，职员小夏明明犯了错误，为什么不仅没有得到处罚，相反还得到了领导的器重？原因很简单，因为她能够知错认错，并且有勇气承认错误，不逃避、不推脱。只有这种敢于担当的下属，才能担当大任，领导才会取信于他。

除了职场，任何一个女人，要想赢得他人的信任，首先要做到的就是敢于承担责任、敢于为自己的行为负责。

事实上，一个人有勇气承认自己的错误，也可以获得某种程度的满足感，这不仅可以消除罪恶感和自我保护的气氛，而且有助于解决这项错误所制造的问题。卡耐基告诉我们，即使傻瓜也会为自己的错误辩护，但能承认自己错误的人，就会获得他人的尊重，而且令人有一种高贵信然的感觉。

其实，如果能坦诚面对自己的弱点和错误，再拿出的足够的勇气去承认它、面对它，不仅能弥补错误所带来的不良后果，在今后的工作中更加谨慎端正，而且能加深领导和同事对你的良好印象，从而很痛快地原谅你的错误。

那么，生活中的女人们，当你当犯了错误，出现某些过失的时候，该如何面对呢？你不妨接受一下三点建议：

1. 假若你的过失必须向别人交代，与其替自己找借口逃避责难，不如勇于认错，在别人没有机会将你的过失到处宣扬之前，对自己的行为负起一切的责任。

2. 如果你在工作上出错，要立即向领导汇报自己的失误，这样当然有可能会被大骂一顿。可是上司的心中却会认为你是一个诚实的人，将来或许对你更加倚重，你所得到的可能比你失去的还多。

3. 如果你所犯的错误可能会影响到其他人，无论他人是否已发现这些不利影响，都要赶在同事找你“兴师问罪”之前主动向他道歉、解释。千万不要企图自我辩护，推卸责任，否则只会火上浇油，令对方更感顿怒。

口才策略：

事实上，谁都会出现一些失误，尤其是当你精神不佳、工作负荷重、承受太沉重的生活压力时，偶尔不小心犯错是很普通的事情。我们在犯错后能以正确的态度面对它，反而会让他人看到我们的责任心，从而愿意信任你。

向人道歉的技巧

人孰能无过，做错了就应该要向他人道歉，衷心地道歉不但可以弥补破裂的关系，而且可以增进感情。

道歉的技巧各种各样，最常见的技巧主要有如下几种：

1. 陈述自己失误的原因

当错误已经酿成的时候，当事人首先要坦率承认错误，真诚道歉，使对方的怒气渐渐平息下来。然后再从主客观方面出发，向对方分析自己失误的原因，述说自己的难处，在一般情况下，对方都会理解你的苦衷，谅解你的过失。

2. 夸大自己的过错

当你把自己的过错夸大的时候，也意味着你有着一颗勇于承担责任的心，同时也表达了希望得到理解的愿望。你越是夸大自己的过错，对方越不得不原谅你。

切记道歉并非耻辱，而是真挚和诚恳的表现。大人物有时也道歉，丘吉尔起初对杜鲁门的印象很坏，但后来他告诉杜鲁门说以前低估了他，这是以赞誉的方式表示歉意。

3. 分析利弊，让对方接受歉意

分析利弊可以让对方感到你是站在他的立场上想问题，这样有利于对方接受道歉。

一个叫邱天的商人被警察以交通违章为由罚了一大笔钱，但事实上他并没违章。于是他找到警察局，并扬言要将此事捅到媒体去。局长让那警察当面向他道歉，并谈了自己的看法："其实，你通过媒体曝光，除了使他失业外，还能得到什么呢？倒不如在我们内部给他处罚，你自己也可以得到一定的补偿。得饶人处且饶人，也显得你有度量。"邱天听罢也想：既然别人已经道歉了，再逼就未免有点过分，于是同意了对方的处理方法。

这里，那位局长的话是有策略的：他在真心实意地让那个警察道歉时，也让对方清楚，做得太过了没有什么利益可图，反而会显得心胸狭窄、报复心强。与其如此，还不如放人一马以显示自己的宽宏大量。

4. 要使用恰当的道具

当心与心相隔时，我们应借助外物巧妙表达心意。如果你觉得道歉的话说不出口，可以用别的方式来代替。一束鲜花可使前嫌冰释；把一件小礼物放在对方的餐桌上或枕头底，可以表明悔意，以示爱念不渝；大家不交谈，触摸也可传情达意，这就是所谓的“此时无声胜有声”。

如果直接致歉不适宜，也不妨在适当时间打个电话，向对方表示歉意。当然，也可以请一位彼此都信任的朋友或同事代为转达歉意。日后，时机适宜时再登门致歉赔礼。

昕不小心伤害了同学泉，她感到很内疚。于是，在泉生日那天，昕到学校广播站为泉点了首歌，并说:“泉，对不起，我真的不是故意的，你能原谅上周末惹你生气的朋友吗？今天你的生日，我祝你生日快乐，前程似锦！”泉听到广播后很感动，立刻登门致谢，两人和好胜初。

口才策略：

道歉是一种艺术，它是为人处世的一个方面，掌握道歉技巧的人，能改善并增进与朋友的友谊，甚至可以化敌为友。道歉不但不会丢面子，还会给人以有修养、有胸怀的印象。